KB108910

동서양의 문명과
한국

역사와 전통

6 문화의 안과 밖

시대 상황과 성찰

동서양의 문명과 한국

역사와 전통

도진순

문중양

심경호

김기봉

정진홍

전경수

민음사

머리말

'문화의 안과 밖' 시리즈 여섯 번째 책에는 '역사'를 비롯하여 '신화'와 '전통' 등 과거의 기억을 대상으로 하는 학문에 대해 메타적으로 점검하는 글 여섯 편을 실었다. 고갱(Paul Gauguin)의 작품 가운데는 「우리는 어디서 왔는가? 우리는 누구인가? 우리는 어디로 갈 것인가?」라는 제목의 그림이 있다. 역사라는 지적 장르가 추구하는 일이 바로 고갱의 물음에 대한 대답이라고 할 수 있다. 역사는 과거 인간의 행위와 사건에 관한 기록을 연구 대상으로 삼지만, 그 궁극적인 관심사는 인간의 현재 그리고 미래의 삶과 긴밀하게 연관되어 있다. 우리는 역사를 통해 과거의 삶을 기억하고 현재의 자화상을 확인하며 앞으로 나아가야 할 방향을 설계한다. 이런 점에서 역사는 우리의 존재감을 확인하게 해 주는 정체성의 원천이며, 우리를 보다 나은 존재가 되도록 안내해 주는 방향타의 역할을 수행한다.

역사에 기록된 과거의 행위와 사건은 얼마나 객관적인 것일까? 과연 역사는 과거에 일어났던 행위와 사건을 '있었던 그대로' 보여 주는 것일까? 랑케(Leopold von Ranke)는 과거에 일어났던 사실을 '본래 있었던 그대로' 보여 주는 일이야말로 역사학의 임무라고 보았다. 그에 의하면, 역사란 과거에 실재했던 인간들의 행위와 사건을 기록하는 일로서, 행위와 사건은 행위자의 의도(intention)가 외부로 표출된 결과이며, 각각의 행위와 사건들은 서로 인과적으로 연결되어 있다고 여겼다. 랑케는 이처럼 인간 세계에서 발생하는 행위와 사건을 마치 자연 세계에서 일어나는 물리적 사건과 동일한 방식으로 취급함으로써, 역사라는 지적 장르를 자연과학과 동등한 위상을 가진 객관적 학문으로 승격시키고자 하였다.

역사는 정말로 과거의 사실을 '본래 있었던 그대로' 보여 줄 수 있는 것일까? 랑케와는 정반대로, 크로체(Benedetto Croce)는 "모든 역사는 현재의 역사다."라고 주장한다. 그에 의하면 '본래 그대로의 사실'이란 있을 수 없다. 역사적 기록은 과거 사람들에 의해 남겨졌지만, 과거에 있었던 사실을 들춰내서 현재라는 좌표 속에서 의미를 부여하려는 노력에 의해 역사적 사실은 새롭게 태어난다. 과거에 일어났던 사건은 그 자체로서는 아무 의미도 갖고 있지 않으며, 다만 현재의 관점에서 해석될 때 비로소 의미를 획득한다. 이처럼 역사란 역사가의 현재적 관점이 투영된 이론적 구성물일 뿐, '본래 그대로'의 사실이란 존재하지도 않으며 설령 존재한다 해도 알 수 없는 것이다. 랑케에게 역사가 과거에 일어났던 사실 그 자체에 대한 가치 중립적 기술을 의미한다면, 크로체에게 역사란 현재적 관점에서 재구성된 이론적 가공물일 따름이다. 크로체의 '현재주의'적 역사관의 대두와 더불어 랑케식의 '실증주의'적 역사관은 설 자리를 잃고 말았다.

현대에 들어서는 역사뿐 아니라 자연과학의 영역에서도 '순수한 관찰'이란 존재하지 않는다는 주장이 보편적인 설득력을 얻고 있다. '관찰의 이론 의존성' 테제에 의하면, 자연 세계에 대한 순수한(또는 가치 중립적인) 관찰이란 가능하지 않으며, 관찰자가 이미 가지고 있는 이론과 신념 그리고 기대와 가치관 등은 관찰 행위에 지대한 영향을 미치기 마련이다. 이처럼 관찰에 앞서 관찰자의 이론과 관점이 이미 존재하므로, 이론(또는 관점)이 일차적이고 관찰은 오히려 이차적이라고 해야 마땅하다는 것이다. 역사학에서 '서술의 관점 의존성'은 자연과학의 경우보다 그 의존성의 정도가 훨씬 심하다고 할 수 있다. 수많은 사료 가운데서 무엇을 선택하고 무엇을 배제할지, 선택한 사건들을 어떻게 정돈하고 배열할지, 그리고 어떤 관점에서 해석하고 의미를 부여할지 등의 문제는 불가피하게 역사를 '주관성'의 혐의에서 자유롭지 못하게 한다.

근대성(modernity)의 종언은 '진리의 절대성'에 대한 회의와 더불어 시작되었다. 관찰자의 관점에서 자유로운 절대적 진리란 불가능하며, 시대와 문화를 뛰어넘는 보편적 진리 또한 가능하지 않다는 것이 근대 이후(post-modern)에 학문이 처한 지적 상황이다. 이에 따라 '절대적'이라는 수식어는 '상대적'으로 바뀌고 '보편적'이라는 관형어는 '개별적'으로 치환되었으며, '유일한'이라는 형용사는 '다원적'이라는 단어로 대체되었다. 이러한 지적 분위기는 특히 역사학의 분야에서 두드러지게 목도된다. 역사는 인식 주관에서 독립해서 존재하는 '사실 그 자체'에 대한 가치 중립적 기술이라기보다, 서술자의 관점에 의해 해석되고 재구성된 가공물로 간주된다. 해석과 재구성의 과정에는 인식 주관의 관점과 가치관이 불가피하게 개입되기 마련이므로, 절대적으로 참된 '하나의' 역사 인식이란 있을 수 없다. 역사 서술의 주관성을 극단적으로 강조하는 입장은 심지어 역사학을 문예 비평이나 소설과도 비슷한 창작 활동으로 간주하기도 한다. 예를 들어, 헤이든 화이트(Hayden White)는 『메타역사(*Meta History*)』 (1973)에서 역사를 서사(narrative)를 통해 의미가 창출되는 '이야기 만들기'의 한 과정으로 본다. 과거에 있었던 사건의 편린들은 역사가가 설정한 플롯(plot)에 의해 기승전결의 각 단계에 배치되어 하나의 완결된 이야기 구조를 갖추게 된다. 이런 점에서 역사는 소설과 별 차이 없는 허구(fiction)에 불과하며, 객관적 학문으로서의 역사학이란 도달할 수 없는 신기루에 불과하다고 보는 것이다. 역사학의 학문적 위상에 대한 평가가 이러한 마당에, 탄탄한 사료적 근거조차 갖추지 못한 '신화'나 '전통'에 관한 연구는 더더욱 주관성의 혐의에서 벗어나기 힘든 것이 당연한 일일 것이다.

절대적으로 객관적인 '하나의' 역사 인식이 있을 수 없다는 지적 현실이 수많은 진리 애호가들을 실망시킬 것이 분명하지만, 역사가가 '신의 관점(God's eye point of view)'을 가지지 못한 하나의 '보통 인간'에 지나지 않는다는 사실을 겸허하게 받아들이지 않으면 안 된다. '보통 인간'으로서 역사가는 특정한 국가와 계급에 속하여, 특정한 이념과 가치관을 가지고서, 특정한 관점과 시각을 통해 과거를 바라본다. 사료를 선별하는 과정부터 시작하여 특히 사건을 해석하고 평가하는 과정에 역사가의 주관성은 지속적으로 개입될 수밖에 없다. 심지어 실증주의 역사학을 주창하는 연구자의 경우에도 사료를 취사선택하는 선별 과정부터 이미 연구자의 관점이 불가피하게 개입된다는 사실을 부정할 수는 없을 것이다. 이런 점에서 본다면, 역사가는 '파편화된 사실'과 '허구적 창작'의 틈바구니에서 방황하는 절름발이 신세에 불과하다고 할 수 있을 것이다.

하지만 절대적이고 객관적인 역사 서술이 불가능하다고 해서 모든 역사 서술이 동등한 가치를 지니는 것은 아니다. 아무리 개인적 관점과 성향의 개입이 불가피하다고 해도 '사실성'과 '타당성'을 결여한 역사 서술은 학술적 가치를 인정받기 어렵다. 수많은 반증 사례가 있음에도 자신의 관점에 부합하는 사료만을 편파적으로 취사선택한 역사 서술은 '사실성'의 측면에서 신뢰받기 어려우며, 사료를 배열하고 이야기를 구성하는 과정에서 지나치게 자의적이거나 주관적인 역사 서술은 '타당성'의 측면에서 가치를 인정받기 어렵다. 비록 역사 서술에서 '절대적인 객관성'을 기대하기 어려운 것이 우리가 처한 지적 현실이라고는 하지만, 그렇다고 해서 모든 역사가 아무렇게나 마음 내키는 대로 쓰여도 된다는 말은 아니다. 비록 '절대적인 객관성'은 성취할 수 없는 꿈에 지나지 않지만, 이에 대한 차선책으로 '상대적인 객관성' 마저 포기할 수는 없는 일이다. '상대적 객관성'에 대한 승인은 '하나의' 또는 '유일한' 역사 인식 대신에 '다양한' 또는 '다원적'인 역사 인식으로 우리를 안내한다. '상대적 객관성'이란 사실을 편파적으로 수집하거나 임의적으로 날조하여 인식 주관이 지닌 이론 틀에 함부로 끼워 맞춰도 좋다는 이야기가 아니라, 가능하면 더 많은 관계 자료를 수집해서 논리적·정합적으로 해석해야 한다는 것을 의미한다. 이로 볼때, 과거를 다원적으로 조명하는 일은 하나의 '유일한' 역사 인식보다 다양한 관점에서 과거를 훨씬 입체적으로 바라볼 수 있게 해 준다는 점에서 재앙이라기보다 오히려 축복으로 여겨져야 할 것이다.

군이 '지식과 권력의 연계 관계'에 관한 푸코(Michel Foucault)의 말을 듣지 않더라도, 우리는 현실에서 지식과 권력 사이에 드리워 있는 은밀한 결탁 관계를 쉽게 확인할 수 있으며, 지식이 권력의 입김에 의해 조종되거나 왜곡되기도 하는 현상을 쉽사리 목도할 수 있다. 특히 현재적 삶에 미치는 영향력이 큰 지식의 영역일수록 권력의 입김에서 자유롭지 못한 것이 사실이다. 예를 들어 현대사의 영역이 특히 그러하며 신화와 전통에 관한 학문 분야 역시 마찬가지이다. 심지어 과학의 영역 또한 역사나 신화의 영역과 마찬가지로, 종종 정치권력이나 경제 권력 그리고 종교 권력 앞에서 제 목소리를 내지 못하고 위축되거나, 아니면 권력에 영합하여 스스로의 견해를 바꾸는 경우가 허다하다.

권위주의 또는 전체주의 국가일수록 목소리의 다양성은 위축되고 오직 '하나의' 목소리가 마치 진리인 것처럼 나머지를 지배한다. 특히 역사, 신화, 전통의 영역에서 이런 분위기는 쉽게 목도된다. 과거의 특정 인물을 영웅으로 만들어 신화화하려는 시도, 특정한 관습과 제도를 전통이라는 명목으로 관철시키려는 시도, 특정 관점에 의해 서술된 역사를 '유일한' 정사(正史)처럼 강요하려는 시도 등은 권위주의 국가에서 흔히 관찰되는 지적 현상이다. 하지만 역사를 '하나의' 관점에서 파악하고 그 해석에 절대적인 정당성을 부여하는 일은 위험천만한 일이다. '하나의' 역사보다는 과거를 다양한 각도에서 조망할 수 있는 다원적 역사 서술이 필요하다. 다양한 관점이 만나는 지점에서 우리는 보다 포괄적이고 보다 객관적인 역사 인식에 다가갈 수 있기 때문이다.

문화의 안과 밖 자문위원 이승환

차례

단군신화와
영원히 여성적인 것

역사와 기억, 그리고 이데올로기

도진순

창원대학교 사학과 교수

영원히 여성적인 것이 우리를 구원한다.

Das Ewig-Weibliche zieht uns hinan./ The eternal feminine draws us upward.

— 괴테

1 머리말 — 역사와 기억, 그리고 이데올로기

남산공원 회현동 입구에서 가까운 곳에 김유신 동상이 우뚝 서 있다.(그림 1-1) 이 동상에 대한 입장은 대체로 다음 두 가지로 나눌 수 있다. 하나는 남산이 신라 시대의 김유신과 아무런 관계가 없기 때문에 이 동상은 역사적 가치가 없다는 것으로, 신라 시대 '김유신'이란 '역사'에 주목한 입장이다. 다른 하나는 동상의 전면에 새겨진 '김유신장군상'이 아니라 뒷면에 새겨진(그림 1-2), 동상을 세운 주체에 주목하는 입장이다.

조각 김경승/ 글 김상기/ 글씨 손재형/ 전면글씨 김성곤/ 서기 1969년 9월 23일/ 애국선열조상건립위원회·서울신문사 세움/ 김성곤 바침

그림 1-1 김유신 동상 전면(© 도진순)

그림 1-2 김유신 동상 뒷면(© 도진순)

1969년 9월 23일 애국선열조상건립위원회와 서울신문사에서 이 동상을 세웠으며, 자금을 후원하고 전면의 '김유신장군상'이란 글씨를 쓴 사람은 제3공화국의 실세 정치인 김성곤이다. 애국선열조상건립위원회는 1968~1972년 동상 15기를 건립하였다.[1] 제1호로 1968년 4월 27일 박정희 대통령이 헌납한 이순신 장군 동상이 세종로에 건립되었고, 5호가 바로 이 김유신 동상인데, 1969년 시청 앞 광장에 세워졌다가 1971년 지하철 공사로 인해 남산으로 옮긴 것이다.

당시 대한민국은 정치적 격동기였다. 1968년 1월 김신조 등 조선인민군의 청와대 기습 사건이 있었으며(1·21사태), 이듬해 9월 14일 새벽 2시 50분 야당 의원이 전원 불참한 가운데 삼선 개헌 헌법 개정안이 통과되었다. 이 삼선 개헌의 일등 공신이 쌍용그룹의 창립자이자 당시 공화당 실세인 김성곤 의원이었다. 그가 북의 청와대 기습을 응징하듯 북을 향해 칼을 휘두르고 있는 김유신 동상을 헌납한 것이다. 요컨대 이 동상은 신라 시대의 김유신과는 관련이 없는 곳에 서 있지만, 1969년 당시 공화당 집권층과 애국선열조상건립위원회가 김유신을 통해 무엇을 말하고자 하였는지를 알 수 있는 중요한 동상이다.

역사는 스스로 호명하지 않으며, 누군가에 의해 호명될 따름이다. 동상이나 비석도 '이면'에 표기되어 있는 주체를 파악하지 않으면, 전면에 호명된 '역사'를 제대로 이해할 수 없다. 때문에 그것을 세운 주체의 이해관계와 욕망을 망각하고 전면에 호명된 역사를 논한다는 것은 마치 그림자를 상대하는 것처럼 허망한 일이다. 역사는 개인이 호명해 내기도 하지만, 성별, 계급, 나라와 민족을 대표해 호명되기도 한다. 이처럼 역사는 그것을 기억으로 호명해 내는 주체의 이

단군신화와 영원히 여성적인 것

데올로기로부터 자유로울 수 없다. 문제는 이데올로기의 존재 여부가 아니라, 그것이 어떤 이데올로기인가, 그리고 우리가 그것의 정체를 인식하는가에 있다.

이 글의 주제는 한국, 북한, 중국 등 경계를 넘나들면서 단군신화와 연관된 "기억의 터(Les Lieux de mémoire/ site of memory)"[2]를 순례하면서, 역사를 호명해 낸 주체 또는 그들의 욕망과 이데올로기를 검토하는 것이다. "기억의 터"란 공간적인 장소뿐만 아니라, 도서관 박물관 같은 지지학(地誌學)적인 터, 추모비 묘지 건축물 같은 기념비, 축제 순례 기념제 문장(紋章) 같은 상징물을 포괄하는 개념이다.

2 단군신화 전승의 역사

한국인은 대부분 단군신화의 내용을 잘 알고 있다. 일연의 『삼국유사』(1281)에 실린 내용을 주로 기억하지만, 사실 단군신화는 『삼국유사』 이외에도 『제왕운기』, 『응제시주』 등에도 실려 있으며 여러 유형이 있다.[3] 단군신화는 수록한 주체에 따라 내용이 서로 다르며, 또한 시대적 과제와 더불어 기억과 망각의 부침을 거듭하였다.

그런데 한국 사회에서 단군신화 또는 단군조선이라 하면 인문학적, 학술적 논쟁이 어려울 정도로 심각한 논란을 겪어 왔다. 그 핵심에 식민사관 문제가 있다. 단군신화는 1910년대에는 독립운동이란 시대적 과제와 결합하여 중요한 의미를 지니고 있었다. 그러나 현재에는 단군신화 인정 여부에 따라 민족사관과 식민사관으로 양단하는 협애한 논의 구도로는 단군신화가 당면한 작금의 여러 가지 문제를 제대로 검토할 수 없다. 이 점을 강조하고자 당면 문제를 검토하기 전에 그 배경으로 단군신화에 대한 기억과 망각이 지닌 이데올로기적 함의를 개관하고자 한다.[4]

삼국 통일 전후 원효나 의상같이 한국 불교 최대의 사상가들에게는 단군에 대한 인식 같은 것이 없었지만, 고려 중기 몽고와의 전쟁을 겪고 난 이후 일연은 그간 전승되던 단군신화를 불교적 윤색을 덧붙여 『삼국유사』에 기록하였다. 고려 시대 유학자인 김부식의 『삼국사기』(1145)에는 단군신화가 언급되지 않지만, 몽골 간섭기인 이승휴의 『제왕운기』(1287)는 유교적 윤색과 더불어 "삼한 70국이 모두 단군의 후예"라는 단군 계승 의식을 체계적으로 강조하였다.

조선 시대에 들어 16세기 이후 성리학의 보편적 선진성을 받아들이는 것이 시대적 과제가 되면서 단군에 대한 인식은 점차 쇠퇴하고, 그 대신 선진 문명의 전파자로서 기자 숭배가 풍미하였다. 율곡이 『기자실기(箕子實記)』에서 "단군이 처음 나왔다고 하나 문헌으로 고증할 수 없다. 삼가 생각건대 기자께서 조선을 길러 돌보시고 그 백성을 비후한 오랑캐로 여기지 않았다."라고 언급한 것이 대표적인 예이다.[5] 그러다가 중국으로부터의 독자성이 모색되던 조선 후기에 이르면 허목(許穆)의 『동사(東事)』, 홍만종의 『동국역대총목(東國歷代總目)』, 이종휘의 『동사(東史)』, 한치윤의 『해동역사(海東歷史)』 등에서 단군조선의 기억을 다시 소환한다. 이처럼 조선 시대에는 중화 문명의 보편성이 강조될 때는 대체로 기자가 부각되었고, 민족적 위기의식이 높아지거나 주체성이 강조될 때는 단군이 부각되었다.[6]

단군신화와 영원히 여성적인 것

서구 문명의 압도적 위력 앞에 전통 중화 문명이 해체되는 근대 시기에 들어와 단군 전승은 좀 더 복잡한 양상을 보여 준다. 중원의 유교 문명을 여전히 세계 보편의 선진 문화라고 생각하는 위정척사 파들은 유교적 소중화(小中華) 의식으로 근대 문명에 대처하였다. 유인석이 갑오개혁으로 "우리나라는 예의 당당한 소중화에서 하루아침에 소일본(小日本)으로 바뀌었다."라고 분노한 것이 대표적인 예이다. 그러나 근대 문물의 공세가 본격화되면서 중세적 소중화 의식은 점차 퇴조하고 단군의 자손이라는 민족적 독자성이 부상하였다. 1910년 블라디보스토크에서 망국의 소식을 접하고 난 뒤 이상설 등이 함께 발표한 성명회(聲明會) 취지문에 그러한 인식이 잘 드러나 있다.

오호 해외 재류의 동포여, 한번 머리를 들어 조국의 한반도를 쳐다보라. 저 아름다운 삼천리 강산은 우리(吾人)의 시조 단군이 전하는 바이요, 신성한 우리 삼천만 동포는 단군의 자손이 아니냐. 우리가 존중하고 경애하는 바는 바로 이 반도이다. 잊으려 하여도 잊을 수 없고, 버리려 하여도 버릴 수 없는 바다.[7]

개화파들은 전통이나 주체보다 근대 문명의 선진성과 보편성을 받아들이는 것이 급선무였기 때문에 초기 개화파들이 단군에 대해서 언급한 것은 거의 없고, 굳이 추적하자면 문명의 선진성을 받아들이는 취지에서 기자를 존중하였다.[8] 그러나 민족적 위기가 깊어지면서 개화파의 계열의 애국계몽운동도 국민국가 단위의 민족 문제에 주목하면서 '애국' 운동을 선양하고 단군을 강조하였다. 개화기 역사책들은 대체로 시조 단군에서 출발하였고, 《황성신문》, 《대한매일신보》 등이 단기(檀紀)를 병용하였으며,[9] 단재 신채호는 "오호라 아(我) 동국(東國)을 개창하신 시조가 단군이 아닌가" 호소하였다.[10] 이러한 인식의 연장선상에서 「무오독립선언서」는 "단군대황조(檀君大皇祖)께서 상제(上帝)에 좌우(左右)하사 우리의 기운(機運)을 명(命)" 하신다면서 민족적 궐기를 촉구하였다. 요컨대 단군은 부르주아 애국계몽운동과 결합되면서 근대 민족운동의 핵심적 요소로 자리 잡게 된다.

마치 격세유전을 방불케 하는 단군 기억의 재생 과정과 관련하여 몇 가지 중요한 점을 지적할 수 있다. 먼저, 단군 전승의 구조는 해당 시기의 '선진과 주체의 변증법적 관계'를 반영하고 있다. 즉 외세의 압박에 대한 민족적 주체의 결집이 필요한 시기에는 단군이 주로 부상하지만, 그것이 새로운 보편 문명의 선진성을 소화하는 수준이 되지 못할 때는 그 생명력을 상실하였다. 또한 새로운 선진 보편 문명을 도입·소화하는 초기에는 대체로 단군보다 기자를 존숭했지만, 보편 문명이 일정 수준에 이르고 나면 다시 주체성의 문제와 결합하여 단군이 부상하였다.[11]

이처럼 단군신화는 시대적 요구와 과제에 상응하여 기억과 망각의 과정을 반복하였다. 단군 망각의 시대, 구체적으로 원효와 의상, 율곡 이이, 김옥균 등이 단군신화를 외면 또는 부정하였다고 해서, 이들을 식민사관과 동일시하여 비판할 수 없는 것이다. 오히려 단군 기억과 망각의 이면에 자리하고 있는 시대적 과제와 주체의 욕망 및 이데올로기를 분석하는 것이 합리적이다. 이 글은 단군신화 비판 또는 부인이 식민사관이라는 협애한 틀에서 벗어나는 것을 대전제로 한다.

단군신화와 영원히 여성적인 것

3 중국 (1) ── 무량사, 중화삼조당과 치우 전쟁

단군신화가 당면한 최대의 과제 중 하나는 단연 중국과의 문제이다. 그중 하나는 치우(蚩尤)와 관련되고, 다른 하나는 홍산문화와 관련되는 웅녀(熊女) 문제이다.

1 무량사 화상석

단군신화는 1281년 『삼국유사』에 기록되기 이전까지 문헌 기록에 등장하지 않는다. 단군 건국을 통상적 관례에 따라 기원전 2333년이라 가정할 때, 건국 이후 35~36세기라는 장구한 시간 동안 단군신화는 어떠한 문헌 기록에도 남아 있지 않은 것이다. 이러한 맹점 때문에 『삼국유사』의 단군신화는 식민사관에 의해 일연이 창작한 것으로 부인되기도 하였다.

해방 이후, 단군신화에 대한 문헌의 장기적 공백을 보완하는 쾌거로 환호받았던 연구가 김재원의 『단군신화의 신연구』(정음사, 1947)이다. 김재원은 중국 산둥성(山東省) 가상현(嘉祥縣) 무량사(武梁祠)의 한나라 시대의 화상석(畵像石)이 바로 단군신화의 내용을 표현하고 있다고 주장하였다. 예컨대 화상석 2단(그림 1-3 위)에 입에 부채 같은 것을 대고 부는 모습(a)을 바람신 풍백(風伯), 수레를 타고 망치를 들고 있는 뇌신(雷神, b)을 운사(雲師), 호리병을 허리에 차고 있는 모습(c)은 비를 내리는 우사(雨師)로 비정하였다. 3단(그림 1-3 아래) 우측의 두 인물(e)을 단군신화에 등장하는 웅녀와 호녀(虎女)로 비정하고, 다만 이 화상석에서는 단군신화와는 달리 호녀에게서 아이(단군)

그림 1-3 무씨사당 화상석 2단(위)과 3단(아래)의 그림

가 태어나는 차이가 있다고 지적하였다.

김재원의 흥미진진한 주장은 당시《경향신문》(1947. 9. 7)에도 보도되었고, 한 세대가 지난 1970년대 그의 연구가 복간되어 단군신화 연구에 많은 영향을 주었다. 당시 식민사관 극복을 최대의 과제로 내세운 이기백, 김두진, 이은봉, 김정배, 김병모 등 민족주의 고대사학자들은 김재원의 '신연구'를 환호하였던바,[12] 한국 고대사학계를 대표하는 이기백의 논평은 아래와 같다.

단군신화 자체를 말살해 버리려고 한 것은 주로 일본인 학자들이었다. …… 이 무씨사당은 기원후 2세기에 세워진 것이지만, 그 화상석의 원본은 이미 기원전 2세기에 세워진 영광전(榮光殿)에 있었다고 한다. 그렇다면 중국 산둥반도에는 기원전 2세기경에 이미 단군신화와 같은 줄거리의 신화가 있는 셈이다. 이같이 연대가 기원 2세기로 올라가는 화상석의 현물이 지금도 남아 있기 때문에 고증을 자랑하는 일본 학자들

단군신화와 영원히 여성적인 것

도 단군신화를 13세기경의 조작물로 돌릴 수가 없게 된 셈이다.[13]

위만 조선이 기원전 108년에 멸망하기 때문에 기원전 2세기이면 고조선 말기에 해당한다. 이기백을 비롯한 한국 민족주의 사학자들이 고조선 당대에 단군신화를 표현한 그림이 남아 있다는 사실에 몹시 흥분했을 것은 충분히 짐작할 수 있다. 이러한 분위기 속에서도 김원룡은 "신단수 아래 환웅과 웅녀가 있는 핵심 장면이 없는 한 단군신화라 할 수 없고" "한족의 신화"라는 비판적인 의견을 제시하였다.[14]

무량사 화상석과 단군신화 문제를 본격적으로 다시 규명한 것은 최병두이다. 그에 의하면 위 무량사 1~4단 화상석 전체의 내용은 황제 그룹이 치우 그룹을 공격하여 징치하는 것이다. 김재원이 풍백·우사·운사라 비정한 2단의 그림은 모두 황제나 휘하의 군신(軍神)들이며,[15] 웅녀(곰)로 비정한 소의 얼굴 형상을 한 3단의 그림은 황제군으로부터 공격받고 있는 치우로 고증하였다.

사실 중국에서는 이미 김재원의 연구가 나오기 이전 저명학자 류밍슈(劉銘恕)가 이 화상석을 "황제와 치우의 전쟁 그림(黃帝蚩尤战图)"으로 논증한 바 있고,[16] 현재에도 중국 책이나 인터넷에서는 황제가 치우를 패퇴시키는 탁록대전(涿鹿之戰)의 대표적 그림으로 제시하고 있다.[17]

요컨대 남산에 김유신의 역사적 자취가 없었듯이, 위 무량사 화상석에는 단군신화의 내용이 없다. 김재원, 이기백 등은 한국사학계를 대표하는 학자들이지만 식민사관 극복이라는 민족주의적 열정이 팽배하여 한나라 화상석에 단군신화의 기억을 '만들어 낸 것'이다.

그럼에도 불구하고 아직도 이 무량사 화상석에 치우가 등장하는 것을 빌미로 단군신화를 묘사한 것으로 해석하는가 하면,[18] 황제가 치우를 징치하는 탁록전쟁을 "단군족이 자신의 선조인 치우를 숭앙하여 그렸다."라고 정반대로 해석하는 사례마저 여전히 남아 있다.

무량사 화상석은 지금으로부터 2000년 전에 산둥성에 살았던 동이족이 그린 자기 조상들의 그림이며, 그들은 그림을 통해 단군의 선조가 웅족 치우임을 묘사했다. 그러니까 환웅과 단군 사이에 중국 황제를 능가하는 치우가 있었던 셈이다. 치우는 웅족 혈통이면서 환웅으로부터 신시(神市)를 물려받았고, 이를 다시 단군에게 물려줘 조선을 건국하게 만들었다.[19]

2 중화삼조당

중국의 신화는 황제 신화가 대표적인 서방 화하계(華夏系), 한국 신화와 깊은 관련이 있는 동방 동이계(東夷系), 남방 신화를 가진 양자강 이남 묘만계(苗蠻系) 등의 신화로 나눌 수 있다.[20] 탁록대전 이후 치우의 부족들은 일부가 황제에 협조했고, 일부는 여족(黎族), 일부는 묘족(苗族)이 되었다고 한다. 따라서 치우가 가장 많이 등장하는 것은 묘족이 많은 남방 신화이지만, 치우 묘와 치우 사당은 중국 곳곳에 남아 있다.[21]

사마천의 『사기(史記)』「오제본기(五帝本紀)」에는 치우와 탁록대전에 대해 다음과 같이 기록되어 있다.

단군신화와 영원히 여성적인 것

신농씨(神農氏, 염제(炎帝))가 다스리는 세상이 쇠퇴하여 제후(諸侯) 들이 서로 침략하고 베어 죽이며 백성에게 포악질을 일삼았으나 신농씨 가 능히 이를 정벌하지 못하고 있었다. 이에 헌원(軒轅, 황제(黃帝))이 제 후를 정벌하니, 제후들이 모두 와서 복종하였다. 그러나 치우는 가장 난 폭하여 정벌할 수가 없었다. 염제가 제후들을 불의에 습격하여 능멸하 고자 하였으나 제후들은 모두 헌원에게 복속하였다. …… 치우가 난을 일으켜 황제의 명령을 듣지 않으니, 이에 황제는 제후들의 군대를 징발 하여 탁록에서 치우와 싸워 마침내 치우를 잡아 죽였다. 이리하여 제후 들이 모두 헌원을 받들어 천자(天子)로 삼아 신농씨를 대신하게 하니, 이 가 곧 황제이다.[22]

사마천의 의도가 황제 신화를 역사화, 체계화함으로써 황제를 중 국의 시조로 자리매김하여 한나라에 연결시키고자 하는 것이었기 때 문에 당연히 치우에 대해서는 비판적이었다. 이러한 영향으로 중국 은 전통적으로 황제를 중화민족의 조상으로 숭상하고, 이에 맞선 치 우는 "탐욕스러운 자(貪者), 난을 일으키는 자(倡亂者)", "죄 없는 선 량한 사람을 공격하고 죽이는 자(伐無罪 殺無辜)" 등 포악한 전쟁의 신으로 여겼다.

그러나 1990년대 중반 이후 치우에 대한 이러한 평가는 달라지 기 시작하여, 현재에는 치우를 황제, 염제와 더불어 "중화민족의 3대 인문 시조(人文始祖)"로 높이 평가하고 있다. 그것을 보여 주는 기념 물이 허베이성(河北省) 탁록(涿鹿)에 있는 중화삼조당(中华三祖堂)이 다. 이곳이 황제와 치우의 역사적 대전쟁, 즉 탁록대전의 역사적 현장

그림 1-4 중화삼조당(ⓒ 도진순)

인가에 대해서는 부정적 견해도 적지 않지만, 중국 정부는 이곳을 그 현장으로 인정하였다.[23] 탁록의 중화삼조당은 정원 부지와 각종 기념물을 포함하여 총면적 10.4제곱킬로미터에 이르는 거대한 규모인데, 1992년부터 논의가 시작되어 1994년 착공, 1997년 준공, 1998년 정식 개관하였다.

중화삼조당 안에는 높이 5.5미터의 황제, 염제, 치우의 상이 있다. 사진(그림 1-5)에서 가운데가 황제, 그 오른쪽이 염제, 왼쪽이 치우이다. 이 중화삼조당의 이념을 잘 보여 주는 것이 기둥의 주련이다.

부족이 융합하여 자손에게 복을 내리고(融部族福澤子孫)

문명을 창조하여 천지를 밝혔다(創文明光昭天地)

단군신화와 영원히 여성적인 것

그림 1-5　왼쪽부터 염제상, 황제상, 치우상(ⓒ 도진순)

즉 중화삼조당 건립의 가장 중심 목표가 부족의 융합, 현대 용어로 하면 "다민족 통일의 중화민족"에 있다. 이를 보여 주는 또 다른 표징이 중화삼조당 앞에 있는 귀근원(歸根苑)이라는 넓은 정원인데, 거대한 출입문의 휘호는 장쩌민(江澤民)이 쓴 것이다. 귀근이란 역사의 뿌리 찾기, 즉 떨어져 나간 가지를 원래의 뿌리에 연결시킴으로써 상호 일체감을 회복하고 강화하는 것을 말한다.

이제 중국에서 치우는 포악한 전쟁신이 아니라 황제, 염제와 더불어 중화민족의 3대 인문 시조가 되었다. 2006년 산둥성에서는 치우문화연구회(蚩尤文化研究會)를 발족하여《치우문화연구(蚩尤文化研究)》를 발간하는 등 최근 중국에서는 치우에 대한 학술 연구도 강화되고 있다. 그러나 그것은 학술적인 새로운 발굴이나 연구에 의한 것이 아니라, 다민족 통일국가의 완성이라는 중국의 제1국시(國是)가 치우에 대한 역사적 재평가를 초래하였으며 그것이 다시 학술 연구를 견인하였다고 할 수 있다. 즉 현재 통일 중국을 위한 또 다른 건국신화가 예전의 건국신화를 재해석·재편하고 있는 것이다. 그런데 여기서 유의할 점은 중화삼조당의 치우 현양이 한국이나 단군신화를 목표로 시작된 것은 아니라는 것이다.

3 치우 전쟁?

한나라 화상석에는 황제와 치우의 대결이나 호한교병도(胡漢交兵圖) 등 황제의 한족과 다른 민족과의 전쟁을 다룬 그림이 적지 않다. 여기에서 운사, 풍백이 바람을 불어 공격하는 모습(風神吹風), 비를 내리는 우사 등이 모두 전쟁의 신이라는 점에 주목할 필요가 있다.[24] 단군신화에서 환웅이 "풍백·우사·운사를 거느리고 인간 세계를 다스렸다."라는 구절을 아직까지 주로 농경신으로 해석하고 있지만, 풍백·우사·운사는 농경신이 아니라 치우(蚩尤)가 거느린 전쟁의 군신들이다.

> 황제가 응룡(應龍)을 시켜 치우를 공격하게 하자, 치우는 풍백과 우사에게 청하여 따르도록 하고 큰 바람과 비를 일으켰다. 황제는 이에 '발(魃)'이라는 천녀(天女)를 보내 비를 그치게 하였다. 비가 그치자 마침내 치우를 죽였다.[25]

단군신화에 풍백·우사·운사 등 치우의 전쟁신이 등장하는 것에

단군신화와 영원히 여성적인 것

대해서는 두 가지 해석이 가능하다. 하나는 단군신화에도 전쟁의 신이 필요하여 동이계 신화인 치우의 전쟁신을 모방할 수 있다. 일연의 『삼국유사』에 기록된 단군신화에 『위서(魏書)』 등 중국의 문헌이 거론될 뿐만 아니라, 단군왕검의 건국 연도를 중국 요(堯)임금의 즉위년과 비교하는 등 중국의 역사를 강력하게 의식하고 작성된 것이다. 따라서 중국의 신화 체계를 의식하고 모방할 가능성도 있다.

다른 하나는 단군이 치우와 실제 관련되기 때문이라는 주장이다. 『규원사화』에는 치우가 환웅 휘하의 부족장으로 환웅의 명령에 따라 병기 제작을 담당하였고, 신농 말기에는 중국 본토에서 천왕이 되었으며, 단군조선 시대에는 고조선의 서남쪽인 남국에 봉(封)해졌고, 단군조선 말기에는 제후들과 함께 중국 본토로 진출하여 여러 나라를 세워 그들과 섞여 살게 되었다고 서술되어 있다. 또 『환단고기』에서 치우는 배달국의 제14대 환웅인 '자오지환웅(慈烏支桓雄)'으로, 중국의 역사서 및 신화의 내용과 반대로 전쟁에서 황제 헌원에게 승리하였다고 한다.

한국 역사학계에서는 대체로 두 사서를 위서(僞書)로 보고 있다. 대표적인 논자인 조인성은 『규원사화』가 "1928년 이전 멀지 않은 시기"에, 『환단고기』는 "1949년 이후" 만들어진 위서로 고증하였다.[26] 역사학자들은 대체로 위 두 책의 치우 관련 서술을 인정하지 않거나 잘 언급하지 않는다.

그러나 민족주의적 정서에 충만한 일반 대중은 치우를 환웅 단군과 연결시키기를 좋아한다. 대표적인 사례로는 2002년 한일 월드컵 대회 때 한국 축구의 서포터즈인 붉은악마가 트레이드마크로 채택한 것이 바로 치우의 형상이다. 이덕일은 "툭하면 위서다 뭐다 해서 부인"한다고 위서론자들을 비난하면서, 붉은악마의 치우 마크를 매우 자랑스럽게 내세우고 있다.[27]

학계에서 일찍이 중화삼조당의 치우 현양을 한국 역사에 대한 침탈로 지적한 학자는 우실하이다. 그는 「치우도 웅녀도 빼앗겼다. 이제는 단군 차례다」라는 자극적인 제목의 글에서 아래와 같이 주장하였다.

> 냉전 시대 '죽의 장막'으로 가려졌던 중국과 한국이 국교를 정상화한 것은 개혁·개방이 한참 진행된 1992년이었다. 우연의 일치인지는 모르지만, 1992년부터 중국은 귀근원과 중화삼조당의 건립에 들어간다. 5년 뒤인 1997년에야 마무리되는 이 대역사는 한반도의 남쪽과 북쪽에서 일고 있는 고대사에 대한 민족주의적인 기류를 염두에 두고 행해진 것이라고 필자는 보고 있다.[28]

그런데 우선 중화삼조당은 1992년 한중 수교와 전혀 관련이 없이 시작되었으며, 더욱이 처음에는 치우 없이 염황이제(炎黃二帝)만 기념할 계획이었다.[29] 당시 중국에서 황제를 넘어서 염제까지 역사 기억으로 대표적 상징으로 호출해 낸 이유는 '다민족 통일국가론'이었다. 중국의 최고 지도자 덩샤오핑(鄧小平)은 이 문제의 중요성을 여러 차례 언급한 바 있다.

1983년 10월 21일 덩샤오핑은, 어린 시절 모스크바 중산대학에서 장징궈(蔣經國)와 함께 유학한 바 있는 까오리먼(高利門)을 만난 자리에서 장징궈의 근황을 묻고, 자신이 "장과 연합할 가능성이 있을까?"라고 물으며 말했다. "나는 타이완의 노인들을 신뢰한다. 우리 늙은이들이 연합 문제를 해결할 수 있다고 본다. 적어도 우리들은 모두 염황의 자손이라는 공통점이 있다. 이런 관념은 젊은이들에 비해 확실하다. 이것이 우리가 소통할 수 있는 공통의 언어이다."

1988년 6월25일 덩샤오핑은 타이완에서 온 방문객을 접견하면서 말했다. "국가 통일을 실현하는 것은 염황 자손의 공동적인 소원이며, 나는 어떠한 형태로든 타이완 독립을 주장하는 언론과 행동에 반대한다."

1990년 6월 11일 덩샤오핑이 홍콩의 바오위강(包玉剛)을 접견하면서 말했다. "대륙과 타이완은 통일 문제를 해결해야 한다. 이렇게 전 민족이 모두 발전해 갈 것이다. 많은 사람들이 통일이 중화민족의 기회라는 것을 잘 알지 못하고 있는데, 이것은 염황 자손들이 만나기 힘든 기회이다."[30]

중화삼조당 내외에는 홍콩 마카오 타이완을 통일국가론으로 엮어 내기 위한 기억 장치들이 적지 않다. 대표적인 것이 중화삼조당 바로 앞에 있는 두 개의 귀근비이다. 하나는 1997년 7월 1일 홍콩이 중국에 복귀될 때 홍콩의 흙을 묻는 '귀근 의식'을 행하고 세운 「홍콩귀근기념비(港土歸根紀念碑)」이며, 다른 하나는 마카오 회귀 1주년인 2000년 귀근 행사를 하고 세운 「마카오귀근비(澳土歸根碑)」이다. 또한 중화삼조당 일대의 염제 관련 기념물에는 대륙 한족(황제)과 형제 지간이라는 타이완 사람들의 투자가 유치되고 있음을 볼 수 있다.

이후 염황이제(炎黃二帝)로 공정이 시작된 사실이 알려지면서 묘족의 강력한 항의와 요청이 있고, 마오쩌둥(毛澤東)의 대장정에 참여했던 천징(陳靖)의 적극적 노력에 의해 1995년 치우까지 포함하여 중화삼조당을 만드는 것으로 계획이 변경되었다.[31] 치우의 등장에 크게 환호한 사람들도 중원 중심주의자들이 아니라 남방 묘족들이었다. 이처럼 중화삼조당은 홍콩, 마카오, 타이완 등 중국의 다민족 다지역 융합과 통일 문제가 기본 목표였으며, 동북 지방이나 한반도 문제와 직결되는 것은 아니었다. 그럼에도 불구하고 한국에서는 중국이 만주 및 북한 지역의 영토 문제와 결합하여 치우를 빼앗아 간 것으로 해석하는 논조가 아직까지 풍미하고 있다.[32]

물론 치우 신화가 가장 많이 남아 있는 중국 남방 묘만계(苗蠻系) 신화가 원래 동이계 신화에서 유래되었고, 또 염제, 치우, 풍백 등 동이계 신들이 고구려 고분 벽화에도 출현하기 때문에,[33] 치우 문제가 한중 간에 문제가 될 가능성은 있다. 중국의 시대 이데올로기가 된 다민족 통일국가론이 역사 기억과 기념에서 패권주의적 성향을 보이는 것에 대해서는 각별히 경계하고 대처해야 하지만, 중화삼조당처럼 중국의 치우 현양을 일방적으로 한국 신화 침탈로 규정하는 것은 과도한 것이다.

덧붙여 하나 더 지적한다면, 중국에서의 치우 현양이 한족(황제)의 배타성을 넘어서는 다민족 융합을 위한 것이라면, 한국에서 단군과 치우의 연결은 단군민족주의 또는 단일 민족 신화의 심화로 묘한 대조를 이룬다. 한국도 최근 민족 구성의 변화로 다민족 다문화 수용이 역사적 과제로 떠오르고 있지만, 환웅-웅녀-호랑이의 소통보다는 치우-단군을 중심으로 하는 단군민족주의 신화가 더 부상하고 있는 실정이다.

4 중국 (2) ― 홍산문화와 웅녀 전쟁

1980년대 이후 중국 랴오허(遼河) 서쪽 일대에서 샤오허시문화(小河西文化, B.C. 7000~6500), 싱룽와문화(興隆窪文化, B.C. 6200~5200), 치하이문화(査海文化, B.C. 5600), 자오바오거우문화(趙寶溝文化, B.C. 5000~4400), 홍산문화(紅山文化, B.C. 4500~3000) 등 신석기 유적이 대량으로 발굴되었다. 랴오허 일대 이러한 신석기 문화는 중국이 문명의 시초라던 황허 유역의 양사오문화(仰韶文化, B.C. 4500~)나 창장(長江) 하류의 하모도문화(河姆渡文化, B.C. 5000~)보다도 시기가 앞서는 유물들이 발견되어 많은 관심을 끌었는데, 이들 신석기 문화의 대표적인 예가 츠펑(赤峰) 일대 '요하문명의 빛(光)'인 홍산문화이다.

1 중화 문명의 서광? 홍산문화

중화제일룡　중화민족은 황제의 후손으로 용(龍)과 옥(玉)을 그 상징으로 삼는데, 황허나 창장 유역이 아닌 츠펑 홍산문화에서 옥룡(玉龍)이 발굴되었다. 중화제일룡(中華第一龍)이라 불리는 C자형 옥

그림 1-6 옥룡(중화제일룡), 황옥 옥룡, 옥웅룡
출처   于建設 主編, 『紅山玉器』, 99쪽, 101쪽.

룡(그림 1-6 왼쪽)은 원래 1971년 츠펑시 용니우터(翁牛特旗)에서 한 농부에 의해 수습된 것이다. 총길이 26센티미터 두께 2.6센티미터로, 거대한 것도 아니고 해서 발굴 당시는 특별한 주목을 받지 않았다. 그 러나 1980년대 아오한기(敖漢旗) 뉴허량(牛河梁) 등에서 상당수의 옥 웅룡(玉熊龍, 그림 1-6 오른쪽)이,[34] 1986년 다시 용니우터의 다른 곳에 서 다시 C자형 황옥 옥룡(그림 1-6 가운데)이 발굴되면서, 중화민족의 상징인 옥과 용이 결합된 것으로 그 가치를 전면적으로 다시 평가받 게 되었다. 특히 C자형 황룡은 노란색이 황제의 상징이기 때문에 황 제 문화와의 관계도 본격적으로 검토되었다.

　이후 1971년 처음 발굴된 C자형 옥룡은 3000년 전의 '중화제 일룡'으로 명명되어 츠펑시, 츠펑박물관, 츠펑관광협회의 휘장(그림 1-7)으로 사용되었고, 1999년 발굴지로 가는 입구의 도로가에는 거 대한 기념탑을 세웠다.(그림 1-8 왼쪽) 나아가 중화제일룡은 중국을 대표하는 상징이 되어 화하은행(华夏银行)의 휘장으로 사용되었고,

　　　　　　　　　　　　　　　　　단군신화와 영원히 여성적인 것

그림 1-7　왼쪽 위부터 시계 방향으로 츠펑시 휘장, 츠펑박물관 입구(ⓒ 도진순), 츠펑관광협회 로고

그림 1-8　왼쪽부터 시계 방향으로 옥룡발굴지 입구 기념비(ⓒ 도진순)와 중화제일룡이 그려진 베이징 공항의 배너, 화하은행 로고

만리장성 등과 더불어 중국을 대표하는 10대 상징물로 베이징 국제 공항의 천장 배너에 걸리기도 하였다.(그림 1-8 오른쪽)

뉴허량: 제단과 적석총, 그리고 여신묘　홍산문화 유적의 구성적 특징은 단(壇), 총(塚), 묘(廟)의 삼위일체인데, 그것이 전형적으로 잘 드러나는 곳이 '홍산문화의 꽃'이라 불리는 뉴허량(牛河梁) 유적지이다. 뉴허량 유적지는 1983년 여신상이 확인된 제1지점부터 시작해서 2003년에 이르기까지 6개 지점에 걸쳐 10여 차례 발굴 조사가 진행되었다. 이에 대해서는 발굴과 전시를 주도한 궈다순(郭大順)이 한국에도 번역된 자신의 책에서 비교적 자세하게 소개한 바 있으며,[35] 2012년 랴오닝성문물고고연구소는 3권의 종합 보고서를 공식 출간하였다.[36]

뉴허량 유적에서도 최고로 평가받는 것은 역시 제1지점의 '여신묘'이다. 여신묘 주실 서쪽에서는 진흙으로 빚은 여신의 두상이 출토되었는데, 높이 22.5센티미터, 귀까지 포함한 폭은 23.5센티미터로 대략 실제 사람 크기이며, 눈알은 파란 옥으로 장식했다.(그림 1-9 왼쪽) 여신묘에서는 여신의 두상과 함께 곰발 모양(그림 1-9 왼쪽에서 세 번째) 등 여섯 개의 소상(塑像) 파편들도 발굴되었다. 여신은 모계제(母系制) 또는 모가장(母家長)의 사회를 반영한 것으로 생각되지만, 중국 연구자들은 이를 조상신으로 여기고 중국 고대 조상 숭배의 원형으로 여기고 있다.[37] 여신묘 건물의 주실 중앙에는 또 다른 코와 귀의 파편도 발견되었는데, 그 크기가 실제 사람의 세 배에 달해 주신상(主神像)으로 추정된다. 이것과 여신상의 관련은 아직 밝혀지지 않았다.

뉴허량 제2지점에서는 대형 적석총과 3단의 원형 제단이 발굴되

　단군신화와 영원히 여성적인 것

그림 1-9 왼쪽부터 뉴허량 여신묘에서 발견된 두상 소조(塑造)와 이를 토대로 만든 여신상 복원도,
뉴허량 여신묘에서 발견된 곰발 소조, 홍산문화의 모자상

였다.(그림 1-10 위) 원형 제단은 하늘에 제사 지내는 곳으로 추정되며, 중국 학자들은 3층 원형으로 된 명대 건축물인 북경 천단의 기원으로 보고 있다. 뉴허량에서는 유적 열여섯 지점 가운데 열세 곳에서 적석총이 발굴되었지만, 가장 주목을 받는 곳은 제2지점의 적석총이다. 이것은 동서 17.5미터, 남북 18.7미터의 방형 3층 계단식 적석총이며, 적석총 안에는 석곽, 그 안에 석관을 조성했다. 석관 안에는 성인 남성의 인골과 옥웅룡이 확인됐다.

뉴허량 적석묘군에서 남쪽으로 1킬로미터 정도 떨어진 좐산쯔(轉山子)에는 '동방의 피라미드(金字塔)'라 일컫는 대형 적석총이 있는데, 한 변의 길이가 60미터에 이르는 장방형의 적석묘로, 잇대어 축조한 제단까지 합하면 세로 변의 길이가 100미터에 이른다(그림 1-10 아래). 지금까지 확인된 바로는 7층의 대형 계단식 무덤으로 보인다.[38]

'요하문명론'으로 승격 뉴허량 유적지에서 발굴된 단, 총, 묘 등을 중국 문명사의 거시적 차원에서 자리매김하는 '지도적 사상'을 제기한 사람은 중국 고고학계의 대부라 할 수 있는 쑤빙치(蘇秉琦)이다.[39]

그림 1-10 뉴허량 원형 제단과 피라미드 복원도(KBS「역사스페셜」)

그는 홍산문화를 중국 고고학계의 숙원이던 "5000년 이전 문명"으로
자리매김하는 데 중요한 개념들을 제시했다. 그는 문명의 기원 문제
를 해결하기 위해 "고문화(古文化)-고성(古城)-고국(古國)" 3단계 발
전론을 제시하고, 홍산문화는 "공동체에 기반하고 있으면서도 공동
체보다 높은 정치적 실체"로 "원생형(原生型) 고국"의 "문명 단계"에
들어가는 것으로 주장하였다. 이어 요순우(堯舜禹) 시대의 "고국(古
國)", 하상주(夏商周)의 "방국(方國)", 그다음 2000년 전 다원일통(多
元一統)의 "제국(帝國)"이 되었다는 이른바 3단계 '중화민족 다원일체
론'의 거시적 역사 서사를 제시하였다.[40]

　일반적으로 고대 문명(ancient civilization)은 문자, 도시(국가), 청
동 야금술 3요소를 기본으로 하는바, 특히 국가(state)의 발생, 즉 왕과

　　　　　　　　　　　　　　　　단군신화와 영원히 여성적인 것

권력, 도시와 군대를 필수 요건으로 본다. 홍산문화는 일종의 군장사회(郡長社會, Chiefdoms)로 문명의 이러한 보편적 기준에 미치지 못하지만,[41] 쑤빙치의 지도적 사상에 힘입어 중국 고고학자들은 문명 기원의 표징인 위의 3대 요소보다 대규모 종교 제사 등 예제(禮制)가 더 중요하다고 주장하면서, 이러한 기준에 따라 홍산문화가 초기 고국 단계, 즉 문명 시대에 들어간 것으로 평가하였다.[42] 나아가 쑤빙치는 "황제 시대 활동 중심은 홍산문화의 시공과 상응한다."라고 하여, 홍산문화를 『사기』「오제본기」의 황제와 연결시켰다.[43]

홍산문화 발굴과 전시를 주도한 쑤빙치의 제자 궈다순(郭大順)은 '요하문명'은 황하문명, 장강문명과 더불어 중화 문명의 3대 원류(三大源头)의 하나로 표명하였다. 이제 요하문명은 세계 최고 문명의 하나가 되었으며, 중국에서는 세계 최고(最古) 문명에 속하는 요하문명, 황하문명, 장강문명 등 다원(多元)의 문명이 발생·충돌·융합하면서, 역동적으로 통일(一體)를 이루며 세계 4대 문명 중에서 유일하게 현재까지 단절되지 않고 이어지고 있다고 주장하였다. 이러한 문명의 시원에 홍산문화가 자리하게 된 것이다.

2004년 중국의 대표적인 방송인 CCTV는 「탐색발현: 5000년 이전의 문명(探索发现: 五千年以前的文明)」 6부작으로 홍산문화를 대대적으로 소개하였는데, 결론은 역시 "문명"의 "시초(曙光)"라는 것이다.[44] 2006년 6월 8일에는 랴오닝성 박물관이 6년간 준비한 「요하문명전」이 드디어 개막, 문명서광(文明曙光), 상주북토(商周北土), 화하일통(華夏一統), 거란왕조(契丹王朝), 만족굴기(滿族崛起)의 순으로 전시되었다.[45] 이러한 전시는 쑤빙치의 학설을 충실히 따른 배치로, (1)

홍산문화가 이미 '고국' 단계에 진입한 문명서광으로 제시하고, 이후 (2) 하상주 시대의 방국(方國) 단계를 거쳐, (3) 2000년 전의 다원일통의 중화 '제국', 화하일통이 되었다는 것이다. 고구려와 부여는 제국 단계의 화하일통에 포함되어 전시되어 있다.

2 문명과 신화 전쟁

홍산문화의 수준과 귀속 논쟁　홍산문화와 요하문명에 일찍 관심을 두고 국내에 선도적으로 소개하였던 우실하는 홍산문화를 중화문명의 시원으로 연결시키는 중국 학자들을 강력하게 비판하였다. 그는 여신상, 빗살무늬 토기, 적석총 등은 만리장성 이남의 황하문명론으로 설명할 수 없다고 비판하면서, "요하문명의 진정한 주인공"은 바로 "한민족"이라고 주장하였다.

홍산문화의 우하량(뉴허량) 여신묘 제단터에는 희생으로 사용된 곰의 아래턱 뼈가 발견됐고 여신상 옆에서는 흙으로 만든 실물 크기의 곰상이 발견됐다. 옥으로 만든 곰룡, 즉 옥웅룡도 다수 발견됐다. 홍산문화의 곰토템은 지역이나 시기적으로 단군신화의 웅녀와 연결될 가능성이 높다. 한민족 문화의 원류일 수 있는 것이다.[46]

때문에 그는 "요하문명 홍산문화를 '중화민족의 시조인 황제의 땅', '중화 문명의 기원지'로 정리하면 고구려·발해사를 왜곡하는 정도의 '동북공정'을 넘어 한민족의 근본이 뿌리째 없어진다."라고 맹렬하게 각성을 촉구하였다.

고조선의 배경인 홍산문화를 신화적 인물 황제의 문화로 만들면 단군·웅녀와 여기서 나온 고조선·고구려 이하 한국사는 자동적으로 중국사로 편입된다. 예맥족, 부여족, 주몽, 해모수 등 이곳에서 활동한 고대 한민족의 선조들은 황제의 후예가 된다. 그 결과 한국의 역사, 문화 전체가 중국의 방계 역사·문화로 전락한다. '탐원공정'의 상고사 왜곡이 갖는 심각성이 여기에 있다.[47]

임재해는 우실하의 주장에서 한 걸음 더 나아갔다. 그는 홍산문화의 꽃인 뉴허량이 바로 단군이나 웅녀 이전, 즉 환웅이 설립한 나라의 도읍지 '신시(神市)'라고 주장하였다.

우하량 지역의 대규모 적석총 제단과 옥기를 갖춘 천신 신앙 문화가 선진 문물을 누린 환웅족의 문화유산이라면, 동산취에 자리잡은 소규모 목조 토담 신전과 토기를 사용한 지모신 문화는 환웅을 찾아와 인간이 되고자 한 곰네족의 문화유산이라 할 수 있기 때문이다. 한마디로 신시 고국에 관련한 서술 내용과 홍산문화 유산의 내용이 딱 맞아떨어진다. 그러므로 홍산문화의 우하량 지역은 환웅의 천신족 문화가 건설한 신시 고국의 도읍지"라 할 수 있다.[48]

그러나 한국 역사학계 특히 고고학계에서는 다음과 같은 근거로 홍산문화를 고조선과 일치시키는 것에 대해 비교적 유보적이다. (1) 가장 중요한 문제는 시기적으로 고조선의 편년이 기원전 3000년까지 거슬러 올라갈 수 없다는 점이다. 현재 고고학계에서는 고조선이 기원전 1000년기를 올라갈 수 없다는 것이 대체적인 의견이다. (2) 홍산문화나 요하문명의 빗살무늬 토기 문화는 분명 요동 지역과 상호 공유하는 부분이 있지만, 요동 지방에서는 뉴허량의 옥기 채도(彩陶)와 단, 총, 묘의 문화가 확인되지 않는다. (3) 뉴허량과 같은 적석묘도 요동 지역에서 분명 확인되지만, 연대가 기원전 2000년을 거슬러 올라가지 않기 때문에 직접적으로 관련짓기 어렵다.[49]

유의할 점은 홍산문화와 한민족과의 관련성에 유보적인 역사고고학계는 홍산문화와 요하문명에 대한 중국의 평가와 주장에도 비판적이라는 점이다. 요하문명이나 홍산문화를 황제의 문화로 연결시키는 주장에 대해서도 그러하지만, 홍산문화를 문명을 갖춘 수준의 국가 단계로 평가하는 것도 과하다고 보고 있다.

이 점은 홍산문화의 중국 편입에 강력하게 비판하는 우실하, 임재해 등이 홍산문화를 중국 학자들 못지않게, 또는 오히려 더 높이 평가하는 것과 묘한 대조를 이룬다. 즉 중국 학자들은 홍산문화를 초기 고국 단계의 중국 문명으로 보고 있는 반면, 임재해 등은 국가 단계의 문명이지만 중국이 아니라 한민족과 관련되는 것으로 보는 것이다. 국가 단계 이후의 문명이라면 국가 간 역사 전쟁이 나는 것은 필연적인지도 모른다. 그러나 먼저 해결해야 할 문제는 그것이 과연 국가 단계의 문명으로 볼 수 있는가 하는 점이다. 홍산문화가 국가 문명 단계 이전의 문화라면, 소속 국적 논쟁은 그 자체가 무리한 것이 되며, 홍산문화가 지닌 자체의 특징이 더 중요한 개념이 되기 때문이다.

곰토템 전쟁 2007년 8월 예수셴(葉舒憲)은『곰토템: 중화민족의 시조신화 탐험』이라는 야심적인 저작을 발간하였다. 그는 홍산문화의 옥웅룡 부호(符號)의 배후에는 중화민족의 곰토템이 있다고 주장하였다.

곰토템의 재발견은 우리로 하여금 '용의 후손'이라는 유행어 배후에 더욱 심원하고 광활한 '곰의 후손'에 대한 신앙이 잠복해 있음을 재인식하게 하며, 우리로 하여금 유라시아 대륙이라는 거시적 배경에서 중국 문화의 뿌리를 새롭게 이해할 수 있도록 한다.[50]

나아가 그는 "곰토템은 동북아 지역의 공통 현상"이며 "황제-화하(華夏) 민족을 조선-한민족의 상고 시대 문화 기억과 연결시켜 주는 공동의 끈"이라고 주장했다.

유웅씨(有熊氏) 황제 집단은 우순(虞舜) 시대 및 곤(鯀), 우(禹), 계(启) 등 하대(夏代) 곰토템 신화의 물줄기를 열었다. …… 뿐만 아니라 퉁구스와 친연 관계에 있는 족군(族群)의 전파를 통하여 조선족의 아득한 기억 속에 곰토템 신화가 뿌리를 내리도록 하여, 현재까지 동아시아에서 가장 완벽한 곰이 인간을 낳는(熊母生人) 신화를 간직하게 되었다.[51]

이러한 주장에 대해 우실하는 "만일 홍산문화의 곰토템이 황제 유웅씨와 관계된다면, 결국 중화민족의 시조라는 황제족은 웅녀의 후예가 되는 것"이라고 되받았다.[52] 당시 한국 언론들은 중국이 우리의 신화를 훔쳐간다며, 중국의 동북공정, 고대 문명탐원공정, 요하문명론 등 중국의 광범위한 역사 왜곡 시도와 맥을 같이하고 있다고 비판하였다.

이에 대해 중국 언론은 다시 한국 언론을 비판하였다. 특히 중국 언론은 2007년 11월 1일 한국의 비교민속학회가 주최한 '민족문화의 원형과 정체성 정립을 위한 학술 대회: 한국 신화의 정체성을 밝힌다'에서 정재서가 "중국의 신화가 한국에서 비롯되었다."라고 주장하였다고 왜곡하면서 "한국인들이 중국의 신화를 훔치려 하는가?"라며 비난하였다. 이에 대해 한국 언론은 "누가 누구의 신화를 훔치는가?"라고 반박하는 등 '신화 전쟁'이 계속되었다.

먼저, 논란의 핵심에 있었던 당사자들의 이야기를 들어보자. 중국의《국제선구보도(國際先驅導報)》기자가 한국의 비판에 대한 입장을 묻자, 예수셴은 말을 아끼면서도 다음과 같이 지적하였다.

곰토템은 건국신화와 결합한 것이 아니라, 당시는 국가가 없을 시절의 문제로 당연히 국가 간의 경계가 없었고, 따라서 '누가 누구에게 영향을 주었는가'라는 문제가 의미가 없다.[53]

이러한 입장은 임시변통이 아니라 그이 지론에 속하는 것이다. 그는 2009년 방한 이후 정재서와 가진 대담에서 이 부분을 좀 더 자세하게 해명하였다.

큰 오해가 있습니다. 3000~5000년 전의 신화를 현대의 국가·민족 관념으로 봐선 안 됩니다. 책에서 언급한 '황제시대'에는 '중국'이라는 나라조차 없던 시기입니다. 당시 사람들은 수렵 생활을 했고 자연스

레 동물 토템을 형성했을 뿐이죠. 그들에게 어떻게 현대의 국가와 민족 관념을 적용할 수 있습니까.[54]

예수셴은 일부 표현에 오해의 소지가 있을 수 있음을 인정하면서, 용과 곰토템은 "현대의 국가와 민족"과는 무관한 것이라고 해명하였다. "고대 국가"와도 무관한지는 다소 애매하지만, 앞서 중국 신문과의 인터뷰에서 국가 이전의 문제라고 해명한 것이 참고된다. 그의 책이 중화주의적 시각에서 자유로운 것은 아니나, 전체 취지나 기본 입장은 국가주의 고고학자들과는 구별될 필요가 있다. 그는 그들이 홍산문화에서 국가 기원과 관계에 몰두하는 동안 '버려진' 여신을 국가 이전의 광대한 문화들과 관련시키며 연구하였다.[55]

그가 해명한 바와 같이 『곰토템』의 시야는 중국과 한국에 국한되지 않고 북유럽과 일본의 아이누족 등 모든 지역을 포함하고 있으며, 황제와 단군도 수직적이 아니라 수평적 관계에서 논의하고 있다. 요컨대 '곰토템'에도 중화주의적 요소가 있는 것이 사실이지만, 그것을 중국 국가적 프로젝트의 일환으로 보기는 힘들 것 같다. 또 그의 말대로 용을 좋아하는 중국인들에게 그가 주장하는 곰토템은 그리 인기 있는 것도 아니다.

예수셴이 앞으로 중국의 기존 중원 중심 역사관에서 탈피할 것인지, 패권주의적인 노선을 따르게 될지 예의 주시해야겠지만, 그가 중원 이외의 다원적인 문화 공간에서 '국가 이전 단계'의 토템에 주목한 것은 유의할 필요가 있다. 이것은 건국 영웅들에 의해 재편, 재단되기 이전 역사의 풍부한 원형질과 연결될 수 있기 때문이다.

이것은 그의 연구 방법론과도 관련이 있다. 그는 이른바 사중증거법(四重証据法)이라는 연구 방법을 표방하였는데, 그것의 핵심은 문자 폭력에 억압받아 침묵하고 있던 약자의 목소리에 귀 기울이기 위해 도상(圖像) 및 구전 자료 등에 주목한다는 것이다.

인식론의 각도에서 보자면 필드 작업(田野)을 통한 구전 문학의 대발견은 문명 사회에서 배양된 문자 숭배와 텍스트 지상주의를 해소하는데 도움을 주었다. "사람은 글자를 알게 되면서 멍청해진다.(人生識字糊塗始.)"라는 상대주의 인식을 선포함으로써 무의식적인 부호(符號) 권력의 통제 시스템으로부터 나 자신을 해방시켜, '문자 폭력'이 인간의 소외를 강화하는 현실을 맑게 깨인 비판 의식으로 새롭게 직면하게 되었으며, 5000년 문명사의 철의 장막을 뚫고서 300만 년 이래의 비할 데 없이 심오한 인류의 목소리에 귀 기울이게 되었다.[56]

적어도 그의 목표는 5000년 중화 문명사가 아니라, 그 장막을 뚫고 광대한 시기와 지역에 남아 있는 인류의 목소리를 듣는 것, 문자의 세계에서 벗어나 문자 이전의 대역사의 모습을 보는 것이다. 사실 우리가 건국신화나 승자의 문자 기록에만 의존하려 할 때 우리의 시야는 매우 좁아진다. 문자의 독재와 구속에서 벗어나 국경을 넘어서는 것은 국가 간 경쟁이 혹심한 신화 전쟁을 극복하는 단서를 제공할 수 있을 것이다.

한편 중국 인터넷에서 "중국 신화는 한국에서 기원했다."라는 주장을 한 것으로 공격을 받은 정재서는 《인민일보》의 온라인 뉴스 포털인《인민망(人民網)》에「답객난에 빗대어(效答客难)」란 글로 불편한 심정을 토로하였다.[57] 그는 중국 신화의 중요한 구성 부분인 동이계 신화가 한민족의 신화와 깊은 관계가 있지만, "동이계가 한민족이고, 동이계 신화가 모두 한국 신화"라고 결코 주장한 적이 없으며, "국가주의와 패권주의에 모두 반대한다."라고 해명하였다.[58]

이처럼 정재서와 예수셴의 주장 중에는 상당 정도 오해 혹은 왜곡된 것도 적지 않다. 그런데 그들의 주장에는 중요한 공통점도 있다. 그것은 신화 연구의 시야를 자국 내에만 국한시키지 않고 국외로 넓혀야 한다는 점이다. 정재서는 "한국 신화 연구도 한반도 혹은 국내 자료에 국한하지 않고 아시아적 범주에서 다양하고 풍부하게 재구성할 필요가 있다."라고 밝혔으며, 예수셴도 "곰토템이 유라시아 대륙 및 북아메리카까지 공동한 주제"임을 강조하였다.

백의신녀 논쟁 길림성 연변 조선족자치주 왕청(汪淸)현에 만천성 국가삼림공원(滿天星國家森林公園)이 있는데, 동서 10.5킬로미터, 남북 5.4킬로미터의 천성호(天星湖)로 삼면이 둘러싸여 섬처럼 생긴 용귀도(龍龜島)에 선녀봉(仙女峰) 공원이 있다. 선녀봉 공원은 입구와 정상으로 올라가는 길가에 단군신화에 나오는 곰과 호랑이 모형이 세워져 있으며, 동굴을 연상케 하는 터널 등 "모든 것이 단군신화를 바탕으로 한 산줄기 전체가 단군신화 공원"인 것이다.[59]

그 만천성 선녀봉 정상에 대형 백의신녀상(白衣神女像, 그림 1-11)이 있다. 백의신녀상은 높이가 강원도 양양의 낙산사 해수관음상보다도 2미터 더 높은 18미터에 이르며 무게는 500톤이나 되는 규모인데, 단군신화의 웅녀를 표현한 것으로 왼손에는 쑥, 오른손에 마늘을

그림 1-11 백의신녀상과 안내판

들고 있다. 우실하는 이 백의신녀상 건립을 중국 당국의 역사 침탈로 강하게 비판하였다.

현재의 중국 땅에 고구려가 건설되었기 때문에 고구려를 중국 역사에 편입시키려는 중국의 입장에서 볼 때, 현재의 중국 땅인 만주 지역 토착 세력인 웅녀족은 당연히 중국 사람(?)이라는 것이다. 웅녀는 중국인을 구성하는 56개 민족(한족과 55개 소수 민족) 가운데 하나인 '조선족의 시조모'라는 것이다. 거대한 웅녀상을 조선족자치주에 만들어 놓았다면, 몇 년 후에는 그 웅녀가 낳은 단군상을 세워서 '단군도 중국 사람'이라고 우기지는 않을까?[60]

이러한 주장에는 여러 가지 비약이 있다. 먼저 우실하는 백의신녀상을 동북공정의 연장선상에서 이해하고 있지만, 백의신녀상이 세

단군신화와 영원히 여성적인 것

워진 것은 이른바 동북공정이 시작되기 이전인 2001년이다. 우실하의 비판에서 핵심은 백의신녀(웅녀)상이 "중국 조선족의 시조모"로 건립되었으며, "웅녀도 당연히 중국 사람"으로 편입되었다는 것이다. 이 주장을 제대로 검토하기 위해 건립 당시 설치된 안내판 전문을 번역 소개하면 다음과 같다.

웅녀는 조선 민족 고대 신화 중의 시조모이다. 태고 시대에 곰 한 마리와 호랑이 한 마리가 한 동굴에서 같이 살았는데, 그들은 자주 하느님께 사람으로 되게 해 달라고 기도 하였다. 하느님의 아들인 환웅은 그들에게 영험이 있는 쑥 한 포기와 마늘 20개를 주면서 "너희들이 이것을 먹은 후 백일 동안 햇빛을 보지 않으면 사람이 될 것"이라 말했다. 호랑이는 햇빛을 보지 못하는 고통을 참지 못해서 동굴을 뛰쳐나와 사람이 되지 못했으나, 곰은 동굴에서 21일 동안 꾹 참고 버티어 아름다운 미녀로 변했으니, 그녀가 바로 웅녀이다. 웅녀는 환웅과 결혼하였으며 그의 번창한 자손들이 바로 조선 민족이다. 웅녀 조각상은 2001년 9월 18일 완공되었으며, 조각상의 높이는 18미터이고 무게는 500톤으로, 용귀도 북쪽 산봉우리에 우뚝 서 있다. 이 조각상은 중국 조선 민족 부녀의 근로, 용감, 선량, 미려를 표현하고 있다.

백의신녀 안내판에는 문제될 내용이 없다. 오히려 단군신화의 내용을 충실히 소개하면서 조선 민족이 단군와 웅녀의 자손이라는 것을 알리고 있으며, 웅녀가 중국의 '조선족'이 아닌 '조선 민족'의 시조모라고 첫문장에서 분명히 밝히고 있다.(그림 1-11 안내판의 ㅁ로 표시된 부분) 다만 중국 땅에 세운 이 동상을 구체적으로 설명하면서 "중국 조선 민족 부녀"의 근로, 용감, 선량, 미려를 표현하고 있다고 한 것일 뿐이다.

만천성국가삼림공원을 개발한 측은 중국 당국이 아니라, 왕청현 만대성종합개발유한회사(汪清满台城综合开发有限公司)이며, 이 기업의 현황은 공사 홈페이지에서 확인할 수 있다.[61] 이곳에서는 특별히 '조선족 민속 풍습: 민족 개황(朝鮮族民俗风情: 民族概況)'을 소개하고 있는데, 그 내용은 조선족이 항일운동과 혁명운동에 탁월한 공헌이 있는 우수한 민족이라는 것이다.

이 기업은 이 지역을 개발하면서 단군신화와 결합시키고자 하였는데, 성 정부로부터 여러 차례 문책까지 받으면서 이를 성사시킨 것으로 알려져 있다.[62] 그러니까 단군신화의 내용을 공원 전체에 표현하고, 당국의 제약에 의해 '웅녀'를 백의 민족의 시조모 '백의신녀'로 표현한 것이다.

이러한 정황을 고려하면 우실하의 비판은 과녁을 벗어난바, 한족이 아닌 조선족 동포 김상일에 의해서 비판과 반박을 받았다.[63] 그는 학자가 아니지만, 2004년 「만천성을 다녀왔습니다」라는 글로 백의신녀상을 일찍 소개한 바 있고, 그의 문제 제기에는 중요한 지적이 있어 전문 소개한다.

오늘 우연하게 웹 서핑 하다가 우실하 박사님이 저의 개인 홈페이지에 올린 사진을 인용하여 쓴 글을 보았습니다. 중국에서 웅녀상을 지으면서 역사를 왜곡한다는 듯이 묘사하는데 실제 사실은 전혀 그렇지

단군신화와 영원히 여성적인 것

않습니다. 물론 우실하 박사님은 현지에 가 보지 못했으니까 물론 자세한 상황에 대한 이해는 적으리라고 생각됩니다.

웅녀상이 생기게 된 배경은 연변 조선족자치주 만천성 풍경구를 개발하면서 테마 공원 형식을 취한 것이고, 그 테마로 조선족에 전해져 내려오는 단군전설을 삼은 것입니다. 그 어떤 정치적 의도도 들어 있지 않은 경제적 행위라고 보아도 되겠지요. 뭐 설립자가 특별히 민족의 정기를 불러일으키기 위해서 민족 탄생 신화를 테마로 일부러 했는지는 모르겠지만, 제가 아는 선에서는 일단 이 정도입니다. 단군전설은 우리 민족 전체의 전설입니다만, 조선족의 선조가 웅녀라고 하는 것에 누가 이의를 제기할 수 있나요?

만천성 어디에도, 웅녀상 어디에도 "웅녀는 조선족의 선조이고 조선족은 중국 국적이니 웅녀의 자손은 모두 중국 사람이다."라는 말이 없습니다. 다만 입장권에 "웅녀(白衣神女)는 조선 민족의 시조이다."라고 밝혔을 뿐입니다. 어딜 살펴보아도 문제 될 만한 부분은 없습니다.

글을 쓰려면 물론 소재 고갈 때문에 힘들 때도 많겠지만 이렇게 웹서핑으로 본 사진 한두 장에 자신의 상상으로 살점을 붙여서 쓰는 방식은 취할 바가 되지 못한다고 봅니다. 조만간 「치우도 웅녀도 빼앗겼다. 이제는 단군 차례다」 이 글이 수정되는 것을 기대해 봅니다.[64]

이러한 비판에 대해 우실하는 다시 「만천성 웅녀상에 대한 재론」으로 9개 항을 제시하였다. 이 글에서 핵심적인 것은 '왜 단군상을 세워야지 웅녀상을 세웠는가' 하는 것이다.

웅녀는 분명 조선 민족의 시조입니다. 그런데 한국에서는 우리 민족의 시조를 이야기할 때 "우리는 단군의 자손이다."라거나 "단군은 우리 민족의 시조이다."라고 하지 "웅녀는 조선 민족의 시조이다."라는 식의 표현을 하지는 않습니다. 만천성에서는 왜 웅녀를 앞세우는 것이고, 만주 토착 세력들인 곰, 호랑이, 웅녀상만이 등장하는 것일까요. 만일 만천성에 조선 민족의 시조라고 하여 '단군상'이 세워졌다면, 중국 당국에서 그대로 두었을지도 의문입니다.[65]

앞서 중국 성 정부에서 '웅녀'라는 명칭을 허용하지 않아 '백의신녀'로 바꾸었다고 밝힌 바 있다. "단군상을 세워야 한다."라는 우실하의 비판은 중국 당국에 할 것이지, 백의신녀상에 할 것은 아니다. 즉 백의신녀상은 여러 제약 속에서도 단군신화의 내용을 전하려는 고민과 절충의 산물인 것이다.

다음, 웅녀가 아니라 단군을 세워야 마땅하지 않는가 하는 주장의 적실성이다. 단군은 건국신화의 주인공이다. 때문에 국가 간의 역사 기억에서 충돌의 소지를 안고 있다. 이것을 어떻게 극복하는가 하는 것은 차원이 다른 문제이다. 이 점은 나중에 다시 언급할 것이다.

우실하의 「치우도 웅녀도 빼앗겼다. 이제는 단군 차례다」는 자극적인 제목만큼 학계와 대중에게 적지 않은 영향을 준 듯하다. 김상일의 비판이 있었지만, 서지월은 연변 조선족 시인과 연변 대학생 등 현지인과 같이 답사하고 "모든 것이 단군신화를 바탕으로 한 것은 자명하다."라고 평가하고, 백의신녀상을 세운 것은 "2001년 9월로, 2002년 2월 동북공정이 시작되기 직전"이라고 옳게 지적하면서도, 결론에서는 난데없이 "지금 중국에서는 웅녀를 한민족의 시조모로서가 아니라 중국의 55개 소수 민족 가운데 하나인 조선족의 시조모로 자리매김하고 있는 것"이라고 비판하고 있다.[66]

이러한 편견은 학계 전문가도 예외가 아니다. 임재해는 '단군고조선학회 춘계학술대회'에서 "백의신녀는 '한민족의 시조모'가 아니라 중국 소수 민족 가운데 하나인 '조선족의 시조모'로 변신한 것"이니 "몇 년 후에는 그 웅녀가 낳은 단군상을 세워서 '단군도 중국 사람'이라고 우기지 않을까 걱정"된다며, 우실하의 주장을 그대로 반복하고 있다.[67]

5 북한 단군릉 ── 통일론과 민족론

1 대박산 단군릉

1920년대 사회주의 도입 초기, 사회주의자들은 부르주아 민족운동의 이러한 단군 인식을 계급 의식을 마비시키는 관념론, 보편성에서 고립된 특수성론으로 강하게 비판하였다. 예컨대 해방 이후 북에서 초대 사회과학원 원장이 되는 백남운은 1933년 『조선사회경제사』서문에 특별히 「단군신화에 대한 비판적 견해」라는 장을 설정하여 신채호·최남선류의 단군 인식을 '관념적 민족특수성론'으로 자세하게 비판하였다.[68]

해방 직후에도 좌익 사학자 대부분은 단군신화를 '위작된 신화'라 하여 국사 교육에서 제외할 것을 주장하였다.[69] 이러한 상황은 북한의 좌익 사학계도 마찬가지였다. 북한은 건국 직후부터 1970년대 초까지는 단군신화를 "노예 소유자 사회의 지배 계급의 이데올로기로서 국왕의 권위를 신격화하기 위하여 조작한 것", "거짓말을 많이 담고 있으며" "인민들을 기만하였다", "계급 의식을 마비시키기 위한 반동적 교설"이라 평하는 등 강하게 비판하였다.[70]

그러나 1989년 베를린 장벽 붕괴, 1991년 소련 붕괴 등 사회주의의 세계적 퇴조에 대처하면서 단군에 대한 입장은 완전히 수정되었다. 특히 1993년 "단군릉 사건"을 계기로 북의 단군 고조선 연구는 새로운 차원으로 전환되었다. 북은 김일성의 지시로 평양시 강동군 단군릉을 발굴하였는데, 그곳에서 나온 유골 2구를 두 연구 기관에 전자 스핀(SPIN) 공명법으로 연대 측정을 의뢰한 결과, 각각 24회, 30회에 걸쳐 1993년 기준으로 '5011±267년'이라는 값을 얻게 되었다는 것이다. 북한은 이 두 유골을 단군과 그 부인의 유골로 단정하고, 그간 요동 중심의 고조선 연구를 사대주의적인 것으로 비판하면서 평양 중심으로 대대적으로 전환하였다.[71] 그리고 47회에 걸친 김일성의 교시와 독려에 의해 대박산에 단군릉을 재건하였다.

유홍준은 단군릉을 아래와 같이 묘사하였다.

단군릉은 광개토 왕릉으로 추정되는 통구의 장군총을 본뜨되 그 세 배 되는 크기로 9층의 계단식 돌각담 무덤 형식을 취해 한 변 50미터, 높이 22미터로 축조됐다. 화강암 돌은 1994년에 개건됨을 기념해 1994개로 짜 맞췄다고 한다. 네 모서리에는 우람한 돌호랑이를 수호상으로 세우고, 그 앞에는 고조선의 상징적 무기인 비파형 동검을 높이 7미터의

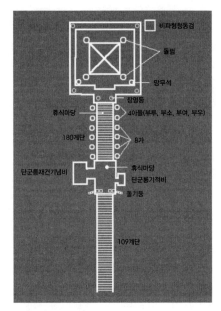

그림 1-12 단군릉 개요

크기로 네 군데 세웠다.

입구에서 능까지는 279단의 화강암 돌계단으로 이뤄졌는데, 나는
이처럼 눈부시게 높은 돌계단은 영화 「벤허」에서 본 것 말고는 처음이
었다. 돌계단 중간의 넓은 단에는 선돌(立石) 모양을 본뜬 돌기둥이 대문
을 대신하고 계단 양편으로는 단군의 네 아들과 여덟명의 측근 신하로
호위케 했다.[72]

1995년 4월 11일 남한 대종교의 안호상 총전교와 김선적 종무
원장은 이 단군릉을 참배하기 위해 전격 방북하였다. 두 사람은 북한

에 머무는 동안 단군의 승천을 기념하는 '어천절' 행사에 참석하였고, 박성철 부주석을 만나 남북한 공동으로 개천절 기념일을 정하자고 제안하기도 했다. 남한으로 귀환한 이후 김선적 종무원장은 구속되었고, 안호상 총전교는 고령이고 초대 문교부 장관을 지낸 점을 감안해 불구속 기소되었다.[73]

대한민국 정부 수립 당시 초대 문교부 장관이었고, '일민주의'라는 반공 반북 이데올로기의 창안자였던 안호상의 전격 방북은 놀라운 사건이었다. 안호상이 주목한 것은 '단군'이라는, 호명된 전면의 역사였다. 차원은 다르지만 이것은 남한의 학계도 마찬가지였다. 단군 유해 발굴과 단군릉 건립 이후 남한 학계에서는 그것이 고고학 내지 고대사의 일로 간주되어 전문가들의 방북과 논평이 분분하였다. 물론 단군이란 역사적 실체에 대한 논의는 필수적이지만, 못지않게 중요한 것이 이러한 기억을 창출한 주체의 문제일 것이다.

그런데, 흔히 간과하고 있지만 지금 강동 대박산의 단군릉은 강동군에 원래 있었던 단군묘와는 다른 곳이다.

주체 82(1993)년 9월 하순 어느 날, 위대한 수령님께서는 강동군 강동읍에 있는 옛 단군릉을 찾으시였다. …… 릉을 다 돌아보신 위대한 수령님께서는 단군릉 자리가 좋지 않다고 하시면서 단군릉 자리를 좋은 곳으로 정하고 개건해야 하겠다고, 내가 릉의 자리를 보아 둔 곳이 있는데 거기에 가 보자고 하시였다. 어버이 수령님께서는 일행과 함께 대박산 기슭에 이르시여 차를 멈추시였다. …… 위대한 수령님께서는 만족해하시며 말씀하시였다. "단군릉을 개건할 자리로는 문흥리 고인돌 유적이 있는 이 야산 마루가 제일 좋을 것 같습니다. 이 봉우리에 올라서면 대성산혁명렬사릉과 같이 앞이 탁 튀여 멀리까지 보이고, 도로에서도 가까워 다른 나라 사람들이 참관하러 오기도 편리하기 때문에 여기에 단군릉을 건설하면 좋을 것입니다."[74]

즉 현재의 대박산 단군릉은 옛 강동군 단군묘와는 전혀 관계없는 곳으로 김일성에 의해 새롭게 지정된 곳이다. 이처럼 개건된 단군릉은 고대사가 아니라 현대사의 일종이며, 단군릉에서 단군의 유해 못지않게 중요한 것이 세운 주체 김일성의 업적을 찬양한 「단군릉개건비」이다.

동방의 유구한 나라/ 옛 조선의 기상을 안고/ 주체 조선의 푸른 하늘 아래/ 거연히 솟아오른 단군릉/ 여기 내 나라 우리 민족을 내세우신/ 수령님의 숭고한 뜻 깃들어 있어라[75]

김일성 사망 이후 1994년 10월 16일, 김정일은 "우리 민족의 원시조는 단군, 사회주의 조선의 시조는 위대한 수령 김일성 동지"라는 '김일성민족론'을 제기하였다. 이리하여 북의 민족 개념에서 핵심은 단군과 김일성이 되었다. 물론 단군에서 김일성이 나오는 것이 아니라, 김일성에 의해서 단군 기억이 소환된 것이다.

2 단군릉과 민족통일론
김일성이 단군릉 개건의 의의로 거론한 것은 다음 세 가지이다.

단군릉을 잘 개선하는 것은 (1) 우리나라가 반만년의 유구한 력사를 가진 오랜 력사국이고, (2) 우리 민족이 생겨난 때로부터 하나의 피줄을 이어 온 단일 민족이며, (3) 혁명의 수도 평양이 단군의 태가 묻힌 조선 민족의 원고향이라는 것을 보여 주는 데서, 중요한 의의를 가집니다.[76]

먼저 (1) 북조선 대동강 일대에 자리 잡은 북한이 오랜 역사를 가진 문화 선진국이라는 것은 이후 세계 5대 문명론인 이른바 '대동강 문명론'으로 연결된다.[77] 그것의 현실적 의미는 사회주의권의 붕괴에 대해 아랑곳하지 않는다는 독자적인 세계 문명관을 내세운 것이다. (2) 단일 민족론은 다름 아닌 One Korea, 즉 민족통일론으로 이어지며, (3) 평양이 단군 원시조의 고향이자 고조선의 최초 수도, 그리고 현재 한반도 통일을 위한 혁명의 수도라는 것이다. 즉 (2)와 (3)은 북측에서 보는 통일론, 즉 통일전선적 민족대단결과 연결되는 담론인 것이다.

1993년 김일성은 사망 이틀 전인 7월 6일 단군릉 최종 계획을 검토하면서 "남조선과 해외 동포들도 다 와서 볼 수 있도록 단군릉을 빨리 건설해야겠다."라고 "교시"하였고,[78] 다음 날 7월 7일 「조국통일 문건」을 비준하였다. 즉 김일성 사망 직전 최종적으로 검토한 문제가 바로 '단군릉'과 '통일'이었으며, 두 주제는 서로 밀접한 관계를 지니고 있다. 이것은 전영률의 「단군릉 발굴 보고문」에 그대로 표현되어 있다.[79]

단군이 실재한 인물로 밝혀지고 단군조선 이래 조선 민족이 단일한

　　　　　　　　　　　　단군신화와 영원히 여성적인 것

민족으로 문화를 발전시키면서 꿋꿋이 살아온 사실이 확증됨으로써, 단군의 후예로서 우리 민족의 자부심은 더욱더 높아지고, 한 핏줄을 이은 7000만 동포들이 조국 통일의 성업을 이룩하는 길에서 더욱 굳게 뭉쳐 싸울 수 있게 되었다. 우리 민족의 운명을 우려하는 북과 남, 해외의 모든 동포들은 정견과 신앙, 재산 유무의 차이를 초월하여 단군을 조상으로 하는 같은 민족이라는, 물보다 진한 피의 동질성을 우선시하면서, 외세에 의해 이 지구 상에서 우리 민족만이 겪고 있는 분단의 비극을 조선 민족의 넋, 민족의 폭넓은 도량으로 끝장낸 데 중요한 기여를 하게 될 것이다.

전영률이 언급한 바와 같이 단군릉 발굴이나 개건은 고고학의 문제가 아니며, '조국 통일'과 연결되는 것이다. 이것은 북의 기본 입장이기 때문에 단군 관련 학술 행사와 대중 행사 모두를 관통한다.

2002년 10월 3일 북의 조선력사학학회와 남의 단군학회가 평양에서 발표한 「단군 및 고조선에 관한 북남 력사학자들의 공동학술토론회 공동보도문」에는 "고조선의 중심지가 평양이라는 기록을 중시한다." 등 다섯 가지 문제에 대해 인식을 같이한다고 밝히고 있는데, 그 마지막 조항이 아래와 같다.

북과 남의 력사학자들은 민족 앞에 지닌 사명감을 깊이 간직하고 북남 력사학자들의 련대를 강화하며 애국 애족의 립장에서 민족사 연구를 심화시켜 나감으로써, 우리 민족끼리 힘을 합쳐 조국을 통일하는 위업에 적극 이바지해 나갈 것이다.[80]

단군릉에서 실제적인 통일 운동도 개최되었는데, 그 첫걸음이 개천절 남북한 공동 행사였다. 2004년 10월 3일 남측 대표단 300명을 포함한 남북 해외 대표단 2000여 명이 참가하여 열린 개천절 공동 행사에서는 "하나의 강토에서 하나의 겨레로 일체가 되어 의좋고 정답게 손을 잡고 같이 사는 것은 일찍이 단군성왕이 남긴 간절한 염원"이며, "이 땅의 평화를 지키고 통일을 이룩하기 위한 성스러운 길에 온 겨레가 한사람같이 떨쳐 일어날 것을 열렬히 호소"하는 「7000만 겨레에게 보내는 공동호소문」을 발표하였다.

그다음 단계는 일회용 행사가 아니라 조직적인 통일 운동이었다. 북은 1997년 월북한 최덕신의 미망인 유미영을 회장으로 하는 '단군민족통일협의회'를 창립하였다. 개천절 남북 공동 행사 등의 경험을 통해서 2008년 9월 10일 남측에도 북의 단군민족통일협의회에 상응하는 '단군민족평화통일협의회'(상임공동대표 유명준)가 창립되어, 삼일절, 광복절 등에 「공동선언문」을 발표하였다. 2012년 삼일절에는 "단군을 원시조로 하는 단일 민족의 기개를 떨치며 하나로 굳게 뭉쳐 나아가는 우리 겨레의 자주 통일 대행진을 가로막을 힘은 이 세상에 없다." 그해 광복절에는 "우리는 '우리 민족끼리'의 구호를 더욱 높이 추켜들고 반외세 자주화와 조국 통일을 위한 애국 투쟁을 힘차게 벌려 나갈 것", "북과 남의 민족 운동 단체들은 우리 민족에 대한 외세의 지배와 간섭, 전쟁 도발 책동을 단호히 반대 배격"한다는 선언문을 발표하였다.

이상 살펴본 바와 같이 북의 단군릉은 단순히 고고학·고대사의 문제가 아니다. 그것은 북한 사회 현실의 이데올로기가 표상된 것으

단군신화와 영원히 여성적인 것

로 핵심은 김일성의 민족통일론이라고 할 수 있다. 1990년대 사회주의권의 붕괴 이후 북의 주체 노선은 더욱 어려움에 처했다. 이것을 해결해 나간 방법이 군사적으로는 핵을 준비하는 한편 통일전선을 강화하는 것이었는데 그 중심 이데올로기의 하나가 바로 단군(신화)였다. 전자는 선군 노선을 주창한 김정일 위원장이, 후자는 사회주의 민족의 시조 김일성이 주도하였다. 북과 김일성에게 단군은 북조선과 평양이며, 단군족과 결합해야 하는 웅녀는 남한과 서울, 그리고 축출해야 할 대상인 호랑이는 미국을 각각 상징하는 것이다. 즉 웅녀(남)가 호랑이(미국)와 이별하고 단군(북)과 결합하여야 한다는 것이 단군릉의 핵심적 이데올로기이다.

3 순혈주의와 다문화 비판

단군릉 발굴을 계기로 열린 1993년 '단군 및 고조선에 관한 제1차 학술 토론회'에서 손영종이 "단군은 조선 사람이기 때문에 그만큼 조선 민족은 혈연적으로 순수하였으며, 또 세계의 다른 민족들보다 훨씬 앞서서 단일 민족이 될 수 있었던 것"[81]이라고 언급한 바와 같이, 단군관은 순혈주의적 민족관에도 강한 영향을 비쳤다. 2006년 5월 17일 NLL 재조정 문제로 남북한 장성급 예비회담이 열렸는데, 당시 북측 단장 김영철과 남측 수석대표 한민구는 날씨와 모내기 이야기로 인사를 시작하였으나, 이야기는 느닷없이 민족의 '순혈 논쟁'으로 비약되었다.

김: "남쪽 기후가 더 따뜻하니 농민들이 지금 부지런히 일하고 있겠다."

한: "농촌 총각들이 몽골·베트남·필리핀 처녀들과 결혼하는 경우가 많다."

김: (못마땅한 듯한 표정으로) "우리나라는 하나의 혈통을 중시해 왔는데 민족의 단일성이 사라질까 걱정이다."

한: (미소를 머금은 채) "한강 물에 잉크 한 방울 떨어뜨리는 수준이다. 주류(主流)가 있기 때문에 다 같이 어울려 살면 큰 문제가 없다."

김: "우리는 예로부터 삼천리 금수강산이다. 잉크 한 방울도 떨어뜨려서는 안 된다."[82]

'순혈 논쟁'으로 회담의 분위기는 순식간에 어색하게 되었다. 문제는 북측의 이런 태도가 김영철 단장 개인의 생각이나 한 차례의 에피소드가 아니라, 단군민족주의와 민족통일론이 빚어낸 집단적 이데올로기라는 점이다. 이 회담에 조금 앞선 4월 27일, 북한의《노동신문》은 사설「다민족, 다인종 사회」를 통해 한국계 미식축구 선수 하인스 워드(Hines E. Ward, Jr.)를 환영하는 대한민국 정부를 맹비난하였다.

이미 지금까지 '단군의 후손', '한피줄', '한겨레' 등을 강조하여 온 초등학교 중고등학교 교과서에 2009년 '다인종 다민족 문화'와 관련된 내용을 포함시키며 '국제결혼 가정', '외국인 근로자 가정' 등의 용어도 '다문화 가정'으로 바꾸기로 하였다. 민족적 분노를 금할 수 없게 하는 말 그대로의 망동이 아닐 수 없다. 결론부터 말한다면 남조선의 친미 사대 매국 세력이 운운하는 '다민족, 다인종 사회'론은 민족의 단일성을

단군신화와 영원히 여성적인 것

부정하고 남조선을 이민족화, 잡탕화, 미국화하려는 용납 못 할 민족 말살론이다.

민족의 단일성을 살려 나가지 않는다면 미국의 지배주의 책동 앞에서 민족도 개개인의 운명도 지켜 낼 수 없으며 독도 령유권 주장에 비낀 일본 반동들의 재침 기도도 막아 낼 수 없다. …… 지금은 북과 남이 60여 년간의 분렬을 끝장내고 민족의 구조적인 단일성을 확립해 가는 자주 통일 시대이며 이 시대의 대세는 '우리 민족끼리'이다. '다민족, 다인종 사회'론은 이 시대의 기본 리념을 거세하는 독소이고 반통일 론리이다.

남조선에서 제기되는 혼혈인 문제에 대해 말한다면 그것은 전적으로 미국의 남조선에 대한 군사적 강점의 산물이다. 이러한 비극적 현실을 끝장내기 위해 미군 철수의 기치를 들지는 못할망정 오히려 그것을 사회화하려 하고 있으니 얼마나 쓸개 빠진 자들인가.[83]

이 사설에는 북에서 단군민족주의가 민족통일론은 물론 다인종 다문화와 어떠한 연관 관계를 지니는지 잘 표현되어 있다.

6 평화를 찾아서

1 단군신화의 역사 재편 ─ 주체, 시공, 국가

지금까지 한국, 북한, 중국 등 경계를 넘나들며 단군신화와 연관된 "기억의 터"를 순례하면서, 여러 가지 상징들과 그 이면에 깔려 있는 주체들의 욕망과 이해관계, 그리고 충돌을 살펴보았다. 그렇다면 '이데올로기가 없는 건국신화'가 가능한가? 단군신화뿐만 아니라 모든 건국신화는 본질적으로 당시 건국 주체들의 이데올로기가 내장되어 있고, 또 현재 해당 국가의 이데올로기가 강하게 작동하기 때문에 중층적인 이데올로기로부터 해방되는 것은 쉽지 않다. 그러나 우리가 건국신화에 내장된 이중의 이데올로기를 직시한다면 그것을 극복하는 단서도 마련할 수 있다. 이를 위해 몇 가지 먼저 언급할 필요가 있다.

(1) 단군신화와 주체의 문제이다. 단군신화에 등장하는 그룹은 환웅-단군, 곰(웅녀), 호랑이 세 그룹이다. 중국의 신화에서 황제로 통일되기 이전 각 그룹의 신화가 있었듯이, 단군신화에 등장하는 세 그룹도 분명 각각의 신화가 있었을 것이다. 그것이 환웅-단군족에 의해 통합되면서, 세 그룹의 신화는 단군족을 중심으로 '종적 계열'로 편재되었던 것이다. 즉 단군족이 풍백 우사 운사로 표현되는 전쟁의 무력과 홍익인간 등 교화 이념을 내세워 웅녀족을 2인자로 편입하고, 호랑이족을 배척하였던 구조가 단군신화의 기본 줄기이다.

(2) 단군신화에 내장된 시간의 문제이다. 단군신화는 284자의[84] 짧은 글 속에 환웅이 하늘에서 내려오는 것에서 시작하여, 단군이 나라를 건립하고 마지막으로 산신이 되는 과정까지, 수천 년에 걸친 역사를 압축해 기록하였다. 단군신화는 환웅이 하늘에서 내려오는 것에서 시작하지만, 이미 땅에서는 오랫동안 역사가 진행되었다. 즉 곰족과 호랑이족 시조의 탄생, 씨족사회, 부족연합사회가 진행되었으며, 이것이 단군을 중심으로 국가가 형성되는 단계에 포괄되어 단군

신화가 탄생하는 것이다. 때문에 단군신화에는 환웅의 출현 이후 곰과 호랑이를 선택하는 순으로 전개되지만, 실제는 곰과 호랑이의 부족연합사회가 먼저 존재하고, 이후 한웅-단군족에 의해서 이것이 해체, 재편되었을 것이다.

(3) 신화는 시간과 공간, 그리고 등장인물들을 역사적 실존과 다르게 재편하기 때문에 이름 그대로 '신화'가 된다. 아득한 먼 옛날의 신화는 역사의 어느 분야보다 고증이 어렵기 때문에 이데올로기와 결합되기 쉬운 속성을 지니고 있으며, 더욱이 건국신화는 건국 영웅에 의한 국가의 탄생과 더불어 다른 부족의 역사와 신화는 단순한 재편되는 것을 넘어서 종적 질서 속에 편재된다. 즉 건국 영웅의 탄생과 더불어 다른 신들은 그 휘하에 들어가거나 적대적으로 배제되는 일종의 '문화혁명'이 일어나는 것이다. 황제의 탄생이 치우의 비극과 짝을 이루고, 환웅-단군족의 영웅적 탄생과 더불어 곰족과 호랑이족의 기존 서사는 전복되거나 역사의 뒤안길로 사라지게 되는 것이다.

2 건국신화와 비극의 탄생

조현설은 단군신화에서 망각되어 있는 곰족의 서사를 몇 가지 소개한 바 있다. 먼저 경상북도 모령군 성산면 '봉화산의 암곰 전설'은 다음과 같다.[85]

(1) 봉화산 꼭대기에 있는 커다란 소나무 아래 암곰이 살고 있었다.

(2) 암곰은 사람이 되는 것이 소원이어서 백일기도를 올려 예쁜 소녀가 된다.

(3) 곰녀는 길 잃고 쓰러진 사냥꾼을 구해 준다.

(4) 곰녀의 강요로 둘은 굴 속에서 함께 산다.

(5) 1년 후 처자식이 그리워진 사냥꾼은 곰녀의 경고를 무시하고 도망친다.

(6) 돌아와 사실을 안 곰녀는 사냥꾼을 찾아 헤매다 소나무 아래 목을 매 죽는다.

우리는 이 전설의 (1), (2) 단락에서 지극히 자연스럽게 단군신화의 웅녀를 떠올릴 수 있다. 그러나 곰이 환웅의 지시에 따라 마늘과 쑥 등을 먹고 동굴 안에서 근신함으로써 여인이 되는 단군신화와 달리 여기서는 스스로 인간이 된다. 더욱이 (3)~(5) 단락을 보면 오히려 곰녀가 사냥군 남자를 구해 주고 같이 산다. 결말은 단군신화와 판이하다. 사냥꾼이 도망을 가고, 곰은 자살을 한다. 즉 단군신화와 달리 곰녀의 결말은 비극이다.

이러한 곰녀의 비극은 '공주 곰나루(熊津) 전설'에서도 마찬가지이다.[86]

(1) 어떤 남자가 나무하러 갔다가 암곰에게 잡혀 굴속에서 함께 살았다.

(2) 몇 해 지내는 동안 남자와 관계해 곰은 새끼 두 마리를 낳았다.

(3) 자식을 낳은 후 곰이 안심하고 나간 사이 남자가 도망쳐 배를 타고 강을 건넌다.

(4) 뒤늦게 사실을 안 곰이 따라와 자식을 죽이겠다고 위협하지만

　　　　　　　　　단군신화와 영원히 여성적인 것

그림 1-13 1997년 공주 곰나루에서 발견된 곰 석상(국립공주박물관 소장)

남자는 가 버린다.

(5) 곰은 두 자식을 다 물에 빠뜨려 죽이고 자신도 빠져 죽는다.

(6) 곰이 죽은 후부터 배가 뒤집어지는 일이 자주 일어났다.

(7) 사당을 짓고 곰을 위해 주자 배가 뒤집어지지 않았다.

이러한 곰녀 전설을 보면 단군신화의 웅녀가 잃어버린 자기 이야기가 어떤 것이었는지를 추측하는 일은 그리 어렵지 않다. (1) 곰녀는 스스로 여인이 되는 능력을 가지거나 적극적으로 남자를 굴로 데려와 같이 산다. 즉 남녀의 동거에서 여인이 선도적, 적극적이다. (2) 얼마간의 동거 이후 남자 측이 도망감으로써 헤어진다. (3) 이로 인해 곰녀는 비탄에 빠지고 자살한다.

이러한 곰녀 전설을 분석하면, 부계 종족(환웅-단군족)에게 삶의 근거지를 먼저 제공한 것은 모계 부족이었을 가능성이 크다. 일정 시간이 흐른 후 부계 부족이 모계 부족을 지배하거나 버리고 딴 곳으로 가서 새로운 나라와 건국신화를 만들게 되고, 모계 부족은 부계 부족 이후에 등장하여 부계신을 돕는 타자 신세로 전락한다.

동서를 막론하고 역사에서는 부계의 건국 과정을 거치면서 일종의 '문화혁명'이 일어나며, 그 이전 모계 씨족사회의 상징들은 부계의 상징이나 건국신화로 대체되고, 모계의 시조신화 등은 구전 전설로 파편화되거나 변질되는 것이다. 중국에서 인류의 창조신인 여와(女媧)가 남성 영웅의 문화혁명 이후 '복희(伏羲)의 여동생'으로 바뀌며, 모계 씨족사회의 이미지인 물고기, 개구리, 달 등이 부계 씨족사회의 이미지인 새, 뱀, 태양으로 대체되었다.[87] 서양 크레타 섬도 그리스에 의해 정복당하고 난 이후 부계제가 확립되면서, 크레타 문명의 최고신이었던 여신 헤라는 제우스의 하위 파트너인 아내 자리로 떨어진다. 이와 마찬가지로 웅녀는 모계사회의 주체에서 단군을 낳는 부계의 어머니로 전락한다. 즉 단군족의 영웅화와 더불어 웅녀의 비극이 탄생하는 것이다.[88]

3 전쟁과 his story를 넘어서

이 글에서 건국신화의 문화혁명과 웅녀의 비극에 주목하는 이유는 그것이 역사의 탄생과 깊은 관계를 가지는바, 단군신화 그 자체뿐만 아니라 한국사와 이웃 나라 역사 이해 전반에 상당한 영향을 주기 때문이다. 홉스봄(Eric Hobsbawm)은 동북아시아의 한국, 중국, 일본을 "세계적으로 혈연적 동질성이 매우 높고 오랫동안 유지되어 온 역사적 국가(historic state)"라고 언급한 바 있다.[89] 동북아 삼국은 경제적

단군신화와 영원히 여성적인 것

으로 긴밀한 관계에 있지만, 역사 문화적 국경은 여전히 견고하고 높다. 중국에서 "황제는 여전히 살아서 우리와 함께 한다."라거나,[90] 한국에서 "우리는 아직도 단군신화를 살고 있다."라는[91] 언급처럼, 아득한 문명 초기의 머나먼 건국 영웅들이 오늘날에도 공공연하게 호명되고 있다. 또한 케인즈(John Maynard Keynes)가 "어떠한 지적 영향력에서도 자유롭다고 믿고 있는 실용주의적 사람들조차도 사실은 이미 죽은 어느 경제학자의 노예이기 일쑤"라고 언급한 바와 같이, 스스로 자각하지 못하지만 아득한 옛 신화나 현재의 새로운 건국신화의 이데올로기에 포획되어 있는 경우가 많다.

우리가 이러한 이데올로기에서 의식적으로 해방되지 않는 한 '신화 전쟁'은 끊임없이 일어날 것이다. 자국 건국신화와 영웅의 강조로는 한 나라의 부강이 다른 나라의 비극이 되었던 식민과 지배의 역사에서 벗어나기 힘들 것이다. 이러한 굴레를 벗어나는 길은 건국신화가 수직적으로 편재되기 이전의 역사와 신화 그 자체에 주목하는 것이다. 예컨대 홍산문화는 중국 황제의 것인가, 한국의 단군 또는 웅녀의 것인가 논쟁하기 이전에, 홍산문화 그 자체의 수준과 특징이 무엇인지 다시 읽어 내는 작업이 필요하다.[92] 그리고 그것의 어떤 부분이 황하 이남과, 어떤 부분이 한민족과 연관을 맺게 되었는지, 그러한 문명의 교차 지대를 어떻게 기억할 것인지 숙고해야 할 것이다. 현재 국가 간 문명의 충돌 지대는 현재를 기준으로 역사를 거슬러 올라가면 어느 일방의 것인가 하는 '전쟁터'가 되지만, 역사의 실제적인 순방향을 따라 내려오면 오히려 양 문명이 소통하는 '가교'가 될 수 있다.

건국 영웅를 필두로 하는 애국주의 민족주의 역사 서사는 타국과의 관계도 그러하지만, 자국 자민족의 역사를 보는 데에도 여러 가지 부작용을 낳고 있다. 이러한 시각으로는 국경을 넘는 비극과 희생에 대한 보편적 인식은 물론 자국의 영광 이면에 있는 비극과 희생을 제대로 직시하지 못하는 경우가 허다하다. 중국의 경우, 중국 공산당의 영웅적 발자취를 찾아가는 '홍색투어'나, 중화민족의 부국강병을 고창하는 '애국투어'는 많이 있다. 청일전쟁의 패배도, 남경학살의 비극도 결론은 중국의 부국강병, 즉 애국주의이다. 그러나 '중국인이 아니라도', '강국이 아니라도' '이것은 안 된다.'라는, 전쟁의 희생이나 비극을 보편적 인권에서 기리는 '흑색투어(dark tourism)'[93] 개념은 없다. 최근 유럽에서는 관련 나라의 시민과 대중은 물론 정부 인사들도 같이 참여하는 다국적 흑색투어가 활발하게 시행되어, 전쟁의 희생이나 지배 피지배의 비극적인 사건과 관련되는 유적을 공동으로 방문하여 많은 교훈을 얻고 있다.[94]

한국의 경우도 임진왜란이나 병자호란 등을 이야기할 때 이순신 등 자랑스러운 전쟁 영웅에 대한 서사는 넘쳐 나지만 전쟁의 비극과 희생, 도공 여성 어린이 등 포로들에 대한 이야기는 거의 없는 형편이다. 서대문 독립공원에 위안부 할머니와 같은 식민의 희생을 기리는 '전쟁과 여성인권박물관'을 두는 것이 건국 영웅의 독립운동을 폄하하고 "순국선열에 대한 명예훼손"이라는 광복회의 역사관,[95] 이런 것들이 영웅적 민족주의의 서사일 것이다. 나라의 주인인 일반 국민과 영웅적 지도자의 건국신화적 역전 현상은 아직까지도 계속되고 있는 것이다.

4 "영원히 여성적인 것이 우리를 구원한다"

괴테(Johann Wolfgang von Goethe)는 그의 대작 『파우스트』의 결론으로 "영원히 여성적인 것이 우리를 구원한다."라고 했다. 잘 알려진 바와 같이 괴테는 많은 여인과 염문을 뿌렸으며, 파우스트가 메피스토에게 영혼을 판 이유도 아름다운 여성을 유혹할 수 있는 청춘을 돌려받기 위한 것이었다. 즉 파우스트는 여성으로 해서 악마의 유혹을 받게 되지만, 종국에는 "영원히 여성적인 것"으로 해서 구원을 받게 된다.

"클레오파트라의 코가 조금만 낮았더라면 세계의 역사는 바뀌었을 것"이라는 파스칼의 지적과 같이, 사실 미인은 남성 영웅과 더불어 역사를 만들었다. 그러나 이들이 세상을 구원할 순 없다. 현세적인 영웅으로서도 손색이 없는 영화를 누렸던 괴테가 삶의 만년에 구원으로 제시한 것은 영웅과 짝을 이루는 여성의 "찰나적인 아름다움"이 아니라 "영원히 여성적인 것, 즉 비극과 희생을 품어주는 어머니 같은 사랑과 평화인 것이다.

건국 영웅과 그들의 후예에 의해서 인류의 역사가 진전되어 온 것은 분명한 사실이며, 커다란 진보이다. 그러나 역사가 잘난 영웅에게만 의존했다면 인류는 멸망했을지도 모른다. 안중근은 메이지 일본이란 문명국가의 건국 영웅 이토 히로부미를 저격할 수밖에 없었던 이유를 아래와 같이 토로하였다.

오늘날 세상 사람들은 의례히 문명한 시대라 일컫지마는 나는 홀로 그렇지 않은 것을 탄식한다. …… 오늘의 시대는 그렇지 못하여 이른바

'상등사회의 고등인물'들은 의논한다는 것이 경쟁하는 것이요, 연구한다는 것이 사람 죽이는 기계라. 그래서 동서양 육대주에 대포 연기와 탄환 빗발이 끊일 날이 없으니 어찌 개탄할 일이 아닐 것이냐.[96]

안중근이 이토를 저격한 것은 메이지 건국 영웅에 의해서 문명이란 이름으로 일어나는 비극, 단지 한국의 비극이 아니라 동서양 육대주의 보편적 비극에 주목했기 때문이다. 21세기의 과제는 개인 남녀 계층의 평등과 자유, 소국과 대국의 평등과 선린, 전쟁을 넘어 평화를 실현하는 것이다. 동북아에서는 20세기 일본의 부국강병이 인근 다른 나라의 불행이 되는 제국과 식민의 역사를 경험하였다. 올해는 청일전쟁 120주년, 이제 중국의 부상으로 과거와는 다른 역코스의 행적을 밟을지도 모르지만, 한 나라의 부국강병이 다른 나라의 비극이 되는 역사가 다시 반복되어서는 안 될 것이다. 건국 영웅의 신화를 "영원히 여성적인" 시각에서 조명하는 이유는 바로 여기에 있다. 전쟁과 지배가 내장된 영웅들의 건국신화를 다시 쓰는 것이 아니라, 과거와 현재의 중층적 이데올로기에서 건국신화를 해방시키는 것이 우리의 과제가 아니겠는가?

조선에서의 이질적
동서양 두 과학의 만남

동양과 한국의 과학 전통

문중양

서울대학교 국사학과 교수

조선 시대의 과학에 대한 우리의 상식 중에는 역사적 실상과 거리가 먼 것이 많다. 예컨대 우리의 과학 기술은 15세기 전반 세종대왕 때 절정에 이르러 세계 최고 수준에 도달했지만, 아쉽게도 그 이후 계승 발전되지 못하고 쇠퇴했다는 것이 그러하다. 세종대의 눈부신 과학 기술의 성취에 대한 우리의 자부심은 1만 원권 지폐에 고스란히 담겨 있다. 우리 역사 속의 영원한 영웅 세종대왕을 앞면에 그리고 뒷면에는 혼천의와 천문도를 자랑스럽게 그려 넣은 것이다. 그러나 세종대 과학 문화가 눈부실수록 이후 그것을 제대로 계승하지 못한 책임은 조선의 사대부들이 짊어졌다.

왜란과 호란 두 외침으로 인한 파괴와 처절한 피해는 세종대 문화를 계승하지 못한 죄과였다는 자기 비하적 반성이 이어졌다. 15세기 이후 쇠퇴했던 조선의 과학 기술은 17세기 이후 서구 과학의 유입이라는 외적 충격에 의해 꿈틀거리기 시작했으며, 소위 실학자들의 '진보적 서양 과학의 수용'과 '낡고 오래된 전통 세계관의 극복' 등의 모습은 그러한 변화의 실증적 사례들로 이해되었다. 세종대 눈부신 과학 기술의 성취에 대한 자긍은 학문과 문화의 부흥기로 여겨지는 18세기 중·후반 영·정조대 과학 기술의 부활에 대한 열망으로 이어졌다. 그러나 조선 사회가 이 기대에 부응하지 못하고 19세기 들어

급격하게 쇠퇴하면서, 조선의 과학 기술은 개항기를 전후해서는 거의 백지상태에 이르렀다고 이해되었다. 결국 근대 과학과 강력한 무기 기술로 무장한 서구 열강이 한반도를 침탈해 들어오던 시기에 그에 대응할 우리의 과학 기술은 부재했고, 그 결과 조선이 멸망했다는 것이다.

　이러한 일반적인 인식에서 무엇이 잘못되었는가? 한번 따져 보자.

1　서구 과학과의 만남 이전의 조선 과학

　세계 최고 수준을 자랑하던 15세기 세종대의 과학 기술은 진정 계승되지 못하고 쇠퇴했을까? 피상적으로 몇 가지 사실들을 살펴보면 그럴 법도 하다. 즉 세종대 이룩한 대표적인 과학 기술의 성취로 15세기 당시로서는 세계 최고 수준의 역법(曆法, 천체의 운행을 계산하는 일종의 천체력)이라고 평가받는 『칠정산 내·외편』은 이후 개선, 증보되지 못했을 뿐 아니라, 후대의 역산가(曆算家)들이 그 천체 운행의 계산법들을 제대로 계산해 내지 못할 정도였다고 한다. 아날로그 방식의 물시계를 디지털 방식으로 전환하여 시간을 알려 주는 정교한 기계식 시보(時報) 장치를 갖춘 획기적 물시계인 자격루(自擊漏)는 또 하나의 자랑스러운 세종대 과학 기술의 성취인데, 그 제작자 장영실이 죽은 후 얼마 지나지 않아 제대로 관리할 사람이 없어 무용지물이 되고 말았다고 알려져 있다. 그 외에도 세종의 적극적인 지원과 뛰어난 과학 기술자 이천, 장영실의 주도로 제작해 사용했던 각종의 천문의기(혼천의, 간의, 일성정시의, 정남일구 등)는 이후 관측에 사용되지 않고 방치되었으며, 임진왜란 등의 전란을 거치면서 대부분 없어졌고, 전란 후에는 남아 있는 기구마저 그 사용법을 아는 이가 없다고 숙종대의 대학자 이이명(李頤命)이 한탄할 정도였다.

그러나 엄밀하게 따져 보면 세종대의 과학 기술은 잘 계승되었을 뿐 아니라 더 나아가 발전해 갔음을 충분히 알 수 있다. 먼저 위와 같이 세종대 천문학이 이후 쇠퇴한 듯 보이는 것은 세종대『칠정산』의 확립으로 대표되는 이론적 층위의 천문학 지식의 발전상에만 주목했기 때문에 일어난 착시이다. 실제로 세종대에는 이론적 층위의 차원에서 천체의 운행 이론과 고도의 계산법을 확립하는 성과를 얻어 냈고, 그 결과물이 칠정산이라는 획기적인 천문학 지식의 규범화와 정식화, 그리고 창의적인 각종 천문 의기들의 제작과 관측법의 확립이었다. 이후 규범화된 천문학 이론과 관측법들이 심각한 오류를 보이지 않는 한 조선 천문학의 역사는 실용적 층위의 차원에서만 전개되었던 것이다. 현대의 천문학과는 달리 제왕학의 일종이었던 조선 천문학의 발전적 변화의 예들을 이론적 층위에서만 찾으려 함은 역사적 맥락을 도외시한 이해라고 할 수 있다.[1]

천문학 이외의 분야는 현상적으로도 발전적으로 변화하는 모습을 명확하게 살펴볼 수 있다. 대표적으로 의학과 지리학 분야만 간략하게 지적해 보자. 15세기 조선의 의약학은 중국의 금(金)·원(元) 의약학을 수용해 종합적으로 소화, 정리해 낸『향약집성방』(1433)과『의방유취』(1445 완성)로 대표된다. 그런데 15세기 이후 조선의 의약학은 금·원 의약학을 더욱 본격적으로 수용했을 뿐 아니라 나아가 그보다

조선에서의 이질적 동서양 두 과학의 만남

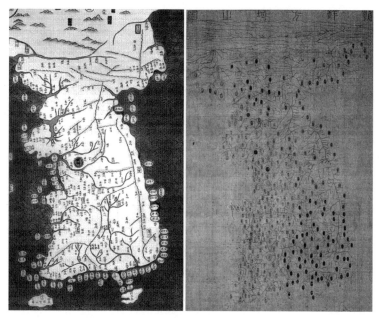

그림 2-1   혼일강리역대국도지도(1402)와 조선방역지도(1557)

더욱 진전된 명(明)대의 의약학을 수용하기에 이른다. 1610년에 완성된 유명한 허준의 『동의보감』은 이러한 15세기 이후 더욱 성장하던 조선 의약학의 결산으로 중국에서도 의약학 교과서로 활용할 정도로 우수한 의서로 인정받았던 동아시아 의약학의 베스트셀러였다.[2]

지리학 분야의 발전은 가시적으로도 확인할 수 있다. 각 시기별로 제작된 지도를 비교해 보면 그 정밀도나 제작 기법에서 시대적인 발전상을 시각적으로 확인할 수 있기 때문이다. 예를 들어 조선 시대의 한반도를 그린 대표적인 지도들을 비교해 보자. 1402년에 제작된 「혼일강리역대국도지도」 한반도 부분을 보면 두만강이 동쪽으로만

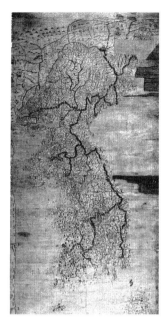

그림 2-2 정상기의 조선전도(1757)

흘러가도록 그려진 것에서 드러나듯이 매우 불명확한 지형지세를 볼
수 있다. 세계 지도의 일부분으로 소략하게 그려졌음을 감안하더라
도 지형지세의 중요한 특징적 모습을 제대로 표현하지 못했음은 분
명하다. 이에 비하면 현존하는 가장 오래된 조선 전도인 「조선방역지
도」(1557)는 세부적인 지형 묘사가 훨씬 정밀해졌음을 볼 수 있다. 특
히 「조선방역지도」는 동쪽으로 흘러가다가 방향을 꺾어 남쪽으로 흘
러가 바다로 들어가는 두만강의 중요한 특징을 잘 잡아냈다. 그러나
한반도 중·남부의 윤곽은 실제 지형과 상당히 부합해졌지만 한반도
북부 압록강과 두만강 구역은 여전히 대충 그려졌다. 이러한 한계는

조선에서의 이질적 동서양 두 과학의 만남

18세기 정상기의 「조선전도」(1757)에 이르면 만족스러울 정도로 해소된다. 실제로 조선의 지도 제작은 15세기 이후 '대축척' 방식과 같은 제작 기법의 발전이 보일 뿐 아니라, 다양한 목적과 기능(행정적·군사적·경제생활적 등)을 가진 전문적인 특수 지도가 제작되었고, 군현 단위의 세부적인 지역 지도가 제작되는 등 여러 발전적인 측면을 보여 주고 있다.[3] 이와 같은 조선의 지도 제작 기술의 발전이 절정에 도달한 것이 바로 1861년에 제작된 김정호의 「대동여지도」였다. 「대동여지도」는 조선 지도학의 제작 기법을 계승 발전해 이룩한 조선 최고의 지도로 그 정밀도는 20세기 초 일본 해군이 보유한 근대식 지도보다 더 정밀할 정도였다. 이렇듯이 조선의 지리·지도학은 조선 시대 동안 괄목할 만하게 발전한 것이다.

형이상학적인 자연관이나 우주론의 측면을 보면 조선 과학의 역사적 전개 양상이 더욱 분명해진다. 조선 사대부 지식인들의 자연 이해는 기본적으로 성리학적 자연 인식 체계에 근간을 두었다고 할 수 있다. 성리학적 자연 인식 체계란 중국 송대 유학자들에 의해서 정립된 것으로 무(無)에서 유(有)의 창조라든가 인격적인 천(天)의 개념에 의존하는 도가적 또는 불교적 자연 이해와 비교되는 것이었다. 그것은 크게 주돈이(周敦頤)의 태극(太極) 개념, 장재(張載)의 기(氣) 개념, 그리고 소옹(邵雍)의 역(易)에서 비롯된 상수학(象數學)에 근간을 두었다.[4] 그런데 조선 천문학의 황금기로 이해되는 세종대에 이러한 성리학적 자연 이해의 수준은 어떠했을까? 세종의 명에 의해 이순지(李純之)가 편찬한 대표적인 천문학서 『제가역상집』(1445)에 담겨 있는 자연에 대한 형이상학적인 서술은 매우 초보적인 수준으로 성리학적 자연 인식 체계를 충분히 이해했다고 보기 어려울 정도였다. 심지어 조선 성리학을 반석 위에 올려놓았다고 추앙받는 16세기 중엽의 율곡 이이(李珥)의 「천도책」(1558)에 담긴 자연 이해도 초보적인 성리학적 자연 이해에 불과했다.

조선의 유학자들이 성리학적 자연 인식 체계를 소화해서 우주론적 사색을 본격적으로 펼치기 시작한 것은 16세기 이후의 일이었다. 그 단초를 우리는 서경덕의 『화담집』에 담겨 있는 1545년경의 우주론 논의에서 찾아볼 수 있다. 그는 중국 송대의 세 가지 우주론 개념들을 과감하게(그러나 다소 초보적으로) 통합해서 논의를 펼쳤다. 이러한 낮은 수준의 우주론 논의는 17세기 초 장현광(張顯光)의 「우주설」(1631)에서 질적으로 발전한 모습을 보여 준다. 「우주설」은 송대 중국 성리학자들의 우주론 논의를 완전하게 소화했을 뿐 아니라, 그것을 훌쩍 넘어서는 세련되고 자기 완결적인 우주론이었다.[5] 장현광의 우주론에는 우주의 '무한함'이라든가 우리가 살고 있는 이 세계와는 별개인 '또 다른 우주'의 존재 가능성과 같은 파격적인 우주론적 사색이 보인다. 이러한 논의는 널리 알려져 있듯이 서구 과학이 유입된 이후인 18세기 후반 홍대용(洪大容)이 창의적으로 펼쳤던 것인데 이미 140여 년 전에 그 사색의 실마리를 살펴볼 수 있는 것이다.[6] 세종대에 초보적 수준에 불과했던 조선 사대부 유학자들의 자연에 대한 우주론적 사색은 이후 성리학의 본격적인 성숙과 함께 발전해, 서구 과학과의 만남의 시기 이전에 이미 조선의 유학자들은 우주에 대한 세련되고 자유로운 형이상학적 사색을 펼쳤던 것이다.

2 조선 후기 정부 차원의 적극적인 서구 과학 학습

이와 같이 서구 과학이 한반도로 유입되기 이전까지 조선의 과학은 대부분의 분야에서 세종대 이후 줄곧 발전해 왔으며, 우리의 잘못된 상식과는 달리 조선의 사대부 지식인들은 이질적인 서구 과학을 학습하고 소화할 수 있는 충분한 지적 역량을 지니고 있었다. 그렇다면 서구 과학의 유입이라는 외부적 요인이 조선 후기 과학 변동의 중요한 변수일 수는 있어도 결정적인 독립 변수라고 이해하는 것은 적절한 역사적 이해라고 보기 어려울 것이다. 실제로 서구 과학과 만나게 되는 17세기 이후 조선의 행위자들은 기대 이상으로 서구 과학에 적극적으로 다가간 바가 적지 않으며, 서구 과학에 대한 '진보적 수용'의 모습보다는 종래의 고전적 과학 패러다임에 입각해 조선의 과학을 '창의적으로 재구성'하는 모습을 보여 주었다.

먼저 조선 과학과 서구 과학의 만남에서 드러나는 모습을, 조선의 가장 큰 행위자인 정부 차원에서 주목해 보자. 민간의 자유로운 교류 없이 대규모 사신단의 정기적인 왕래가 거의 유일한 국가 간 교류의 통로였던 시대에 서구 과학의 수입과 학습은 조선 정부의 주도하에 적극적으로 이루어졌다. 이는 천하의 표준을 반포할 권력을 가진 중국과 그것을 따라야 하는 제후국 조선 사이의 조공-책봉의 국제 질서 때문에 더욱 적극적으로 추진된 바도 컸다. 이러한 배경하에서 적어도 지도학과 천문역산학 분야에서는 중국에 소개된 서구의 과학이 빠르게 유입되었다. 조선에 최초로 들어온 서구 과학의 산물은 1603년에 사신 일행으로 북경에 다녀온 이광정과 권희가 왕에게 바친「구라파국여지도」였다. 이 지도는 중국 북경에서 막 선교 활동을 시작한 예수회 선교사 마테오 리치(Matteo Ricci, 利瑪竇)가 한 해전에 제작해 황제에게 바친「곤여만국전도」로, 지구설(地球說)에 입각해 한 개의 타원으로 전 세계를 그린 단원형의 '서구식' 세계 지도였다.[7] 제작된 지 채 1년도 안 되어 조선에 전해진 것이다.「곤여만국전도」이외에도 중국에서 간행된 서구식 세계 지도의 대부분은 간행된 지 얼마 안 되어 사신들에 의해 바로 조선에 전래되었다.[8] 서구식 천문도도 마찬가지였다. 1723년 북경에서 제작된 서구식 천문도인 쾨글러(Ignatius Kögler, 戴進賢)의「황도총성도」도 1742년 조선에 들어와, 국왕 영조의 명에 따라 역관 김태서와 안국빈이 이를 모사해서 제작해 바쳤다.[9]

서구식 역법이라 일컬어지는 '시헌력(時憲曆)'의 도입은 무엇보다도 현실적으로 절실하게 필요한 것이었다. 중국과의 외교적 관계를 안정적으로 유지해야 하는 제후국 조선으로서는 중원을 새로이 차지하고 패권을 쥔 청(淸)이 1644년에 시헌력을 반포하자 개력하지 않을 수 없었기 때문이다. 관상감 제조 김육(金堉)은 지체 없이 바로 그해에 개력을 주청했다. 김육은 그간의 역법이 매우 정밀하기는 하나 단지 오래된 탓에 오차가 쌓여 천문 도수가 바뀐 것이 있는데, 마침 중국에서 새로운 역법인 시헌력이 제시되었으니 배워 와서 개력하자고 주장했다.[10] 이에 오랑캐(서양)의 역법을 오랑캐 나라(청나라)가 사용하고 있으니 중화(中華)의 전통을 계승하고 있는 동방의 나라에서 배워 와 쓸 수 없다는 일부의 반대가 있었다.[11] 그러나 현실 정치 차원에서 이미 청나라는 오랑캐 나라가 아닌 동아시아의 새 주인

조선에서의 이질적 동서양 두 과학의 만남

이었으며, 시헌력이 비록 서양 오랑캐의 역법이지만 중국에서 그 우수성을 인정받은 훌륭한 역법이라는 인식이 지배적이었다. 일부의 반대에도 불구하고 시헌력으로의 개력 작업은 꾸준히 추진되었다.

그러나 시헌력을 배워 와 시행하는 것이 결코 쉬운 작업은 아니었다. 외교적으로 제후국인 조선은 자체적으로 역서(曆書)를 반포할 수 없고 황제국인 중국의 역서를 받아 와 그대로 써야 했기 때문에 공개적으로 개력 작업을 수행할 수 없었던 것이다. 그랬기 때문에 사신 일행에 비공식적으로 천문역산가들을 파견해 비밀리에 천문학 책들을 사들이고 자력으로 학습해야 했다. 개력 작업을 진행한 지 10년 만인 1653년(효종 4)에 시헌력에 의거해 독자적으로 역서를 편찬할 수 있게 되었지만 만족스러운 수준은 아니었다. 태양과 달의 운행만 제대로 계산해 냈을 뿐 오행성의 운행은 시헌력으로 계산을 하지 못하고 종래의 대통력에 의존하는 불만족스러운 역서였다. 오행성의 운행과 일월식까지 계산을 할 수 있게 된 것은 그로부터 50여 년이나 지난 1708년(숙종 34)에 역관 허원이 『시헌칠정표(時憲七政表)』를 들여와 추보(推步)에 사용하면서부터였다. 이렇게 어렵사리 시헌력을 소화하자마자 중국에서는 보다 개선된 역법이 쓰이기 시작했다. 1721년에 편찬된 『역상고성(曆象考成)』은 티코 브라헤(Tycho Brache)의 천문학으로, 1742년에 편찬된 『역상고성후편』은 케플러(Kepler)의 타원궤도설과 카시니(Cassini)의 최신 관측치와 관측법으로 개선된 역법서였다. 이에 조선 정부는 다시 관련 책들을 들여와 고단한 학습을 이어가야 했다. 중국의 시헌력 체제를 학습하고 자력으로 만족스러운 수준까지 계산법을 익히려는 정부 차원의 노력은 18세기 후반까지 이어졌다.

시헌력 체제의 학습과 개력 사업은 서구식 천문 관측 기구를 제작하려는 노력으로도 나타났다. 대표적인 예로 평면 해시계와 적도의(赤道儀)식 관측 기구의 도입과 제작을 들 수 있다. 서구 천문학이 중국에 들어오면서 그와 함께 서구식 천문 관측 기구도 많이 들어와 사용되었는데, 사용하기 간편한 상한의(象限儀)나 기한의(紀限儀), 비교적 정밀한 관측 기구인 적도경위의(赤道經緯儀), 그리고 적도경위의를 평면의 원반 위에 투사해 응용한 간평의(簡平儀), 그리고 평면 해시계인 지평일구(地平日晷) 등이 그것이다. 조선 정부가 이러한 관측 기구들을 제작해 사용한 것으로는 정조대 김영(金泳)의 주도로 1789년에 관상감에서 제작한 적도경위의와 지평일구[12]를 들 수 있다. 적도경위의는 중국의 천문학서인『신법산서』,『측량전의』,『영대의상지』등을 참고해 제작되었으며, 지평일구는 청대 수학의 결정판인『수리정온』에 근거해서 제작되었다. 이 기구들은 각각 24절기 때의 중성(中星)의 도수와 일출·일몰 시각을 측정했다고 한다.[13] 한편 국립 고궁박물관에 있는 간평혼개일구(보물 8431호)는 1785년에 제작되었는데 중국에서는 비슷한 것을 찾아볼 수 없는 매우 독특한 평면 해시계로 주목할 만하다. 관련 기록이 없어 확증할 수는 없으나 아마도 관상감에서 서호수(徐浩修) 등이 주도하여 혼개통헌의와 간평의를 응용해서 하나의 평면상에 도시해 제작한 것으로 보인다.[14]

조선에서의 이질적 동서양 두 과학의 만남

3 조선 유학자들의 서구 과학 학습과 '새로운 과학'의 재구성

서구 천문역산학과 지도학이 정부 차원에서 적극적으로 유입된 것에 비해 조선 지식인 일반의 서구 과학에 대한 관심과 학습은 상대적으로 적은 편이었다고 할 수 있다. 예를 들어 정부의 사신 일행이 들여온 「곤여만국전도」에서 처음 소개되었고 조선 정부의 공식 역법이 된 시헌력 계산의 전제가 되었던 지구설에 대해서 대다수 사대부들은 몰랐거나, 접해도 거부했던 것이 일반적인 실정이었다. 그럼에도 일부 학자들은 서구 과학의 상대적 장점을 거론하는 등 큰 관심을 두었다. 특히 정밀한 관측 기구를 통해서 얻은 상세한 관측 자료, 그리고 구면 천문학적 계산에 바탕을 둔 정확한 천문학 계산 등이 우리의 역법에 비해 우수하다는 것을 인정한 학자들은 서구 천문학과 수학을 배워 익히려고 노력했다.

대표적인 남인계 실학자로 유명한 이익(李瀷)은 그의 백과전서적인 산문집 『성호사설』(1740년경)에서 서구의 과학 서적을 읽고 이해한 바를 적어 놓으면서 지구설을 사실로 인정했다. 18세기 후반에 활동한 노론계의 홍대용과 황윤석(黃胤錫), 소론계의 서명응(徐命膺)과 서호수, 그리고 19세기 중반에 활동한 최한기(崔漢綺)와 남병철(南秉哲)·남병길(南秉吉) 형제 등은 한역 서양 과학 서적들을 읽고 그 내용을 완벽하게 소화했던 학인들이었다. 홍대용은 유명한 지동설과 무한우주론 논의를 펼쳤고, 서호수는 중국에 소개된 서구식 천문학과 수학의 결정판인 『역상고성』과 『수리정온』을 완벽하게 소화해 분석했으며, 최한기는 조선에서는 처음으로 공전을 주장하는 등 뉴턴 역학을 학습하고 재해석하는 모습을 보여 주었다. 남병철은『의기집설』(1859)에서 혼천의를 비롯해 서구식 관측 기구인 간평의와 혼개통헌의 등을 분석했다.

그런데 우리가 주목해야 할 것은 조선 후기 사대부 학인들이 이질적인 서구 과학을 접하고 그것을 이해했던 방식은 예수회 선교사들이 원했던 방식이 아니었다는 사실이다. 선교사들은 중국의 천문학자들과 학인들이 사원소설과 조화로운 기하학적 원리에 입각해 새로운 서구식 세계 지도와 역법 등을 이해할 것으로 기대했다. 그랬을 때 조화로운 우주를 창조한 전능한 신의 존재를 깨달을 수 있을 것이라고 믿었기 때문이다. 그러나 선교사들의 여망에 부응한 중국의 학인들은 기독교로 개종한 극소수 일부 학인들에 불과했다. 특히 선교사들과 직접 대면하면서 서구 과학을 학습하지 않았던 조선 학인들이 사원소설에 입각해 지구설을 이해하기는 거의 불가능했다. 조선 학인들의 서구 과학에 대한 이해는 철저하게 '그들 자신의 방식'대로였다. 그들 자신의 방식이란 바로 성리학적 자연 인식 체계를 말한다. 성리학적 자연 인식 체계는 두 가지의 상이한 전통으로 나뉜다. 하나는 소옹 학파의 성리학자들이 확립한『주역(周易)』의 체계에 기반을 둔 상수학적 체계이고, 다른 하나는 장재가 구체화한 기(氣)의 회전 메커니즘을 이용한 자연 이해 체계였다. 조선 후기 학인들이 서구 천문학과 우주론의 중요한 내용이었던 지구설과 지전설을 접하고 그것을 어떻게 이해했는지를 살펴보면 그들이 성리학적 자연 인식 체계 위에서 서구 과학 지식을 받아들였다는 사실을 잘 알 수 있다.

먼저 지구설에 대한 조선 학인들의 이해 방식을 보자. 18세기 영·정조대 최고의 천문 전문가였던 서명응은 누구보다도 서구 천문학의 상대적 장점을 인정하고 배울 것을 주장했던 고위 관료 유학자였다.[15] 그런데 서명응이 이해한 지구설의 원리는 사원소설이 전혀 아니었다. 그는 땅이 구형일 수 있는 원리를 서구 과학과는 완전히 다른 개념적 틀인 상수학적 체계를 적용해 역설했다. 즉 지구의 형체가 둥근 것은 중국의 전설적인 성인(聖人)들이 주역의 괘(卦)를 만드는 데 근원으로 삼았던 하도(河圖)의 중궁(中宮) 오점에서 비롯되었다는 것이다. 서명응은 지구설뿐만 아니라 지축이 왜 23.5도 기울었는지, 왜 하늘은 좌선(左旋)하고 일월은 우행(右行)하는지 등 서구 천문학이 전하는 새로운 천문학적 사실들을 '선천방원도(先天方圓圖)'라는, 유학자들이 우주의 원리가 담겨 있다고 믿은 도상(圖象)에서 구했다. 하도와 선천방원도는 바로 소옹 상수학 체계의 가장 근간이 되는 철학적 기초였다.

더 나아가 서구인들은 부정했던 지구의 회전 운동을 주장했던 홍대용의 우주론 논의는 상수학적 체계를 거부하고 오로지 기의 메커니즘에 기반을 둔 것이었다. 그의 유명한 지전설의 원리를 살펴보자. 홍대용은 그의 『의산문답(毉山問答)』(1773)에서 장재와 주희가 체계화한 기의 메커니즘에 근거한 우주 생성 과정을 거론하면서, 원형(圓形)인 지구가 태양계의 중심 부분에서 정지해 있지 않고 허공에서 떠서 하루에 한 바퀴 도는 자전 운동을 하고 만물이 그 지면에 기대어 붙어 있다고 주장했다. 그는 어떻게 무거운 지구가 허공에 떠 있을 수 있는지, 우리의 반대편에 있는 사람들이 어떻게 지구면에서 떨어지지 않고 정상적으로 살 수 있는지, 그리고 매우 빠른 속도로 회전하는 지구면 위의 사람과 사물이 어떻게 쓰러지지 않고 서 있을 수 있는지 등의 근거를 지구 주위의 '기의 상하지세(上下之勢)'에 의한 것으로 설명했다.[16] 홍대용의 지전설이 동아시아에 들어온 서구 천문학의 지동에 관한 논의에서 힌트를 얻었는지 아니면 홍대용 자신의 독창적인 사고인지는 사실 중요하지 않다. 주목할 것은 땅이 움직일 수 있다는 논리를 성리학적 자연 이해의 전통인 기의 메커니즘에 의거해 사색했다는 사실이다. 홍대용의 지전설은 기의 메커니즘에 기반을 둔 '새로운 과학의 구성'이었다.

19세기 최한기의 기륜설(氣輪說) 또한 전형적인 기의 메커니즘을 적용한 것이었다. 최한기의 기륜이란 기가 항성이나 행성을 겹겹이 에워싸고 있는 모습을 마치 수레바퀴에 비유해서 표현한 개념이었다. 이러한 개념은 이미 1836년에 저술된 『추측록(推測錄)』에서 그 단초가 보인다. 여기서 그는 조석(潮汐) 현상을 설명하면서 뭇 천체들의 운전(運轉)이 그 주위의 기가 따라 돌면서 피륜(被輪)을 이룬다고 말한다. 지구의 피륜과 달의 피륜이 만나는 부분에서 마찰이 일어나는데, 그러한 마찰에 의해서 조석이 일어난다는 것이다. 이와 같은 기륜의 개념은 『성기운화(星氣運化)』(1867)에서 더욱 발전되었다. 그동안 조선 학인들의 우주론 논의가 줄곧 17세기 초 과학 혁명기 초반의 지식에 전적으로 기반을 두었던 것에 비하면 최한기의 『성기운화』는 19세기 중엽 유럽의 근대 천문학 지식을 담고 있는 『담천(談天)』(1859)에 근거했다. 결국 기륜설이라는 최한기의 독창적인 기의 메커니즘은 『담천』에 담긴 뉴턴의 중력에 의한 천체 운동 현상을 설명하는 틀이 되었다. 최한기는 뉴턴 역학을 중국에 소개한 책 『담천』의 저자가 중력의 원인에 대해서는 규명하지 못했는데 자신의 기륜설은 그 원인을 규명하였다고 생각했다. 더 나아가 뉴턴이 해결하지 못한 문제들도 기륜설로 풀 수 있다고 믿었다. 최한기에게 기륜설은 뉴턴의 중력 이론과 케플러의 법칙보다 더 근원적인 문제들을 설명해 주는 일반적인 과학 이론(general scientific theory)이었다.

뉴턴의 중력 이론을 하위의 이론으로까지 격하시킨 최한기의 기륜설이 형성된 것은 바로 개항 직전 1860년대였다. 이렇듯 조선의 학인들은 17세기 이후 서구의 과학을 적극적으로 학습하면서도 성리학적 자연 인식 체계를 포기하지 않았다. 오히려 18세기 후반 서명응의 역학적(易學的) 천문학과 최한기의 기륜설에서 단적으로 드러나듯이 고전적 자연 인식 체계를 더욱 발전시키면서 자연에 대한 이해의 폭과 깊이를 더해 갔다. 조선 후기의 학인들은 감각 경험과 상식으로는 도저히 이해 불가능한 지구설과 같은 문제를 대면하고 '그들 자신의 방식'으로 만족스럽게 문제를 풀었던 셈이다. 그 과정에서 새로운 과학을 구성해 냈다.

4 조선의 과학, 어떻게 접근할 것인가

일반인들의 상식과는 다른 조선의 과학에 대한 역사적 사실들을 이상과 같이 제시해 보았다. 세종대에 눈부신 성취를 이룩했던 우리의 과학은 그 이후에 계승되지 못했던 것이 아니라 꾸준히 이어졌다는 사실 말이다. 오히려 기술적(technological) 지식의 층위가 아닌 자연에 대한 체계적이고 형이상학적인 자연 이해는 15세기에 초보적이었던 것이 이후 성리학의 성숙과 함께 성장했다는 사실을 강조했다. 그래서 침체되어 있던 우리의 '낡은 과학'이 서구의 '새로운 과학'이라는 외적인 충격에 의해서 비로소 꿈틀거리기 시작한 것이 아니라, 서구 과학이 유입되기 이전부터 우리의 과학, 특히 사대부 지식인들의 자연 이해의 방식과 태도는 발전적으로 성장하고 있었으며 그들은 전래된 서구 과학[17]을 나름대로 만족스럽게 학습하고 소화해 갔음을 보였다. 조선 후기의 위정자들과 일부 지식인들은 서구 과학의 수용과 이해에 비교적 적극적이었고, 그들이 기대한 만큼에 있어서는 성공적이었다고도 할 수 있다. 이러한 전통 과학의 변화는 19세기에도 지속되었을 것이며, 개항기 직전에 우리 사회에 과학이 없었다는 서술은 19세기 말 '근대'라는 화려한 외피를 입고 급격하게 유입된 서양 과학(science)은 없었다는 서술로 바꾸어야 타당함을 말하려 했다.

그러나 거시적으로 제시해 본 조선 과학의 변화에 대한 필자의 역사 서술이 절대적이지는 않다는 사실을 지적해야겠다. 종래의 잘못된 상식적인 이해에 대한 안티테제로서 과감하게 서술해 보았을 뿐이다. 따라서 이 글은 적지 않은 허점을 드러낼 뿐 아니라, 또 다른 잘못된 역사 이해를 낳을 여지가 있다. 예컨대 세종대 이후 과학 기술이 쇠퇴한 것이 아니라면 더욱 발전했다는 것인가? 조선 후기 정부가 적극적으로 서구 과학을 수용했고, 소수에 불과하지만 일부 학인들이 성숙한 성리학적 자연 인식 체계를 기반으로 서구 과학을 만족스럽게 해석해 냈다면, 조선 후기 서구 과학의 수용은 성공적이었다는 말인가? 물론 그렇지는 않을 것이다. 발전과 성공을 묻는 질문은 쇠퇴와 실패를 묻는 질문의 동전의 양면으로 발전과 쇠퇴, 성공과 실패, 수용과 거부의 담론은 적절한 역사학적 접근이 아니기 때문이다.

그럼에도 필자가 이 글에서 과감한 논지를 택한 것은 그간 우리 (조선 또는 동양) 과학에 쇠퇴와 실패, 그리고 거부라는 딱지만을 붙여 왔던 상식의 강고함을 조금이나마 줄여 보고자 했기 때문이다. 그러한 강고함은 근대 사회에서의 '서양 과학의 성공'과 '동양 과학의 실패'라는 담론에서 연유한 바가 컸다. 이는 소위 근대주의적이고 과학주의적인 역사 인식과 궤를 같이하는 것이기도 하며, 더욱 근원적으로는 과학과 과학의 발전에 대한 오래된 목적론적 역사 서술 (teleological historiography)의 전통에 연유한다고도 생각한다.[18] 이러한 전통의 역사 서술은 과거의 자연 지식의 연결망 전체에서 특정한 구성 요소로서의 개별적이고 기술적인 전문화된 지식을 선택적으로 발췌, 분리해 내고 그것을 현대 사회에서 지니는 사회적 기능과 역할에 비추어 해석하곤 했다. 이러한 해석은 그것이 생겨났던 역사적 맥락(contexts)과 완전히 분리되어 이루어졌으며, 역사적 의미에 대해서는 무관심하기도 했다. 이러한 역사 서술의 관심은 오로지 발전 (development), 정체(stagnation), 그리고 쇠퇴(decline) 중의 한 가지에 초점이 맞추어질 수밖에 없다.[19]

그런데 서구의 과학과는 완전히 다른 비서구 과학(non-Western science)에서는 과연 어떠한 방향의 역사적 전개를 발전 또는 쇠퇴라고 볼 수 있을까? 목적론적 역사 서술에 의하면 '현대 과학과 유사한 형태'의 과학의 형성을 발전이라고 이해하게 될 것이다. 그렇다면 조선 초에 부재했고, 16세기부터 본격적으로 등장, 이후 조선 학인들의 자연을 이해하는 기본 틀이었던 성리학적 자연 인식 체계가 고도화되는 과정은 '과학의 쇠퇴'일 수밖에 없다. 서명응의 상수학적 자연 인식과 최한기의 기륜설은 '현대 과학과 유사한 형태'와는 너무나 거리가 멀기 때문이다. 필자는 조선의 과학을 역사적 맥락에서 공평하고 대칭적으로 제대로 이해하기 위해서는 이상과 같은 목적론적 역사 서술에서 하루빨리 벗어나야 한다고 본다. 전문적인 기술적 지식들을 그것이 처해 있던 사회적, 문화적, 그리고 역사적 제 배경과 분리해 내서는 안 된다. 전문적 자연 지식(scientific techniques)뿐만 아니라, 다양한 측면의 문화와 사상도 당대의 과학 네트워크를 구성하는 중요한 구성 요소인 것이다.

세종대의 과학 기술이 찬란했고 그 이후에 잘 계승되지 못했다는 종래의 상식은 현대 과학과 유사한 형태의 전문적인 자연 지식들이 세종대에 두드러지게 나타났다가 이후에 사라지는 듯 보이기 때문에 생긴 착시이다. 그러나 그것이 세종대 과학의 모습 전체는 아니다. 세종대 유학자들의 자연철학적인 자연 이해가 매우 초보적인 수준에 불과했다는 사실을 주목해 보자. 또한 세계적 수준의 독자적인 역 계산법인 칠정산과 세계 최초의 계량적 강우 측정기인 측우기 등은 비록 그 외형적인 모습이 '현대 과학과 유사한 형태'이지만, 그것의 구성 요소인 문화적 배경은 현대 과학과는 판이했다는 사실도 눈여겨보자.[20]

목적론적 역사 서술은 조선 후기 '서양 과학'을 얼마나 성공적으로 수용했으며, 낡고 오래된 그래서 비과학적이라고 이해되던 '조선

(또는 동양) 과학'을 얼마나 철저하게 부정·극복했는가에 가장 큰 관심을 보인다. 이 역시 '현대 과학과 유사한 형태'의 등장을 갈망하는 욕구에 기인한다. 필자의 관심은 이와는 달리 고전적 자연 지식과 자연 인식 체계가 조선 전기 이래 어떻게 변화해 갔으며, 보다 세련되고 체계적인 고차원의 자연 인식 체계로 무장한 유학자들이 외래의 서구 과학 지식이 담긴 서구 과학 문헌들을 접하면서 그것을 어떻게 읽어 냈는가에 있다. 서로 상이한 문화적 배경을 지닌 이질적인 두 과학, 즉 조선 과학과 서구 과학이 조선 후기 한반도에서 서로 대면했다. 그런데 토마스 쿤의 개념을 빌려서 말하면 조선 과학의 패러다임하에서 자연을 이해하던 조선 유학자들이 고전적 자연 지식의 연결망에서 심각한 문제가 발생하지도 않았는데 조선 과학을 거부하고 서구 과학을 수용하는 것은 있을 수 없는 일이다. 실제로 조선 유학자 대부분은 19세기 말까지도 조선 과학의 패러다임하에서, 즉 '그들 자신의 방식'인 성리학적 자연 인식 체계로 서구 과학을 읽어 냈던 것이다. 그것이 자연스러운 역사의 실제 모습이다.

전통 시대 학문의 의미와 실천, 그리고 방법

전통에 있어서의 학문

심경호

고려대학교 한문학과 교수

1 도문학

내가 근무하는 대학의 문과 대학 교수 휴게실에는 다음과 같은 문구가 걸려 있다.

尊德性而道問學(존덕성이도문학)

致廣大而盡精微(치광대이진정미)

이 글을 보고 많은 분들이 '도문학(道問學)'을 어떻게 풀이해야 하는지 모르겠다고 한다. 실은 '존덕성'과 '도문학', '치광대'와 '진정미'는 모두 앞의 한 글자가 동사이고 뒤의 두 글자가 명사로서 목적어이다. 본래 『중용』에 나오는 말인데, 사서삼경의 하나로 철학적인 개념들을 응축해서 담고 있는 이 『중용』을 미리 읽어 본 사람이 아니면, '도문학'이란 말을 이해하기 어려운 것이 사실이다. '도문학'은 '문학(問과 學)을 따라 나간다', '문학을 말미암는다'라는 뜻이다. 이때 '문학'이란 말은 오늘날 우리가 말하는 '학문(學問)'의 어원에 해당한다.

다만 현대 중국의 권위 있는 한자 어휘 사전인 『한어대사전』[1]은

전통 시대 학문의 의미와 실천, 그리고 방법

'학문'이란 말이 『주역』에서 나왔다고 하면서 『중용』의 이 구절은 인용하지 않았다. 곧 이 사전은 '학문'이란 말의 기원이 『주역』「건괘 문언전(乾卦 文言傳)」의 "군자는 배워서 지식을 모으고 물어서 분별하며, 너그러움으로써 거하고 인으로 실행한다.(君子學以聚之, 問以辨之, 寬以居之, 仁以行之.)"에서 나왔다고 보았다.

『주역』의 「문언전」은 이른바 십익(十翼)의 하나로, 공자가 『주역』에 해설한 것이라고 전해 왔지만, 현대의 학자들은 대개 한(漢)나라 때 이루어진 것으로 보고 있다. 그런데 앞서 든 『중용』도 본래 한나라 때 이루어진 『예기(禮記)』에 들어 있고, 『예기』는 진시황 무렵, 혹은 진한 교체기, 혹은 한나라 문제 때, 여러 자료를 부분적으로 채용하여 종합한 것으로 추정된다. 「문언전」과 『중용』은 비슷한 시기의 문헌으로 보아도 좋을 듯하다. 그리고 그 두 문헌에서 '학문'이란 말의 어원에 해당하는 구절이 공히 발견된다는 것은 그 무렵에 학문의 방법과 목적, 이상 등에 대한 진지한 성찰이 이루어졌음을 알려 준다고 하겠다.

이후 '학문'이란 말은 함의가 다른 여러 가지 용법으로 사용돼 왔다. 그 점은 앞서의 『한어대사전』에 잘 반영되어 있다. 그 사전에서 '學問'을 찾아보면 다음과 같이 정의가 되어 있다.

【學問】

(1) (지식과 기능 분야에서의) 학습과 질문.

"군자는 배워서 지식을 모으고 물어서 분별하며, 너그러움으로써 거하고 인으로 실행한다.(君子學以聚之, 問以辨之, 寬以居之, 仁以行之.)"(『주역』「건괘 문언전」)

"나는 지난날 학문을 한 적이 없고, 말을 치달리고 검을 휘두르기를 좋아하였소.(吳他日未嘗學問, 好馳馬試劍.)"(『맹자(孟子)』「등문공(滕文公) 상」)

(2) 지식, 학식.

"선왕이 남긴 말을 듣지 못하면 큰 학문을 알지 못하게 됩니다.(不聞先王之遺言, 不知學問之大也.)"(『순자(荀子)』「권학(勸學)」)

(3) 객관 사물을 정확하게 반영하는 체계적 지식.

(4) 도리(道理), 수준.

이 사전적 정의는 '학문'이란 말의 풍부한 용례를 반영하고 있지만, 아쉽게도 학문의 구체적인 방법은 물론, 그 가치와 이념을 제시하지는 않는다. 「문언전」에서 말하는 '배워서 지식을 모으고 물어서 분별함'과 『중용』의 '문학을 말미암음'이란 말에서 전통 시대 사람들이 지식과 관련한 행위를 인생 노정의 한 단계이자 삶의 한 목표로 설정하고 있다는 점은 어렴풋이 느낄 수 있다.

과연 전통 시대의 사람들은 학문의 목표를 어떻게 설정하고, 학문을 하는 데 어떠한 방법을 활용하였는가? 이 궁금증을 해결하려면 학문에 관한 성찰을 '도문학'이란 말로 표현한 『중용』으로 돌아가 그 의미를 살펴볼 필요가 있다.

남송 때의 대학자 주희(朱熹)는 『중용』 전체를 33장(章)으로 나누었다. 『중용』을 그런 식으로 나눌 때, 앞서 말한 우리 문과 대학 휴게실의 휘호는 제27장에 들어 있는 셈이다. 27장을 다시 읽어 보면 다음과 같다.

　　　　　전통 시대 학문의 의미와 실천, 그리고 방법

君子尊德性而道問學	군자는 덕성을 높이고 문학을 말미암는 것이니,
致廣大而盡精微	광대함을 이루고 정미함을 다하며,
極高明而道中庸	고명함을 다하고 중용을 말미암는다.

첫 구절은 '덕성을 높이고 문학을 말미암는다'로 풀이할 수도 있고, '덕성을 높이되 문학을 말미암는다'로 풀이할 수도 있다. 앞의 풀이에 따르면 '덕성을 높이는 일'과 '문학을 말미암는 일'은 병렬의 사항이 되고, 뒤의 풀이에 따르면 '덕성을 높이는 일'은 목적, '문학을 말미암는 일'은 수단이 된다. 『중용』 전체의 이념으로 보면 뒤의 풀이가 옳은 듯하다.

두 번째 구절에서 '광대함을 이룸'은 박(博) 곧 박학(博學)을 강조하고, '정미함을 다함'은 정(精) 곧 정밀(精密)을 강조한 것이다. 어떤 학문을 하든 전공의 세부 사실만 알아서는 안 되고 관련 지식은 물론, 그것의 지적 문맥과 역사적 맥락을 두루 알아야 한다. 그것이 박학의 방법일 것이다. 한편 학문에서 자신의 세계를 구축하려면 전공의 원리와 개념에 대해 명확히 이해하고 이론적 체계를 세워야 한다. 이것이 정밀을 강조하는 이유일 것이다.

그런데 현대 중국의 철학가 평유란(馮友蘭, 1895~1990)은 『중용』 27장에 나오는 "숭고한 최고의 경지에 도달하면서 동시에 중용을 실천한다.(極高明而道中庸./ Both attains to the sublime and yet performs the common task.)"라는 문장에 깊은 의미를 두었다. 그는 『신원도(新原道)』에서, 중국 철학사 전체를 이 구절의 정신이 심화되어 가는 과정으로 보았다. 그는 「총론」에서 다음과 같이 말하였다.

인간이 인간인 이상 그 최고의 성취는 성인(聖人)이 되는 것, 다시 말하여, 인간의 최고 경계인 '천지 경계(天地境界, the transcendence sphere)'를 획득하는 것이다. 중국 철학의 입장을 돌이켜 볼 때, 이것을 획득하기 위해서 소위 출세간적(出世間的)인 방법을 취하는 철학이 있다. 그 방법은 사회 일반에 공통적인 보통의 생활, 즉 중국의 전통적인 표현에 의하면 인륜일용(人倫日用)과는 서로 용납될 수 없는 것이다. 철학은 출세간적이지 않으면 안 된다고 생각하는 입장이 곧 불교·도교의 입장이다. 그러한 입장은 '고명(高明)을 다하고는 있으나 중용(中庸)을 따르지 않는' 철학이다. 이러한 철학은 지나치게 이상주의에 치우쳐 있다. 한편 출세간적 철학과는 반대로 인륜일용을 중시하고 현실 정치 및 일상의 도덕에 관심을 가지지만, 최고의 경계에는 관심을 기울이지 않는 철학적 입장이 있다. 이것은 '중용을 따르지만 고명을 다하지 아니하는' 철학, 다시 말하면, 현실주의에 편중된 철학이다.

평유란은 중국 철학이 추구하는 최고의 경계를, '인륜일용을 초월하면서 동시에 인륜일용 안에 머무르는 것(超人倫日用而又卽在人倫日用之中)'에서 찾았다. 그리고『중용』에 나오는 "極高明而道中庸"의 而 자는 고명과 중용이 여전히 대립하고 있으면서 내적으로는 그 두 가치가 본래 이미 하나로 통일되어 있음을 보여 준다고 하였다. 현실의 표면적 대립을 어떻게 본래의 통일적 상태로 이끌어 갈 수 있는가, 하는 것이 바로 '중국 철학의 문제'이고, 이 문제에 대한 올바른 해답을 추구하는 것이 '중국 철학의 정신'이며, 궁극적 해답을 제시하는 것이 '중국 철학의 공헌'이라고 본 것이다.

그러나 평유란은 중국 철학의 모든 학파들이 만족할 만한 해결 방안을 제시하지 못했다고 보고, '신이학(新理學)'이라는 새로운 철학 체계를 건설하고자 하였다. 그는 고명과 중용이 체현된 성인의 인격을 '내성외왕(內聖外王)'의 인격이라고 불렀다. 곧 학문이란 고명과 중용이 체현된 성인의 인격을 추구하는 일이라고 규정한 것이다.

평유란의 기획이 성공했다고 하기는 어렵다. 더구나 평유란은 불교를 비판하였지만, 불교식으로 말한다면 전통 시대의 지식인들은 개인이 '현실성'의 질곡을 극복하고 '본래성'을 획득하는 것을 학문의 목표로 삼았다고 할 수 있어서, 불교라고 해서 출세간의 종교에만 그친 것은 아니었다. 단 그의 기획은 전통 시대의 학문을 현대에 계승하려고 하였던 가장 적극적인 사례로서 의의를 지닌다.

즉 전통 시대의 학자들은 인간 본성을 탐구하고 그것을 현실에서 가장 완전하게 발현하는 것을 학문의 목표로 삼았다. 이러한 목표는 사실 현대의 학문 이상, 서양의 학문 이상과도 크게 다르지 않다.

2 학문의 층위

많은 사람들이 일생을 돌이켜 보면 중학교, 고등학교, 혹은 대학교, 사회인 초기에 공부를 가장 많이 했다고 말한다. 이때 어떤 이들은 공부를 통해 무엇을 얻기를 바란다거나 하지 않아서 배우는 것이 그저 즐거웠다고 추억한다. 반대로 어떤 이들은 젊은 시절의 공부에는 무엇인가 결함이 있었고, 그래서 학문이라고 표방하기에 주저된다고 말한다. 어째서일까?

입시나 취직 시험에 대비한 공부라도 하는 과정에서 일종의 쾌락을 느낀 사람도 있다. 정해진 목표를 따라 나가, 헷갈리지 않으면서 성취욕을 채워 나갔기 때문일 것이다. 하지만 어떤 사람들은 공부란 왠지 신성한 것이어야 하며, 이기적인 욕심과 사회적인 성공 등을 얻기 위한 수단으로서의 공부는 진정한 공부가 아니라고 여겨 자괴감과 낭패감을 느낀다.

젊은 시절의 공부를 긍정적으로 보느냐, 부정적으로 보느냐는 사람마다 다를 수 있다. 다만 대부분의 경우 젊은 시절의 공부, 특히 우리 현대 사회의 공부는 학문이라고 말하기에는 주저되는 면이 있다. 그것은 학문의 이상을 학문하는 각 단계에서 수시로 환기하지 못하고 있고, 또 각 단계도 이상에 맞추어 적절히 조직되어 있지 않기 때문이다. 말하자면 고명과 중용을 종합하려는 목표가 뚜렷하지 않기 때문이요, 그 목표를 실현하려는 단계가 설정되어 있지 않기 때문이라고 할 수 있다.

학문 단계와 관련하여 『중용』은 제20장에서 박학(博學)·심문(審問)·신사(愼思)·명변(明辨)의 넷을 제시하고, 실천과 관련하여 독행(篤行)을 강조하였다.[2] 물론 주희의 『집주(集註)』가 설명하였듯이, 학(學)·문(問)·사(思)·변(辨)은 지식을 다루는 학문 일반을 가리키는 것이 아니라 선(善)의 실천을 위한 윤리적 인식을 가리키는 것이다.[3] 하지만 현대적인 학문 개념과 연결해서 볼 때 그 4단계는 학문의 방법을 단계적, 계열적으로 제시한 것이라고 보아도 무방하다.

사실 이즈음에는 젊은이들이 공부를 인생의 숭고한 목표와 연결

　　　　　　　　　전통 시대 학문의 의미와 실천, 그리고 방법

시키는 경우가 드물다. 공부는 곧잘 사회적 성공을 위한 수단과 연계된다. 그런데 이것은 비단 오늘날만 그런 것이 아니었다. 고명과 중용을 종합하려는 것이 어디 쉬운 일인가! 다만 옛사람들은 학문의 목표를 '잊지 않기 위하여' 학문의 여러 현실적 층위를 생각하고 자신의 학문이 어느 층위에 놓여 있는지 반성하고는 하였다. 그 '자반(自反, 스스로를 반성함)'의 태도가 오늘날 요구되는 것이 아닐까 한다.

옛사람들은 각기 다른 기준에 따라 학문의 층위를 변별하였다.

   (1) 위기지학(爲己之學)

      위인지학(爲人之學)

   (2) 의리지학(義理之學)

      전내실기지학(專內實己之學)

      훈고지학(訓詁之學)

      장구지학(章句之學)

      기송지학(記誦之學)

      기문지학(記聞之學)

      문장지학(文章之學)

      과거지학(科擧之學)

      구이지학(口耳之學)

   (3) 성리학(性理學)

      양명학(陽明學)

고거지학(考據之學): 고증학(考證學)

명물도수지학(名物度數之學)

소학(小學): 필롤로지(philology)로서의 소학

　　　　쇄소응대지절(灑掃應對之節)의 소학

잡학(雜學)

　이 범주들은 하나의 기준에 의해 체계적으로 분류한 것은 아니다. 옛 문헌에서 나오는 명칭들을 적절하게 안배해 본 것이다.

　(1)은 학문이 자신의 내면을 살찌우는 것인가, 그저 명예나 부귀를 얻어 허명을 이루려는 것인가에 따라 그 층위를 구별한 것이다. 층위라고는 하여도 두 개념은 완전히 모순의 관계에 있다. 즉 '위기지학'은 자기를 위한 학문으로,『중용』에서 말한 고명을 이루면서 동시에 중용을 실천하여 그 둘을 종합함으로써 성인의 경지, 다시 말해 인간으로서의 본래성을 완전히 발휘한 인격에 도달하는 일이다. 한편 '위인지학'은 흔히 '남을 위한 학문'으로 번역하지만, 이때 남을 위한다는 것은 공리주의적이거나 불교에서 말하는 이타(利他)의 뜻이 아니다. 자신의 내면을 돌아보지 않고 남에게 보이기 위한 학문을 한다는 뜻이다.

　(2)에서 '의리(義理)'는 일차적으로 문맥이 지닌 철학적 의의를 말하고 이차적으로는 윤리 의식 등 사회적 책임 의식을 말한다. 나아가 국제 질서 속에서 대국(大國)에 대한 사대 의식까지 포함한다. 조선 시대의 지식인들은 이(理)의 절대적 가치를 중시하여 정치 현실에서 의리를 실현하고자 하였다. 중국과의 관계에서는 이미 멸망한 명

나라에 대한 관념적 명분 관계를 강조하여, 일부는 청나라를 부정하고 조선의 문화적 위상을 확인하는 방향으로 나아가기도 하였으나, 때로는 중화 문명에 대한 맹목적 종속 의식을 강화하기도 하였다.

조선의 경우 17세기에 이르러 의리지학이 현실 구원의 기능보다 학문 권력의 성격을 띠기 시작할 때, 소외된 지식인들은 그러한 교조적 학문을 허학(虛學)이라 규탄하고, 각 개인의 내면을 오로지하고 자기 자신을 실되게 한다는 뜻의 '전내실기지학'을 강조하였다. 이들은 내면의 가치를 회복하고 그것을 바탕으로 타자와 감정적 교감을 나누는 것을 중시하여, 고통받는 이들의 처지를 애틋하게 여기는 진성측달(眞誠惻怛)의 감정적 동인에 주목하였다. 곧 정제두(鄭齊斗) 이하 강화학파(江華學派)는 양명학을 참조하면서 인간 내면의 가치와 타인과의 정서적 유대를 강조하는 사상의 맥을 이루었다.

'훈고(訓詁)'는 글자 그대로 '옛말을 현대의 말로 풀이한다.'라는 뜻으로, 언어 의미의 시간적 차이를 따져서 문맥상의 의미를 확장하는 일이다. '훈고지학'은 경전을 통해 의리의 문제를 논하기에 앞서 경문(經文)의 언어적 분석에 주력하였다.

'기문지학'은 옛글을 기억하여 남의 물음에 응대하는 학문이다. 마음에 자득한 것 없이 한갓 옛글만 기억하는 학문이란 점에서는 기송지학과 유사하다. 이를 『예기(禮記)』 「학기(學記)」 편에서는 "기문의 학은 남의 스승이 될 수 없다."라고 하였다.

'구이지학'은 음미하고 소화하여 자기 몸을 아름답게 하지 못하고 그저 앵무새처럼 되뇌며 자기 과시를 하는 것을 뜻한다. 『순자(荀子)』 「권학(勸學)」 편에 보면 "소인이 배우는 것을 보건대, 귀로 들으면 입으로 내놓는다. 입과 귀 사이는 네 치밖에 안 되니, 어떻게 일곱 자 되는 몸을 아름답게 할 수 있겠는가?(小人之學也, 入乎耳, 出乎口. 口耳之間, 則四寸耳, 曷足以美七尺之軀哉?)"라고 하였다. 옛사람들이 가장 저급하게 생각한 학문이며 현재도 가장 저급한 학문이다. 그저 상식과 지식을 많이 얻으려고 허겁지겁 하는 학문을 우리는 경계하여야 한다.

(3)은 학문을 그 중심되는 관념이나 방법에 따라 구별해 본 것이다.

'성리학'은 자연과 인간을 관통하는 보편 원리인 이(理)와 인간의 마음에 내재하는 본성과의 관계를 논한 학문이다. 중국의 북송과 남송 시대에 발달하였으되, 그 중심 개념 가운데 사단(四端)과 칠정(七情)의 관계에 대한 논의는 퇴계 이황과 율곡 이이 이후 조선 시대의 지식인들에 의해 높은 수준에 도달하였다. 성리학을 연찬한 학자들은 인간의 사회 윤리적 활동에 주목하였으므로 의리지학을 겸하였다.

남송 때의 육구연(陸九淵, 호는 상산(象山)), 그리고 명나라 중엽의 왕수인(王守仁, 호는 양명(陽明))은 인간 주체를 중시하는 '심학(心學)'을 제창하였다. 심학은 송학, 즉 성리학에서 발전해 나온 것이되 동시에 그것을 지양한 것으로서 별도의 학풍을 형성하였다. 명나라 중엽과 말엽에 기성 관념에 물들지 않는 인간 개성의 자유로운 발로를 중시한 사상이 크게 발달하였는데, 왕수인이 개창하였다고 해서 그의 호를 따 '양명학'이라고 부른다.

한편 주자학이나 양명학의 관념적 학풍을 부정하고 한나라 때의 훈고학을 재평가하여 실사구시(實事求是)의 학풍을 주장하는 학자들이 청나라 초부터 나타나기 시작했다. 그 뒤 청나라 학자들은 고서의

전통 시대 학문의 의미와 실천, 그리고 방법

교감(校勘)과 훈석(訓釋) 작업에 몰두하였다. 건륭(乾隆)·가경(嘉慶) 연간에 크게 발달하였으므로 건가학(乾嘉學)이라고도 부르며, 박학(朴學＝樸學)이라고도 부른다. 이들의 학풍을 '고거지학(고증학)'이라고 하는데, 송학(宋學)에 대해서 한학(漢學)이라고도 하고, 한나라 때 학풍과 구별하기 위해 청조한학(淸朝漢學)이라고도 한다.

'명물도수지학'은 사물의 명칭과 존재의 관계, 제도와 도량 등을 연구하는 실증적인 학문을 말한다. 송나라 때부터 하나의 학풍을 이루었는데, 고거지학의 한 분과로서 더욱 발달하였다.

한편 '소학'에는 두 가지 분과가 있었는데, 조선 시대에는 주자학이 발달하면서 아동의 수신 과목으로서의 소학이 중심을 이루었다. 곧 일상생활에서 인성을 기른다는 뜻에서 '마당에 물 뿌리고 청소하는 일과 어른들의 말씀에 응답하고 손님을 접대하는 일'을 뜻하는 쇄소응대지절의 학문을 소학이라고 하였다. 그런데 실은 소학은 한나라 때부터 문자학, 음운학, 훈고학 및 문헌학을 가리키는 말이기도 하였다. 곧 광의의 필롤로지라고 할 수 있다. 한국에서도 이 분과는 독자적으로 크게 발달하였다. 즉 독음 정리, 현토와 언해 등의 작업이 이 분과에 속한다. 퇴계 이황도 『경서석의(經書釋義)』에서 정론을 제출하기 위하여 기존의 경서 현토들을 세심하게 분석하였다. 다만 한국의 전통 시대에 소학이란 개념을 수신 과목과 필롤로지의 두 개념으로 확실히 인식하게 되는 것은 정조 연간이다. 정조는 문신들에게 「소학」이라는 제목의 책문(策問)을 제시하여, 소학의 방법을 검토하는 대책(對策)을 작성할 것을 요구하였다.

'잡학'은 전통 시대의 기술 관련 학문을 말한다. 유가 경전의 학문인 경학(經學)을 최고의 학문으로 상정하였기 때문에 그것과 거리가 먼 것은 잡학이라고 간주할 수 있다. 조선 시대의 과거 가운데 잡과(雜科)가 곧 이 기술 학문의 인재를 뽑는 시험이었다. 율과(법률), 수학, 천문학, 의술, 역학(譯學, 중국어, 몽골어, 여진어, 일본어 습득), 음양학(천문학, 달력, 지리) 등이 잡학의 범주에 속하였다.

전통 시대에는 명물도수지학, 필롤로지로서의 소학, 잡학을 천시하였다. 하지만 오늘날 과학 문명이나 현대 학문의 관점에서 보면 이학문들은 과거의 학문 체계에서도 매우 중요한 기능을 하였고, 그 방법론은 현대의 과학 문명이나 학문에 계승되어 있다.

이상 전통 시대 학문의 층위를 살펴보았다. 전통 시대의 사람들이 학문을 이와 같이 나누어 보았다는 것은, 학문의 고고한 이상과 달리 현실적으로는 여러 가지 형태의 학문이 존재했다는 것을 반증한다. 현재도 그렇지 않은가.

3 학문 실천과 권회

전통적으로 지식인들은 동관(童觀)이 아니라 대관(大觀) 혹은 전관(全觀)을 중시했다.

동관이란 말은 『주역』 64괘 가운데 관괘(觀卦)에 나오는 말이다. 관괘는 구오(九五)와 상구(上九)의 두 양효가 아래의 네 음효를 내려다보고 네 음효는 그 두 양효를 올려다보므로 '관(觀)'의 형상이 있다. 또 관괘는 위의 괘가 바람, 아래 괘가 땅인 곤하손상(坤下巽上)의

전통 시대 학문의 의미와 실천, 그리고 방법

구조로 바람이 땅 위에 두루 분다는 뜻이 되어, 두루 돌아다니며 살펴보는 일을 상징한다.

관괘 초육(初六)의 효사(爻辭)는 다음과 같다.

童觀이니 小人은 无咎어니와 君子는 吝하리라.
아이처럼 관찰한다. 소인은 허물이 없을 것이지만 군자는 후회할 것이다.

초육은 음유(陰柔)의 성질이면서 관괘의 가장 아래에 자리 잡아, 관괘의 주효인 구오와 멀리 떨어져 있다. 따라서 구오의 중정(中正)의 덕을 우러러볼 수 없으므로, 보는 것이 천박하고 비근하여 아이들이 사물을 관찰하듯 유치하다. 자신의 삶에 대해 반성하지도 않고 자신을 변혁시켜 나갈 기획을 수립하지 않는 사람이라면 이렇게 해도 탈이 없겠지만, 지혜로운 삶을 살아 나가고자 하거나 자신의 이념을 현실 정치에서 실현하고자 하는 사람이라면 아이처럼 관찰해서는 일마다 곤란을 당하여 후회하게 될 것이다. 긴 안목으로 현실의 여러 국면을 바라보아야 함을 경계한 말이다.

한문 고전을 학문적 사유의 바탕으로 삼은 전통 시대의 지식인들은 동관을 극복하고 하나의 인물, 사물, 사건이 지닌 다양한 국면뿐만 아니라 그 인물, 사물, 사건이 어떻게 발전하여 나갈 것인가를 전체적으로 바라보려고 하였다. 그것이 전관(全觀)이요 대관(大觀)이다. 인간이라면 누구나 삶의 원대한 목표를 갖고 그것을 실행하는 기을 실천해 나가야 할 것이다.

이를테면 『대학』은 인간으로서의 삶을 완전하게 이루어 나가는 과업을 크게 세 가지 단계로 제시하였다. 명명덕(明明德)과 신민(新民) 혹은 친민(親民), 그리고 지어지선(止於至善)이 바로 그것이다.

명명덕의 밝은 덕이란 맹자가 말한 사단, 즉 인간이 태어나면서부터 가지고 있는 순수한 마음 곧 본성이다. 본성은 욕망과 기질에 의하여 훼손되기 쉽다. 『대학』은 본성을 밝히는 일이야말로 한 개인이 스스로의 학문에서 최고의 목표로 삼아야 한다고 말한 것이다.

그러나 개인의 학문은 명명덕으로 그쳐서는 안 된다. 자신의 범위를 넘어서서 보편적인 가치의 실현으로 나아가야 한다. 그것이 신민 혹은 친민이다.(『대학』은 텍스트에 따라 신민이라 되어 있는 것도 있고 친민이라 되어 있는 것도 있다. 주희는 정이(程頤)가 '신민(新民)'이라고 수정한 텍스트를 활용하였다. 하지만 옛날의 텍스트는 '친민(親民)'으로 되어 있다. 왕수인은 친민이 옳다고 주장하였다.)

신민이라고 하면 타인을 새롭게 한다는 것이니, 타인도 각자 자신의 본성을 회복할 수 있도록 교화해야 한다는 사상을 담고 있다. 인간의 본성 추구가 '유인(由人)'이 아니라 '유기(由己)'에 의해 이루어진다는 사상에 비추어 보면 교화는 불필요한 듯하다. 하지만 현실적으로 보면 모든 인간이 주체적, 자율적이지는 않다. 이 사실을 중시하여, 주희는 말하자면 타율적 구제를 생각하였다.

한편 친민이라고 하면, 정치가 및 지도자가 친족과 백성들을 이해하고 친밀감을 통해 타인과의 참된 관계를 유지해야 한다고 강조하는 것이 된다. 인간의 계층성을 고착시키지 말고 사회적 공동선을 이루어 나가야 한다는 주장이 그 기저에 깔려 있다.

전통 시대 학문의 의미와 실천, 그리고 방법

『대학』의 이른바 삼강령 가운데 마지막에 위치한 지어지선이란, 명명덕과 신민(친민)을 통해 한 개인의 덕이 지극히 선한 경지에 이르렀을 때 그 자리에 멈추어 다른 곳으로 이동하지 않음을 뜻한다. 학문을 통해 각 개인은 지선의 경지에 이를 수 있지만 그 경지에 꾸준히 머무르기는 어렵다. 지선의 경지에 도달하기까지의 노력 이상이 필요하다는 점을 환기시킨 것이다.

나아가 『대학』은 한 개인의 수양과 사회적 실천을 보다 세밀하게 들여다보면, 여덟 개의 단계로 이루어진다고 설명하였다. 곧 격물(格物), 치지(致知), 성의(誠意), 정심(正心), 수신(修身), 제가(齊家), 치국(治國), 평천하(平天下)의 팔조목이 동심원을 그리면서 확장되어 나간다고 본 것이다.

그렇지만 한 개인의 수양과 실천이 과연 현실적으로 온전하게 이루어질 수 있을까? 삼강령과 팔조목을 100년 인생에 실현한 사람이 대체 몇이나 될 것인가? 더구나 불교에서 말하듯, 현실계는 인간의 가치와 덕목을 온전히 실현하기가 불가능할 정도로 훼손되어 있다. 그렇기에 우리가 살아가는 현실계는 치유될 수 없는 결함 세계이다. 그렇다면 이 결함 세계에서 명명덕과 신민(친민)을 실현할 수 있을까? 지선의 경지를 영원히 유지할 수가 있을까?

현재의 우리가 그러하듯 전통 시대의 지식인들도 현실 공간에서 뜻이나 마음이 실제 일과 괴리되는 것을 수시로 경험하였다. 그것이 '지여사괴(志與事乖)' 혹은 '심여사괴(心與事乖)'의 현상이다. 세상은 대개 군주가 성스럽지도 지혜롭지도 현명하지도 않았으며, 사람들이 거개가 명리(名利)를 추구하고 같은 당끼리 모이고 다른 당을 치는 동당벌이(同黨伐異)로 하루하루가 지나갔다. 더구나 인재를 선발하는 권한을 지닌 권력자는 한 사람의 순수한 열정과 남다른 재능을 알아 주지도 못한다. 전통 시대의 지식인들은 자신은 순수한 열정과 남다른 재능을 지니고 있다고 믿어 의심하지 않았으며, 그렇기에 더욱 뜻이나 마음이 현실의 일과 괴리되어 있다는 사실을 수시로 경험하고 슬픈 노래를 불렀다.

전통 시대의 지식인들은 불우(不遇)의 처지에서 학문의 지고한 이상을 더욱 그리워하였지만 동시에 그 이상에 영원히 도달할 수 없다는 것도 잘 알았다. 선과 악이 뒤엉켜 있는 현실 공간에서 지식인들은 권회(卷懷)하고 도회(韜晦)하지 않을 수 없었다. 사실 과거의 지식인들도 현실 공간에서 내성외왕을 완전히 실현하기란 불가능하다는 사실을 잘 알았다. 공자는 세상에서 올바른 정의가 실현되지 못하는 것을 개탄하였고, 은둔형 지식인들로부터 세상에 뜻을 두는 것이 무의미하다는 비평을 받았다. 그러면서 자신은 인간 세계를 과감하게 잊고서(과망(果忘)) '짐승과 한 무리를 이루는(鳥獸同群)' 길을 택할 수는 없다고 단호하게 말하였다. 하지만 철환천하(轍環天下)에 지친 만년의 공자는, 도가 행하지 않으면 바다에 뗏목을 띄워 떠나겠다고 하는 등 현실로부터 몸을 움츠리려는 권회(卷懷)의 뜻을 여러 번 드러내었다. 권회는 베나 비단을 말아서 품속에 거두듯이 사람들에게 뜻을 드러내지 않음을 말하는데, 세상이 어지러울 때 현실 정치에 간여하지 않고 물러나 뜻을 드러내지 않음을 가리킨다. 공자는 위(衛)나라 대부 거백옥(蘧伯玉)이 나라에 도가 있을 때는 관직에 나가고 나라에 도가 없을 때는 뜻을 거두어 감추어 두었다고 칭송하였다.[4]

전통 시대 학문의 의미와 실천, 그리고 방법

공자의 이러한 인물 평가에 잘 나타나 있듯이 전통 시대의 지식인은 벼슬을 살거나 집에 머물며 자신의 뜻을 기르는 '출처(出處)'의 문제에서 시중(時中)을 얻고자 했다. 그런데 지식인들은 당시의 세상을 정의가 구현되는 치세(治世)가 아니라 난세(亂世)라고 진단하고는 하였고, 이에 따라 권회를 미덕으로 여기거나 최선의 선택으로 여기고는 하였다.

권회와 유사한 말이 도회(韜晦)이다. 도회는 재주를 숨긴다는 뜻이니, 곧 은둔을 말한다. 전국 시대 협객인 주해(朱亥)는 진(秦)나라 군사가 조(趙)나라를 포위했을 때 신릉군(信陵君)의 계책에 따라 위나라 장수 진비(晉鄙)를 철추(鐵椎)로 때려 죽인 뒤 그 병부(兵符)를 빼앗아 그의 군대를 거느리고 가서 조나라를 구원하였다. 이렇게 공을 세운 그였지만 본래는 위(魏)나라 대량(大梁) 사람으로 푸줏간 일을 하면서 자신의 재능을 숨기고 살았다.

옛사람들은 심지어 산간 속의 은둔만이 아니라 도회지에서 상인으로 살아가거나 조정의 관료로 있으면서도 은둔을 지향하였다. 그렇기에 소은(小隱)은 산속에 숨고, 중은(中隱)은 한산한 관직 속에 숨고, 대은(大隱)은 도회지에 숨는다고 하였다. 이렇게 은둔을 지향한다면 현실을 구원하겠다는 뜻과는 배치되는 것이 아니겠는가만, 전통 시대의 지식인들은 이것을 하나의 올바른 선택으로도 보았던 것이다.

은둔을 옹호하는 가장 적극적인 논리로 '자기의 몸 하나만이라도 선하게 하자.'라는 주장이 있다. 『맹자』「진심(盡心) 상」편에 "곤궁해지면 자기의 몸 하나만이라도 선하게 하고, 뜻을 펴게 되면 온 천하 사람들과 그 선을 함께 나눈다.(窮則獨善其身, 達則兼善天下.)"라고 하였다. 전통 시대의 지식인들은 천하를 아울러 구제하여야 한다는 겸선천하(兼善天下), 겸제천하(兼濟天下)의 이념을 높이 내세웠지만, 때로는 상황을 고려하여 자신만이라도 내면의 가치를 키워 나가겠다고 하는 '독선기신(獨善其身)'을 표방하고는 한 것이다.

그렇기 때문에 전통 시대의 지식인들은 동진 때 도연명(陶淵明, 본명은 도잠(陶潛))이 「오류선생전(五柳先生傳)」에서 그려 보인 오류선생의 삶에서 권회 혹은 도회의 한 전형을 발견하였다.

도연명은 내내 전원생활을 사모하다가 41세 때 누이의 죽음을 구실 삼아 펑쩌현(彭澤縣)의 현령을 사임한 후 재차 관계에 나가지 않았다. 역사서에는 상관 독우가 순시할 때에 출영(出迎)을 거절하고, "나는 오두미(五斗米)를 위하여 향리의 소인(小人)에게 허리를 굽힐 수 없다."라고 개탄하였다고 적혀 있다. 그의 「오류선생전」은 특히 과묵과 무욕의 인물상을 그려 보였다. 찬(贊) 부분을 빼고 읽어 보면 다음과 같다.

선생은 어디 사람인지 알 수 없다. 또 성과 자도 분명하지 않다. 집 주위에 다섯 그루의 버드나무가 있어 그것에 인하여 호로 삼았다. 고요하고 말수가 적으며, 명예나 이익을 구하는 마음이 없었다. 서적을 읽는 것을 좋아했지만 깊숙한 데까지 파고들지는 않았다. 자신의 마음과 부합하면 기뻐하여 식사도 잊었다. 천성이 술을 좋아하지만, 집이 가난하여 늘 술을 손에 넣지는 못했다. 친분 있는 사람들은 그러한 사정을 잘 알고 있어서 술을 준비하고 불러 주기도 했다. 초대에 응하여 가서 술을 마시면, 언제나 마지막까지 술을 다 마셔 기필코 만취하리라고 결심했

전통 시대 학문의 의미와 실천, 그리고 방법

다. 술을 다 마시고 나면 헤어져 물러났지, 떠남에 미련을 갖는 법이 없었다. 담장 안 집은 썰렁하고, 바람이나 햇빛을 막을 수도 없었다. 옷은 허름하고 그나마도 구멍이 나 있으며 누덕누덕 기운 상태였다. 안회와 마찬가지로 밥그릇 하나, 표주박 하나로 생활하되[5] 그것조차 비는 날이 많았거늘 마음은 평온했다. 언제나 글을 적어 혼자 즐겼는데, 그러면서 자신의 심정을 상당히 표현했다. 손실과 이익을 따지는 생각을 완전히 잊었으며, 오로지 그러한 삶의 태도로 일생을 마쳤다.

전통 시대의 지식인들은 세상에 대해 책임 의식을 지니고 세상을 구제하러 나가느냐, 자기만의 수양에 우선 집중하느냐의 갈림길에서 고뇌하였다. 곧, 지식인은 현실에 대한 우환 의식을 버리지 않았으며, 그 우환 의식은 이상 사회의 실현을 위한 책임 윤리(Verantwortungsethik)를 강조하는 축과 개인적·인격적 자기 수양(individuelle und persönliche Selbstbildung)을 촉구하는 축의 두 축을 낳았다. 그리고 그 둘 가운데 어느 쪽을 더 지향하느냐에 따라 '참여'와 '소요(권회와 도회)'의 실천이 있게 되었다.

그런데 앞서 소개한 「오류선생전」에서 "서적을 읽는 것을 좋아했지만 깊숙한 데까지 파고들지는 않았다."란 말은 "好讀書, 不求甚解."라는 원문을 그렇게 옮겨 본 것이다. 이것이야말로 반(反)학문의 선언이 아니겠는가? 하지만 학문을 추구한 많은 지식인들이 이 말에 매료되었다. 이치를 궁구하고 오의(奧義, 깊은 의미)를 탐색하는 것도 좋지만 때로는 지적 긴장에서 벗어나 '불구심해(不求甚解)'의 자세로 독서를 즐길 필요도 있지 않겠는가?

실은 학문만을 하는 것이 아니라 정치인이기도 했던 전통 시대의
지식인들은 순수한 학문인 의리지학을 추구하면서도, 결함 세계에서
수시로 좌절을 겪고 그 과정에서 '불구심해'의 유유자적한 삶을 더
동경하기도 하였던 것이다.

4 초록과 논리

조선의 학자들은 기본적으로 초록(抄錄)을 학습의 주요한 방법으
로 생각하였다. 초록이란 기존의 자료들을 베껴서 한군데 모아 두는
방법이다. 이를테면 1790년에 정조는 도문학(道問學)과 관련하여 (1)
경전을 궁구하고 옛날의 도를 배워서 성인의 정미한 경지를 엿보는
일, (2) 널리 인증하고 밝게 변별하여 천고에 판가름 나지 않았던 안
건을 논파하는 일, (3) 호방하고 웅장한 시문으로 빼어난 재주를 토로
하여 작가의 동산에 거닐어 조화공의 오묘한 기법을 빼앗는 일 등 세
가지를 유쾌한 일로 꼽았다.[6]

(3)은 (1), (2)를 기반으로 한 도문일치(道文一致)의 문학 실천을
말한 것이고, (1), (2)는 경학 연구와 관계된 것이라 하겠다. (2)에서
말하고 있는 것은, 경학과 관련된 난문(難問)을 검토하여 정의(正義,
가장 정통의 의미)를 확정하는 일을 과제로 삼겠다는 뜻이다. 그런데
정조는 성인의 도리를 체득하는 방법으로 (1)에서 초록과 풍송(諷誦)
을 거론하였다.

정조는 "책은 반드시 욀 수 있을 때까지 읽어야 하고, 책을 볼 때

전통 시대 학문의 의미와 실천, 그리고 방법

는 반드시 초록을 해야 하니, 그렇게 해야 오래도록 수용할 수 있는 것이다."[7]라고 하였고, 초록을 해야만 경문(經文)의 본지를 제대로 파악할 수 있다고 여겼다. 곧 정조는 초록이 박문약례(博文約禮)의 학문 방법이라고 생각하였고, 초록의 결과를 간행 반포함으로써 학문과 문풍을 진작할 수 있으리라고 생각하였다.

정조는 초록이 장재(張載, 호는 횡거(橫渠))에게서 기원하지만 우리나라 학자들이 즐겨 사용하던 방법이기도 하다고 하였다.

초록하는 작업은 학문에 큰 도움이 된다. 장횡거가 마음속에 깨달은 오묘한 이치를 초록하였던 것은 더 말할 것도 없거니와, 우리나라의 여러 선정들도 모두 초록하여 모으는 데서부터 공력을 들였다. 나는 일찍부터 초록하는 공부를 가장 좋아하여 직접 써서 편(編)을 이룬 것이 수십 권에 이르는데, 이러한 작업을 통해서 효과를 거둔 곳이 상당히 많으니, 범범히 읽어 넘어가는 것과는 같은 선상에서 논할 수 없다.[8] ― 계축(정조17, 1793)

정조는 초록과 풍송을 통해 경문의 의리를 사색하는 방법을 취하였다. 그런데 경문의 의리를 탐구하는 일까지 가지 않아도, 생활 세계와 역사 사실의 여러 사항들을 파악하려고 할 때 가장 유효한 방법은 초록이었다. 조선 지식인들의 문헌에 나타난 휘집(彙集), 초촬(抄撮), 촬록(撮錄) 등의 방법은 모두 기성의 지식 정보를 선별하여 정리하는 일을 의미하였다. 초록은 조선 시대 지식인의 가장 중요한 학문 방법이었다고 말할 수 있다. 방대한 분량의 초록을 일정한 분류 원칙에 따라 유별화할 때 그것은 일종의 유서(類書)를 이루게 된다.

초록과 유서 편집에 관해서는 더 상세히 설명하지는 않겠다. 오늘날도 많은 연구자들이 자료 정리나 기존 설의 재확인으로 일관하는 것을 보면, 초록은 전통 시대만이 아니라 현대에도 매우 초보적 학문 방법으로서 존중되고 있기 때문이다.

하지만 학문은 초록으로 완결되는 것이 아니다. 원리와 방법과 전망이 없다면 학문은 성립하지 않는다. 이는 전통 시대에도 마찬가지여서, 학문을 초록과 풍송에 그친다고 보지 않고 사유를 통해 자료를 체계화하는 방법을 존중하였다.

공자는 학문이란 학(學)과 사(思)의 변증법적 통일이라고 강조한 바 있다.[9] 이때의 학은 기왕에 제시되어 있는 학문 내용을 공부하는 일이고, 사는 자신의 마음에 돌이켜서 의미를 찾아내는 일이다. 초록이란 학의 초보적 방법이고 체계 수립은 사의 논리적 방법이다.

동아시아 전통 안에서 중국과 한국, 일본은 학문 방법에 차이가 있었다. 더구나 한국의 경우, 한문 문언어법을 문자 생활에 사용한 지식층과 그렇지 않은 기타의 생활인들은 사유 방법이 달랐을 수도 있다. 혹은 한문 문언어법을 문자 생활에 사용한 지식층은 언어 생활에서는 모국어(한국어)를 사용하면서 한문 문언어법으로 표현되는 사유 방법과는 달리 사유 활동을 하였을 가능성도 있다.

다만, 한문 문언어법을 주로 사용한 지식인 집단의 사유 방법에는 한문 문언어법으로 구성된 문장과 지식 구성체의 특성상 몇 가지 공통된 특성이 나타난다.

　　　　　전통 시대 학문의 의미와 실천, 그리고 방법

1 "중국인들은 다른 사람의 의견에도 일리가 있다는 지적인 양보와 타협을 그리스인들보다 훨씬 빨리 이끌어 냈다."[10]

중국의 전통 학문에서 가장 뿌리가 깊은 것은 이른바 유가 경전의 본문을 해석하는 훈고학을 기반으로 이루어진 좁은 의미의 한학(漢學)이다. 이 학문은 경전의 언어를 연구함으로써 문장을 바르게 해석하고 고전 본래의 사상을 이해하려는 방법론을 확립하였는데, 학자들마다 하나의 경전을 전공하여 훈고를 구술하였으므로 사법(師法)·가법(家法)이 형성되었다. 그런데 당나라 무렵 한학의 연구 성과를 결집하여 정의(正義)를 확정하면서 정의 이외의 다른 사법과 가법도 부분 인정하는 '소불파주(疏不破注, 소는 주를 깨 버리지 않는다)'의 원리를 지켰다. 이 원리를 보면, 중국의 전통 인문학은 다른 사람의 의견에도 일리가 있다는 양보와 타협에 뛰어나다는 점에 동의할 수 있을 듯하다.

본래 한나라 때 번성했던 경서 연구의 학문을 '한학'이라고 한다. 한나라 초기에는 진시황의 분서(焚書)로 없어진 책들을 수집하고 복원하였다. 그러다가 한 무제(武帝) 때 유교가 관학(官學)으로 자리 잡으면서 경전에 대한 연구가 성행하였다. 이때 경전은 예서(隸書) 즉 금문(今文)으로 쓴 것이었기 때문에 그 경학을 '금문학(今文學)'이라고 부른다. 금문학에는 동중서(董仲舒)의 천인감응설(天人感應說)이나 음양재이설(陰陽災異說)에서 볼 수 있듯이 정치적 이데올로기가 들어 있었다. 전한 말에는 한나라 이전 문자로 쓰여 있는 고문경을 중심으로 고문학(古文學)이 발달하기 시작했다. 곧 허신(許愼), 마융(馬融), 정현(鄭玄) 등 고문학자들은 금문경이 진(秦)나라 이후 구전(口傳)에 의한 것이기 때문에 불완전하다고 비판하고 금문학이 중시한 위서(緯書) 및 음양재이설도 부정하면서 훈고의 연구 방법을 활용하였다. 허신은 『설문해자』(100)를 완성하였고, 정현은 금문학과 고문학을 절충하여 경서 해석을 집대성하였다. 금문학자들이 여섯 경전에서 '은미한 말 속에 들어 있는 정치적 큰 의미(微言大義)'를 찾아내려고 한 데 비하여 고문학자들은 여섯 경전이 공자가 고대의 사료를 정리한 것일 뿐이라고 보고 훈고에 치중하였다. 그 뒤 당나라 때 천자의 명으로 오경정의(五經正義)가 이루어졌다. 한나라와 당나라의 이 학풍을 '한당훈고학(漢唐訓詁學)'이라고 부른다. 또 한나라의 주(注)와 당나라의 소(疏)가 중심이었으므로 '한당주소학(漢唐注疏學)'이라고도 부른다.[11]

한나라와 위진 때 경전을 주석한 사람들을 '주가(注家)', 당나라, 북송 초에 걸쳐 소를 만든 사람들을 '소가(疏家)'라고 부른다. 소가는 주를 참작하여 정의(正義)를 제시하되, 사법이 서로 다른 주를 가능한 한 많이 소개하였으며, 정의와는 다른 주에 대해서도 그 뜻을 소통시키고 그러한 주를 낸 주가의 의도를 탐색하였다. 그것을 두고 '소불파주' 원리라고 부른다. 이 원리에는 반대 견해까지를 포용하여 제3의 답을 찾아내려는 중국인의 사유 방법이 잘 나타나 있다.

'소불파주' 원리는 북송의 정호(程顥)·정이(程頤)와 남송의 주희에 의해 확립된 정주학(程朱學)에서도 계승되었다. 정주학자들은 고주(古注)를 비판적으로 검토하여 의리(義理)를 발명했다. 그런데 정주학의 집대성자인 주희는 신주(新註, 新注)를 제시하면서도 고주 역시 충분히 검토해서 정설로 인정할 수 있는 것은 수용했으며, 고주를 인용할 경우 주가의 이름을 반드시 밝혔다.

　　　　　전통 시대 학문의 의미와 실천, 그리고 방법

중국의 전통 학문에서도 정설이 아니라고 판단된 다른 설(他說)은 가차없이 폐기했다. 그러나 중국의 인문학에서는 하나의 정론(定論)만을 남겨 두는 것이 아니라 다른 설에 대해서도 그 설을 수립한 심리나 배경에 대해 일정한 고찰을 하는 것이 상식이다.

조선의 학자들은 경문의 해석에서 하나의 정론을 찾으려는 성향이 짙었다. 물론 이황의 『경서석의(經書釋義)』나 정약용의 『논어고금주(論語古今註)』처럼 훈고 분석과 의리 발명에서 기왕의 전주(傳注)들을 대조하고 관련 문헌을 집성하는 방법을 사용한 경우도 있다.

2 전통의 구속 혹은 온고지신

전통 학문은 '기지(旣知)의 것'을 전제하는 경향이 많았다. 특히 한문 문언어법을 사용한 전통 지식인들은 사물이나 사태를 파악할 때 보편적 전제나 선험적 관념을 자주 활용하였다. 이것은 글쓰기와도 무관하지 않다.

    (1) 전고(典故)의 다용(多用)

    (2) 개념 정의에서 성훈(聲訓)의 활용

    (3) 역사 해석이나 인물 평가에서 철안(鐵案)의 확인

    (4) 현상 파악의 개념 틀 중시

전고의 다용은 한문 문언어법의 수사법과 관련이 있다. 언설의 권위를 강화하고 지적 활동의 교양을 드러내기 위하여 사용하는 방법인데, 이것은 사유를 기존의 관념에 밀착해 전개하게 하였다.

한편 한문 문언어법의 세계에서는 사물을 정의할 때 '종차(種差)+유개념(類槪念)'의 형식이 아니라 성훈(聲訓)을 즐겨 사용했다. 성훈이란 어떤 문자를 그것과 동음 혹은 아주 비슷한 음의 문자로 대체하여 훈고를 부여하는 방법으로, 어원속해설(語源俗解說, folks-etymology)로 전락하는 경우도 있다. 하지만 성훈의 훈고에는 고대인의 세계관이나 자연관이 반영되어 있다.

東, 動也. 從木. 官溥說, 從日在木中.

東은 動이다. 木에 따른다. 관부(官溥)의 설에, '해가 나무 가운데 있음을 따른다.'라고 하였다.[12]

東을 動이라고 풀이한 이유는 오행설을 토대로 삼았기 때문이다. 또 東 자는 日과 木으로 이루어져 있어, 해(日)가 나무(木)의 가운데에 있음을 표시하는 문자이되, 이 나무는 보통의 나무가 아니라 고대의 천문관인 천원지방설(天圓地方說)에서 동방의 끝에 있는, 해가 떠오르는 곳의 나무, 곧 부상(扶桑, 榑桑)을 뜻한다.

박지원(朴趾源)은 「호질(虎叱)」에서 다음과 같은 성훈을 활용하였는데, 그 풍자의 의미는 『설문해자』의 훈석(訓釋)과 비교하면 잘 드러난다.

「호질」	『설문해자』
醫者, 疑也.	醫, 治病工也.
(醫와 疑는 모두 평성支운)	

전통 시대 학문의 의미와 실천, 그리고 방법

巫者, 誣也.   巫, 巫祝也.

(巫와 誣는 모두 평성虞운)

儒者, 諛也.   儒, 柔也.

(儒와 諛는 모두 평성虞운)   (柔는 평성尤운)

『설문해자』는 '儒＝柔'라고 하고, '術士之稱'이라고도 풀이하였
다.[13] 儒와 柔는 첩운(疊韻)의 관계이다. 그런데 박지원은 종래의 성훈
을 뒤집어, 儒는 柔(부드럽다)가 아니라 諛(아첨한다)라고 하였다. 훈
고학의 방법을 전용함으로써 통렬한 비판 의식을 담아낸 것이다.

또한 전통 학문에서는 역사 해석이나 인물 평가에서 철안(鐵案)
을 재확인하는 일이 많았다. 철안을 뒤집어서 새로운 논리를 만들어
내는 번안(飜案)의 방식을 시도한 예는 상대적으로 적었다. 조선 시대
의 학문은 특히 기존의 설을 재확인하는 방법을 즐겨 사용하였다. 주
자학의 독존적 지위에 대하여 회의하고, 상대주의적 관점을 논리적
으로 끝까지 밀고 나간 예는 그리 많지 않다.

전통 시대에는 일상의 현상들을 기존의 분석틀에 따라 분류하
는 방식이 주류를 이루었다. 이를테면 한자의 음을 분석하는 방식에
서 그 점이 두드러지게 나타난다. 한자의 음을 운(韻)에 따라 분류하
여 안배한 자전을 운서(韻書)라고 한다. 성조가 같고 운이 같은 글자
들을 한 부로 삼고, 그 가운데 한 글자를 취해 표목(標木)으로 삼았다.
중국에서는 위나라의 『성류(聲類)』를 시작으로 역대 170여 종의 운서
가 편찬되었다. 수나라 때의 『절운(切韻)』은 잔권(殘卷)만 남았지만,
193운으로 나눈 실용적인 운서였다고 추정된다. 송나라 때 『광운(廣

韻)』(大宋重修廣韻)은 206운(평성 57운, 상성 55운, 거성 60운, 입성 34운)으로 나누었다. 송나라 때 과시용(科試用)으로 나온『예부운략(禮部韻略)』도 206운으로 나누었다. 그러다가『평수신간운략(平水新刊韻略)』(1229)에서 106운으로 줄고,『임자신간예부운략(壬子新刊禮部韻略)』(1252)에서는 107운으로 되었다. 106운을 평수운(平水韻)이라고 한다. 한자한문문화권에서는 실질적으로 106운(평수운)이 주류를 이루었다. 우리나라도 예외가 아니었고, 오히려 이 독서음 위주의 분류에 집착한 감마저 있다. 과거 시험에 일정한 기준이 필요하였고, 고전을 통해 중국 문화를 이해하고 그것을 바탕으로 자국 현실을 개선하려는 것이 당시 정치의 기본 노선이었기 때문일 것이다.

또한 당초에는 경험적, 실용적 사실에 입각하여 사물 분류 방법을 창안하고 개선하였지만, 점차 기성의 분류가 권위화되기 일쑤였다.『상서(서경)』에 기록된 '홍범구주(洪範九疇)'는 유가 사상의 정치 도덕적 범주를 망라했다. 그 분류 방식은 대단히 실용적이지만, 각 범주 사이에는 어떤 '원리'가 상정되어 있지 않다. 하지만 종래 많은 학자들이 그 범주들(오행(五行), 오사(五事), 팔정(八政), 오기(五紀), 황극(皇極), 삼덕(三德), 계의(稽疑), 서징(庶徵), 오복(五福) 등)에 집착하여 논의를 전개했다. 서적을 정리, 분류하는 목록학도 서한 성제(成帝) 때 유향(劉向)과 그 아들 유흠(劉歆)이 지은『칠략(七略)』에서 시작된 이래,『수서(隋書)』「경적지(經籍志)」의 분류법은 경(經), 사(史), 자(子), 집(集)의 4부 분류법을 토대로 하였다.

전통 시대 학문의 의미와 실천, 그리고 방법

3 전통 학문의 논리학

학문에서는 논리학이 매우 중요한 위치를 차지한다. 전통 학문도 예외가 아니다. 그런데 전통 학문의 논리학은 합리론과 책임 의식을 기반으로 한 문맥적 해석의 두 가지로 수렴된다.

앞서도 언급했듯이 전통 학문의 중심은 경학이었다. 경학 연구자들은 경문의 자구 분석과 본지 해설을 통해 현실의 문제를 경전의 어구나 배경 사실과 대조해 나가면서 스스로의 사상을 개진하는 방법을 사용하였다. 물론 경전을 자의적으로 해석해서 자신의 의도에 부합시키는 일도 있었다. 남송의 육구연이 "육경(六經)이 나를 주석하고 내가 육경을 주석한다."라고 선언한 것은 대표적인 예이다. 이것은 매우 돌발적인 것처럼 느껴지지만 실은 전통 학문에서 문헌을 해석할 때 성인의 이상이나 인정(人情)에 조회하는 '합리(合理)'의 방법을 도입한 것과 무관하지 않다.

북송의 구양수(歐陽脩)는 경문을 해석할 때 '인정(人情)'과 합치하는지 그렇지 않은지를 논리 준거로 사용했다. 근대 이전의 지식인들은 귀납 논증보다는 인정과의 부합 여부를 독자에게 되묻는 가설법과 반문법을 많이 사용했다. 조선 시대에 주자학의 전제를 분쇄하고 회의의 방법을 가장 적극적으로 활용한 인물은 김만중(金萬重)이었다. 하지만 그의 『서포만필(西浦漫筆)』도 '권위적 전제를 벗어던진 자유로운 사유'를 실현했다고는 하기에는 어려운 측면이 있다.

전통 학문은 문헌 고증의 방법을 사용하면서, 경학에 의해 구축된 이념의 세계를 옹호하거나 경전의 내용을 현실 문제에 유비적으로 적용함으로써 현실에 간접적으로 참여했다. 전근대 시기에는 가치가 배제된 고증(考證)이란 것은 사실상 존재하지 않았다. 청대 고증학의 비조(鼻祖)라고 할 고염무(顧炎武)의 『일지록(日知錄)』은 그 사실을 가장 명료하게 드러내 주는 예이다.

정약용(丁若鏞)의 경우, 『시경』 국풍(國風)의 효용과 창작 과정을 추론할 때 풍(風)의 의미를 자의적으로 해석했다. 정약용은 국풍 시를 '대인(大人)'이 '풍인주(諷人主, 군주를 넌지시 타이름)'의 방식을 통해서 '군주의 마음을 바로잡을 것(一正君)'을 책무로 삼은 시라고 정의했다. 이와 관련하여 정약용은 '용시(用詩, 시의 쓰임)의 법(法)'과 '작시(作詩, 시의 창작)의 의(意, 의도)'를 '풍인주(諷人主)'에서 찾았다.

用詩의 法＝作詩의 意 : 대전제

用詩의 法＝諷人主　 : 소전제

∴作詩의 意＝諷人主

대전제는 심정상의 요청이고, 소전제의 근거는 명확하지 않다. 따라서 대전제와 소전제가 온당하지 않으므로, '작시의 의＝풍인주'라는 결론은 논리상으로 성립할 수가 없다.

한문 고전 인문학에서는 순수 진리 자체를 탐구하는 방식은 그리 발달하지 않았다. 중국의 경우, 청대 고증학에서 귀납 실증주의의 방식이 높은 수준에 달했다고 말할 수 있다. 하지만 그 실제 연구자도 경학의 세계를 근저에서부터 재확립하려는 책임 의식에서 연구를 행한 것이었다. 조선의 경우는 고증학이 대표하는 한학의 훈고학과 기왕의 인본주의 철학인 송학의 주자학을 절충하려고 하였다.

　　　　　　　　　　　　전통 시대 학문의 의미와 실천, 그리고 방법

4 신기축의 논리학

근대 이전 한국인의 지적 탐구는 인본주의적 지향이나 현실 구원의 실용과 동떨어진 스스로의 자리를 확보하려 하지 않았다. 그것은 그 나름대로 전통 인문학의 강점이기도 하였으나, 기성의 관념을 벗어난 객관 탐구나 지적 유희 자체를 발달시키지 못한 부정적 측면도 있었다. 단 몇몇 지식인들은 논리학에서 신기축을 이루었다.

김만중은 『서포만필』에서 안맥(按脈)을 중시하는 탐구 정신을 드러내었다. 즉 통감학(通鑑學)의 권위적 언설을 해체하고 『자치통감』을 역사학의 자료로 활용하였으며, 『주자어류(朱子語類)』를 치밀하게 읽어서 주자의 학문 방법과 심리를 비평하였다. 또한 불교와 도가 사상을 포섭하여 유학의 독존적 태도를 회의(懷疑)하고 정신 활동의 진실한 면모를 탐색하였다.[14] 이후 박지원은 『열하일기(熱河日記)』에서 주자학이 이단을 배격하는 벽이단론(闢異端論)의 구도 자체에 대하여 회의하였다. 마지막으로 강화학파(江華學派)의 지식인들은 말류 주자학이 지닌 비주체적 특성을 공격하였다.

특히 박지원은 「백이전(伯夷傳)」 제2편에서 인(仁)의 개념을 역사적 사실에서부터 추상화한 관념으로서 사유하였다. 『논어』 「미자(微子)」 편에서는 "미자는 은나라를 떠나고 기자는 그 노예가 되었으며 비간은 간언을 하다가 죽었다. 공자가 말하길, 은나라에는 삼인(三仁)이 있었다.(微子去之, 箕子爲之奴, 比干諫而死. 孔子曰: 殷有三仁焉.)"라고 했고, 『맹자』 「만장(萬章) 하」에서 맹자는 "백이는 성인 중에 깨끗한 자이고 이윤은 성인 중에 천하를 구제하기로 자임한 자이며, 유하혜는 성인 중에 화(和)한 자이고 공자는 성인 중에 때에 알맞게 행한

자이다.(伯夷, 聖之淸者也. 伊尹, 聖之任者也. 柳下惠, 聖之和者也. 孔子, 聖之時者也.)"라고 했다. 공자는 기자, 미자, 비간을 삼인(三仁)으로 규정하고, 맹자는 이윤, 유하혜, 백이, 공자를 성인으로 규정한 것이다. 그런데 박지원은 이 규정이 둘 다 불완전하다고 보고, 공자의 삼인에다 태공(太公)과 백이를 보태어 오인(五仁)으로 보아야 한다고 주장했다. 그리고 인(仁)을 구성하는 하위 개념들이 상수(相須, 다른 요소들을 필수 조건으로 함)의 관계에 있다고 논했다.

아아, 내가 은나라를 보건대 다섯 인인(仁人)이 있었던 듯하다. 어째서 '다섯 인인'이라고 하는가? 백이와 태공이 바로 그들(더 첨가해야 할 사람들)이다. 이들 다섯 인자가 행한 바는 또한 각기 다르지만 모두 간절하고 슬퍼하는 뜻을 지니고 있었다. 그러나 상수(相須)하면 인자가 되지만 상수하지 않으면 인자가 되지 못한다. 미자는 마음속으로 '은나라가 망하려고 하니 내가 간할 수 없는데도 간하는 것보다는 차라리 은나라의 제사를 보존하는 것이 낫겠다.'라고 생각하여 마침내 나라를 떠났다. 이것은 미자가 모름지기 비간에게 간하기를 요구한 것이다. 비간은 마음속으로 '은나라가 망하려고 하니 내가 간할 수 없어서 간하지 못하는 것보다는 차라리 있는 힘을 다해 간을 해야 되겠다.'라고 생각하여, 마침내 간을 하다가 죽었다. 이는 비간이 모름지기 기자에게 도를 전하기를 요구한 것이다. 기자는 마음속으로 '은나라가 망하려고 하니 내가 도를 전하지 않는다면 누가 도를 전하겠는가!'라고 생각하여 마침내 일부러 미친 척하여 노예가 되었다. 기자는 마치 상수한 바가 없는 듯하다. 비록 그러하나 인인(仁人)의 마음이란 하루라도 천하를 잊은 적이 없었으

전통 시대 학문의 의미와 실천, 그리고 방법

니, 이는 기자가 모름지기 태공에게 천하를 구하기를 요구한 것이다. 태공은 마음속으로 스스로 은나라의 유민(遺民)이라고 여기며 '은나라가 망하려고 하자 소사(小師, 미자)는 떠났고 왕자(王子, 비간)는 죽었으며 태사(太師, 기자)는 옥에 갇혔으니, 내가 백성들을 구하지 않는다면 천하가 어떻게 되겠는가!'라고 생각하여 마침내 주왕(紂王)을 정벌했다. 태공도 또한 상수한 바가 없는 듯하다. 비록 그러하나 인인의 마음이란 하루라도 후세를 잊은 적이 없었으니, 이는 태공이 백이에게 의를 밝혀 줄 것을 요구한 것이다. 백이는 마음속으로 스스로 은나라의 유민이라 여기며 '은나라가 망하려 하자 소사는 떠났고 왕자는 죽었으며 태사는 옥에 갇혔으니, 내가 의리를 밝히지 않는다면 후세가 어떻게 되겠는가!'라고 생각하여 마침내 주나라를 섬기지 않았다. 무릇 이 다섯 군자가 어찌 즐거이 그렇게 한 것이겠는가? 모두 부득이해서 그러한 것이다.[15]

박지원의 논리는 다음과 같은 식으로 도표화할 수 있다.

$$M = a \cap b \cap c \cap d \cap e$$

$$M \supset a \leftarrow b \leftarrow c \leftarrow d \leftarrow e$$

$$M = 仁$$

a=미자: 간언을 하지 않고서 은나라 존사를 보존함(不諫而存殷祀)

b=비간: 열렬히 간언하다가 죽음(熱諫而死)

c=기자: 거짓으로 미친 체하면서 도를 전함(陽狂而傳道)

d=태공: 주왕을 정벌하여 백성을 구함(伐紂而拯民)

e=백이: 주나라를 섬기지 않고서 의리를 밝힘(不宗周而明義)

박지원의 상수론은 상위 개념을 구성하는 하위 개념들이 서로 다른 것을 필요조건으로 한다는 뜻이다. 이 상수론은 결국 '인'이란 추상적인 보편 개념으로 존재하지 않고 역사적, 구체적인 인물의 '인'의 행위에 의해 완성된다는 사실을 확인한 것이다. 이 상수론은 한자 한문을 이용한 사유 방법의 특징을 가장 명료하게 파악하여 활용한 예라고 할 수 있다.

하지만 전통 시대의 학문은 기성의 관념과 개념을 재이용하고 기존의 논리를 재확인하는 방식으로 진행되었다. 새로운 경향을 대표하는 지식인들이라 해도 그러한 논리 구축의 방법을 쉽게 탈각하지는 못하였다. 이러한 경향은 중국이나 일본보다도 한국의 경우가 더욱 강고하였다.

5 상우천고

『논어』를 펼치면「학이(學而)」편 제1장의 다음 말이 눈에 들어온다.

學而時習之면 不亦說乎아.
배우고 때때로 익힌다면 기쁘지 않겠는가!

學은 본받을 효(效)나 깨달을 각(覺)과 관계가 있다. 곧 배움이란 앞사람을 본받는 일과 스스로 깨닫는 일을 포괄한다. 而는 앞과 뒤를 이어 준다. 어떤 일을 하면서 동시에 다른 일을 한다는 뜻이나 어떤

전통 시대 학문의 의미와 실천, 그리고 방법

일을 하고 난 뒤 다른 일을 한다는 뜻으로 풀이할 수 있다. 여기서는 둘 다 통한다. 時는 보통 '때때로'라고 풀이되지만 '가끔'이라는 뜻은 아니다. '그때그때 늘'이란 뜻에 가깝다. 習은 깃 우(羽) 자가 들어 있는 데서 알 수 있듯, 새가 나는 법을 익히는 것처럼 반복을 통해 체득하는 일을 가리킨다. 학습(學習)이란 말이 여기서 나왔다. 여기서 之는 學의 내용을 가리킨다. 說은 기쁠 열(悅)과 같으며, 마음 깊이 느끼는 기쁨인 열락(悅樂)을 가리킨다.

공자는 열다섯 살 때 배움에 뜻을 두었다. 또한 배움에 싫증을 낸 적이 결코 없으며, 발분망식(發憤忘食)하다 늙음이 이르러 오는 것도 몰랐다. 실로 인생에서 가장 즐거운 일은 가치 있는 것을 배워 나가는 일일 것이다. 고전 지식에서부터 인간의 내적 가치에 대한 사유까지 모두가 학습의 대상이 될 수 있다. 기술, 지식, 사유, 가치 등에 관해 배우고 그 의미와 원리를 스스로 깨달을 때까지 반복해서 익혀 자기 것으로 삼아 체득할 때 우리는 진정한 희열을 느낄 것이다.

학습이라고 흔히 복합어로 사용하지만 '학(學)'과 '습(習)'의 차이에 주목할 필요가 있다. '습'은 이미 공부한 바를 연마해 자신의 것으로 만드는 일이다. 이에 비해 '학'은 큰 선생의 지도를 받거나 이미 있는 지침에 따라 공부하는 일이다. 만일 자기가 살고 있는 시대에서 큰 선생을 만나지 못하면 위로 소급하여 옛사람을 자기의 선생으로 삼아야 한다. 그것을 사숙(私淑)이라고 하며 그 유력한 방법이 '상우(尙友)'이다. 천고의 옛사람을 위로 벗한다는 말을 '상우천고(尙友千古)'라고 한다.

『맹자』 「만장 하」 편에 이런 말이 있다.

한 고을의 훌륭한 선비일 경우에는 한 고을의 훌륭한 선비를 벗으로 사귀고, 한 나라의 훌륭한 선비일 경우에는 한 나라의 훌륭한 선비를 벗으로 사귀고, 천하의 훌륭한 선비일 경우에는 천하의 훌륭한 선비를 벗으로 사귄다. 천하의 훌륭한 선비와 벗하는 것으로 충분하지 못하면 다시 옛 시대로 올라가서 옛사람을 논한다. 그의 시를 낭송하고 그의 글을 읽으면서도 그가 어떤 사람인지 몰라서야 말이 되겠는가. 그렇기 때문에 당시의 그의 삶을 논하게 되는 것이니, 이것이 바로 옛 시대로 올라가서 벗하는 것이다.(一鄕之善士, 斯友一鄕之善士. 一國之善士, 斯友一國之善士. 天下之善士, 斯友天下之善士. 以友天下之善士爲未足, 又尙論古之人. 頌其詩, 讀其書, 不知其人, 可乎? 是以論其世也, 是尙友也.)

그런데 박지원은 청나라 곽집환(郭執桓, 1746~1775)의 문집『회성원집(繪聲園集)』에 서문을 쓰면서 '상우천고'는 웃기는 말이라고 하였다. 곽집환은 자신의 친구이자 1766년 북경에서 한양으로 돌아가던 홍대용과 교분을 맺게 된 등사민(鄧師閔)을 통해, 자신의 시고(詩稿)인『회성원집』에 대해 조선 명사들의 서문을 요청하였다. 이에 홍대용과 박지원이 그 발문을 짓게 되었다. 박지원의 글 앞부분만 보면 이러하다.[16]

옛날에 붕우(朋友)를 말하는 사람들은 붕우를 '제2의 나'라 일컫기도 했고, '주선인(周旋人)'이라 일컫기도 했다. 이 때문에 한자를 만드는 자가 날개 우(羽) 자를 빌려 벗 붕(朋) 자를 만들었고, 손 수(手) 자와 또 우(又) 자를 합쳐서 벗 우(友) 자를 만들었으니, 붕우란 마치 새에게 두

　　전통 시대 학문의 의미와 실천, 그리고 방법

날개가 있고 사람에게 두 손이 있는 것과 같음을 말한 것이다. 그런데도 "천고의 옛사람을 벗 삼는다.(尙友千古)"라고 주장하는 사람들이 있으니, 너무도 답답한 말이다. 천고의 옛사람은 이미 휘날리는 먼지와 싸늘한 바람으로 변해 버렸으니, 그 누가 장차 '제2의 나'가 될 것이며, 누가 나를 위해 주선인이 되겠는가. 양자운(揚子雲)은 당세의 지기(知己)를 얻지 못하자 개탄하면서 천년 뒤의 자운을 기다리려고 했는데,[17] 우리나라 사람 조보여(趙寶汝, 조귀명(趙龜命))가 이를 비웃으며, "내가 지은 『태현경(太玄經)』을 내가 읽으면서, 눈으로 그 책을 보면 눈이 자운이 되고, 귀로 들으면 귀가 자운이 되고, 손으로 춤추고 발로 구르면 각각 하나의 자운이 되는데, 어찌 굳이 천년의 먼 세월을 기다릴 게 있겠는가!"라고 하였다. 나는 이런 말에 또다시 답답해져서, 곧바로 미칠 것만 같아 이렇게 말하였다.

"눈도 때로는 못 볼 수가 있고 귀도 때로는 못 들을 수가 있을진대, 이른바 춤추고 발 구르는 자운을 장차 누구로 하여금 듣게 하고 누구로 하여금 보게 한단 말인가! 아, 귀와 눈과 손과 발은 나면서부터 한몸에 함께 붙어 있으니 나에게는 이보다 더 가까운 것이 없다. 그런데도 오히려 믿지 못할 것이 이와 같은데, 누가 답답하게시리 천고의 앞 시대로 거슬러 올라가며, 누가 어리석게시리 천세의 뒤 시대를 굼뜨게 기다릴 수 있겠는가!"

이로써 본다면, 벗은 반드시 지금 이 세상에서 구해야 할 것이 분명하다.

날개 우(羽) 자를 빌려 벗 붕(朋) 자를 만들었다는 것은 붕(朋) 자의 초서나 행서를 기준으로 한 것이어서 문자학의 상식과 배치된다. 조개를 끈으로 꿰어 두 줄을 한 묶음으로 한 모양이 朋이기 때문이다. 손 수(手) 자와 또 우(又) 자를 합쳐서 벗 우(友) 자를 만든 것은 사실이지만, 그렇다고 벗이 '사람에게 두 손이 있는 것과 같음을 말한 것'은 아니다. 友는 손을 맞잡아서 도와준다는 의미이다.

　이렇게 박지원의 문자 풀이는 문제가 있다. 하지만 그가 이 글에서 말하려는 뜻은 분명하다. 남과의 접촉을 시도하지도 않고 상우만 하려는 것은 무책임하고 어리석은 일이라는 것이다. 박지원이 서울 서쪽 성벽 밖의 월암(月巖)으로 이광려(李匡呂)를 찾아가 "당신은 문자(한자)를 몇 글자나 아우?"라고 대뜸 묻기 직전에, 그리고 정약용이 경기도 광주 사마루(社村)로 신작(申綽)을 만나러 가서 자신의 저술을 내놓고 일독을 청하였을 때, 그들도 두려움을 느꼈을 것이다. 하지만 그들은 시교(市交)와 면교(面交)를 부정하고 성대한 만남을 꿈꾸었기에 과감할 수 있었다.

　그렇다. 박지원이 말했듯이, 벗은 반드시 지금 이 세상에서 구해야 할 것이다. 천하의 훌륭한 선비가 되지 못하는 것은 물론이고, 한 나라의 훌륭한 선비, 한 고을의 훌륭한 선비도 못 되어, 천하에 친구가 없고 나라에 친구가 없으며 한 고을에 친구가 없는 사람이 '상우천고' 운운한다는 것은 확실히 우스운 일이다.

　하지만 바로 지금 시대에 제2의 나를 찾는 일이 그리 쉬운 일이 아니다. 위급할 때 연락할 수 있는 친구를 찾기는 정말 어렵다. 중년에 접어들면서 먹고살기 위해 일하고 결혼 생활, 육아 등 책임이 늘어나면서 사람들은 출구 없는 긴 나날을 보내야 한다. 물론 기왕의 친구

　　　　전통 시대 학문의 의미와 실천, 그리고 방법

가 있는 경우는 다르다 하지만 사람들은 나이가 들수록 새로운 친구를 만들기 어렵다. 공통된 관심사를 가진 사람끼리 모임을 만들어 취미를 공유하는 것은 고독감을 이길 좋은 방법이다. 하지만 그러한 시간도 내기 어려운 처지라면 어떻게 할 것인가?

1513년 12월 10일, 『군주론』을 집필하고 있던 마키아벨리는 친구에게 보낸 서찰에서 '상우천고'의 즐거움을 말하였다. 비록 언어도 시대도 공간도 다르지만 많은 사람들이 고전에서 자신의 친구를 발견하였던 것이다. 1512년 피렌체에서 쫓겨났던 메디치 가문이 교황과 스페인 군대의 도움을 받아 피렌체 공화정을 무너뜨리고 복귀했다. 마키아벨리는 반(反)메디치 음모를 꾸민다는 이유로 체포되었다가 가까스로 풀려났다. 그는 피렌체 근교에서 칩거하면서 『군주론』을 집필하였는데, 이때 친구 프란체스코 베토리에게 서찰을 보내어 자신의 일상생활을 묘사하였다. 그 가운데 저 유명한 다음 이야기가 들어 있다.

밤이 되면 집에 돌아가서 서재에 들어가는데, 들어가기 전에 흙 같은 것으로 더러워진 평상복을 벗고 관복으로 갈아입네. 예절을 갖춘 복장으로 몸을 정제한 다음, 옛사람들이 있는 옛 궁궐에 입궐하지. 그곳에서 나는 그들의 친절한 영접을 받고, 그 음식, 나만을 위한, 그것을 위해서 나의 삶을 점지받은 음식을 먹는다네. 그곳에서 나는 부끄럼 없이 그들과 이야기를 나누고, 그들의 행위에 대한 이유를 물어보곤 하지. 그들도 인간다움을 그대로 드러내고 대답해 준다네. 그렇게 보내는 네 시간 동안 나는 전혀 지루함을 느끼지 않네. 모든 고뇌를 잊고, 가난도 두렵지 않게 되고, 죽음에 대한 공포도 느끼지 않게 되고 말일세. 그들의 세계에 전신전령(全身全靈)으로 들어가 있기 때문이겠지.[18]

옛 사우(師友)를 만날 때 나는 남루한 존재가 아니다. 죽음을 두려워하지도 않는다. 지루함도 없고 고뇌는커녕, 나만을 위한 음식을 먹으며 열락을 느낀다. 옷매무새를 바로잡고 고전을 대하는 일, 이것이 동서양의 지식인들이 실행한 실제적인 학문 태도였다. 전신전령으로 고전을 대하는 일, 현대인이 추구할 학문 태도이다.

학문과 지혜는 귀로 듣고 입으로 옮긴다고 해서 내 것이 되는 것이 아니다. 플라톤의 『향연』에서 소크라테스는 "아가톤, 앎이 그처럼 우리 둘이 닿자마자 더 충만한 곳에서 빈 곳으로 흐를 수 있는 거라면 얼마나 좋겠는가. 더 많이 찬 잔의 물이 양모(羊毛) 가닥을 따라서 더 빈 잔으로 흘러가듯이 말이야."라고 말하였다.[19] 앎이란 지혜란 학문이란 그렇게 쉽게, 가득 찬 곳에서 다른 빈 곳으로 흘러가는 것이 아니다. 하지만 옷매무새를 고치고 옛사람들을 초대할 시간조차 내지 못한다면 어떻게 해야 하는가?

구이지학이라 하여도 '배불리 먹고 하루를 마쳐서 마음 쓰는 곳이 없는' 것보다야 낫지 않겠는가? 『논어』 「양화(陽貨)」편 제22장에서 공자는 이렇게 말하였다.

飽食終日하여 無所用心이면 難矣哉라 不有博奕者乎아 爲之猶賢乎已니라.

배불리 먹고 하루를 마쳐서 마음 쓰는 곳이 없다면 곤란도다. 쌍

전통 시대 학문의 의미와 실천, 그리고 방법

륙과 바둑이란 것이 있지 않은가? 이것이라도 하는 것이 아무것도 안 하는 것보다는 낫다.

배불리 먹고 하루를 마쳐서 마음 쓰는 곳이 없는 사람을 우리나라 선인들은 식충(食蟲)이라고 놀렸다. 『대학』에도 "소인한거(小人閑居)에 위불선(爲不善)호되 무소부지(無所不至)니라."라고 하였다. "소인은 한가로이 거처할 때 좋지 못한 짓을 하되 이르지 못하는 바가 없이 한다."라는 뜻으로, 덕성(德性)을 기르지 않고 시간을 허비하는 자들을 경계한 것이다.

공자는 안일하게 지내기보다는 차라리 쌍륙이나 바둑에라도 마음을 쏟는 것이 낫다고 했다. 도락(道樂)으로 고전을 공부하는 일도 마음을 전일하게 갖는 한 가지 방법이 아니겠는가.

나는 다음과 같은 패러디로 이 글을 마치고자 한다.

不有口耳者乎아 爲之猶賢乎已니라.

동서양의
역사관

역사의 이념

김기봉

경기대학교 사학과 교수

1 역사적 존재로서 인간

"모든 것은 변한다. 변하는 것은 역사다. 고로 모든 것은 역사다."
작게는 '전염병의 역사'로부터 크게는 '우주의 역사'에 이르기까지,
여성과 섹스, 심성 및 기후 등 유형과 무형으로 존재하는 모든 것은
역사의 대상이 된다. 하지만 특이한 것은 인간만이 역사를 갖고 있다
는 점이다. 인간이 역사적 존재라는 사실은 인간을 다른 동물과 구별
하게 만드는 종차다.

지구 상에 존재하는 많은 생명체 가운데 오직 인간만이 역사라는
서사의 발명을 통해 개체가 습득하고 축적한 지식과 정보를 시공간
을 넘어서 소통하는 능력을 가졌다. 이 같은 소통 능력 덕분에 인류는
20세기에 이르러 "하늘 아래 새로운 것은 있다.(Something new under
the sun.)"라는 식으로 성경 말씀을 수정할 만큼 문명의 진보를 이룩
했다.[1] 오늘날 지구 상에서 인간의 위치는 지구 환경의 지배를 받는
노예에서 환경을 변화시키는 정복자로 변모했다. 인류가 지구 환경
의 중요 결정자가 되는 신기원을 열었다는 우리 시대의 특이성에 착
안하여 네덜란드의 노벨 화학상 수상자 크루첸(Paul J. Crutzen)은 '인
류세(anthropocene)'라는 새로운 지질 시대 용어를 제안했다. 세(世)는

동서양의 역사관

지질 시대를 연대로 구분할 때 기(紀)를 더 세분한 단위인데, 이 말마따나 현재 지구의 운명은 인류에게 달려 있는 것이다.

지구 상에 존재하는 생명체 가운데 유독 인간만이 역사를 의식하는 존재가 된 이유는 무엇일까? 일차적으로 역사의식은 인간이 시간 속에서 사라지는 존재라는 자각으로부터 생겨났다. 사라진다는 것은 무의미해진다는 것이다. 인간은 존재의 무의미함을 극복하기 위해 역사의 기록을 남긴다. 역사의식이란 "자기 존재의 확인을 역사의 전개선상에서 구하여, 즉 자기가 역사적 존재임을 확인하여 그것을 바탕으로 자기를 미래에 연결"[2]시키기 위한 인간의 정신적 활동이다.

역사의식은 나의 존재가 과거뿐 아니라 미래와도 연결되어 있다는 것을 깨닫게 한다. 과거의 조상이 있었기에 오늘의 우리가 있는 것처럼, 오늘의 우리가 있어야 미래의 후손이 태어날 수 있다. 그래서 과거 우리의 조상들이 어떻게 살았는지를 알려 주는 이야기를 통해서 오늘 우리가 누구인지를 인지하며, 우리가 만드는 삶의 이야기가 미래 후손들의 삶을 결정한다는 각성이 우리를 역사적 존재로 만들었다. 이처럼 집단적 정체성의 기원과 존재 이유를 과거, 현재, 미래와 연결해 성찰하도록 각성시키는 것이 역사의식이다.

근본적으로 과거는 사라지고 인간은 죽는다는 것이 인간을 역사적 존재로 의식화하고 자신의 존재에 대한 의미를 부여하는 역사의 이념을 만드는 존재로 만들었다. 인간에게 가장 확실한 사실은 죽는다는 것이다. 그런데 가장 불확실한 사실은 언제 죽을지 모른다는 것이다. 이러한 죽음의 확실성과 불확실성 때문에 죽음 앞에서 모든 인간은 경건하다. 신의 평등은 죽음으로 구현되고, 인간은 결국 모두 죽어야 할 운명을 가졌다는 것이 역설적이게도 사람을 사람답게 만드는 요소가 된다. 이런 메시지를 한마디로 표현한 말이 '죽음을 기억하라(Memento mori)'다.[3]

역사는 현재의 개체적 존재인 나의 기원과 의미를 과거와 미래와 연관해서 성찰하도록 의식화함으로써 개인의 유한성을 집단의 무한성으로 극복하게 만드는 신화의 기능을 한다. 기본적으로 인류에게 세대 간의 시간과 경험의 단절을 이어 주는 것은 이야기다. 역사란 이같은 이야기를 통해 한 집단의 정체성을 형성할 목적으로 발명한 서사다. 유한한 나를 무한한 우리로 부활시키는 역사 서사의 힘을 프랑스의 철학자 폴 리쾨르는 다음과 같이 표현했다. "'조상들의 입에서 얻어들은 이야기'를 통해 죽은 자들의 시간, 선조들의 시간이라는 역사적 과거와 '기억' 사이에 다리가 놓이고 그 기억들의 고리를 거슬러 올라가 역사의 연속선상에서 보게 되면, '나'와 관련 없는 '너'였던 선조들이 '우리'라는 관계로 변하게 된다."[4]

이런 역사 이야기를 만들어 내는 사람이 역사가다. 나는 왜 역사가가 되었는가? 이렇게 역사가로서의 자의식을 갖고 프랑스의 대표적인 역사가들은 자신들이 역사가로서의 삶을 살게 된 이유와 과정을 이야기하는 '자아 역사(ego-histoire)'를 책으로 출간했다. 이 책의 저자 가운데 한 사람인 르 고프는 역사가로서의 삶이란 지적 학문적 관심에만 답하는 것이 아니라 좀 더 깊이 있는 질문들에 답하는 것이라고 하면서 역사를 정의했다. "역사란 죽음과 대항한 싸움이다. 역사가는 죽음과 떨어져서 과거에 잠겨 있기 때문에 자신이 좀 더 오래 의식적으로 살기를 바란다."[5]

　　　　　　　　　　　　　　　　　　　　　　동서양의 역사관

동양과 서양을 막론하고 역사의 이념은 과거 죽은 자들과의 대화를 통해서 현재적 삶의 의미와 목적을 성찰하고, 죽음을 통해서 시간 속에서 사라지는 것을 막을 수 있는 기억을 만들어 내는 것을 목표로 한다. 이 같은 역사의 이념을 실현하는 서사가 인류에게 처음부터 있지는 않았다. 동양과 서양에는 각각 역사라는 서사를 처음 만들어 낸 아버지가 있다. 서양에서는 서력 기원전 480년경에 출생하여 429년경에 사망한 헤로도토스가 '역사의 아버지(pater historiae)'로 불리고(이 명예로운 칭호는 키케로가 부여한 것이다.) 동양에서는 서력 기원전 145년경에 출생하여 86년경에 사망한 사마천이 그런 칭호를 얻었다.

물론 세계를 동양과 서양이라는 두 부분으로 나누는 것은 자의적이고 문제가 많은 이분법이다. 그렇지만 역사 이념을 동양과 서양으로 유형화하는 것은 실체가 아닌 개념적 허구로서 막스 베버가 말하는 이상형(ideal type)으로서의 의미를 가진다. 헤로도토스와 사마천이라는 두 역사의 아버지가 구현했던 역사의 이념을 비교해 보면, 그들이 오늘날 우리가 일반적으로 갖고 있는 서양과 동양에 대한 심상 지리의 원형을 만들어 낸 사람임을 알 수 있다. 그들로 하여금 최초로 역사를 쓰게 한 역사 정신이 이른바 동양과 서양의 역사관을 형성하는 DNA로 유전되고 진화됐다. 그 둘의 역사 정신의 차이가 만들어낸 '나비 효과'로부터 동서양의 서로 다른 역사 이념이 생겨났다고 말할 수 있다. 따라서 단 한 번의 강의로 동서양 역사 이념의 차이를 해명하는 '미션 임파서블'을 역사의 두 아버지로부터 생성된, 카오스 이론이 말하는 '초기 조건의 민감성'을 밝히는 것에서 시작하고자 한다.

2 서양 역사 이념의 탄생, 기억과 교훈

앞서 말했듯이 인간이 역사적 존재(*homo historicus*)가 될 수 있었던 첫 번째 요인은 인간이 이야기하는 존재(*homo narrans*)이기 때문이다. 인간들 사이의 소통은 무엇보다도 이야기를 통해서 이뤄진다. 괴테는 그 이야기의 소중함을 강조하는 우화를 창작했다.[6] 금으로 만든 왕이 뱀에게 묻는다. "금보다 더 찬란한 것이 무엇이냐?" 뱀이 대답한다. "빛입니다." 왕이 다시 묻는다. "빛보다 좋은 것이 무엇이냐?" 뱀이 대답한다. "대화죠." 다 아는 상식이지만 인간만이 대화를 하며 이를 통해 삶의 이야기를 이어서 업그레이드하는 유일한 동물이다.

이야기는 인간에게 공감과 기억이라는 위대한 능력을 부여했다. 인류 문명사를 인간의 공감 능력이 확대되는 과정으로 풀어낸 제러미 리프킨은 공감이란 "우리가 다른 사람의 삶의 일부가 되어 의미 있는 경험을 할 수 있게 해 주는 심리적 수단"이라고 정의했다.[7] 인간의 공감 능력은 동시대의 사람들뿐 아니라 이 세상에는 더 이상 존재하지 않는 과거의 사람들과도 대화를 가능케 함으로써 역사라는 서사가 발명되는 데 큰 역할을 했다. 과거란 지금 우리에게는 없는 '낯선 나라'다. 그 나라로 시간 여행을 할 수 있는 타임머신의 역할을 하는 것이 역사다. 그런 사라진 과거로의 여행을 전문으로 하면서 자신의 여행담을 직업적으로 쓰는 사람이 역사가다.

History의 어원이 되는 '*Historiai*'라는 제목으로 과거의 여행담을 써서 서양 역사의 아버지가 됐던 사람이 헤로도토스다. 그는 다음과 같은 문장으로 여행기를 시작했다. "이것은 할리카르나소스 출신

동서양의 역사관

헤로도토스가 제출하는 탐사 보고서다. 그 목적은 인간들의 행적이 시간이 지나면서 망각되고 헬라스인과 비헬라스인의 위대하고도 놀라운 업적들이 사라지는 것을 막고, 무엇보다도 헬라스인과 비헬라스인들이 서로 전쟁을 하게 된 원인을 밝히는 데 있다."[8] 그의 과거로의 시간 여행의 목적은 페르시아 전쟁이 왜 일어났는지를 정확히 밝혀서 후대 사람들이 조상들의 위대한 업적을 기억하도록 하는 데 있었다. 따라서 서양 역사의 아버지가 제시했던 역사의 첫 번째 이념은 기억이다.

페르시아 전쟁을 망각으로부터 구하려는 헤로도토스의 『역사(Historiai)』는 아테네라는 특정 사회를 문화적으로 정초하는, 얀 아스만이 말하는 '문화적 기억'을 만들어 내려는 목적을 가진다.[9] '문화적 기억'이란 과거의 기억을 계속해서 현재화하는 제도적 장치 일반을 지칭한다. 고대에서 '문화적 기억'을 만드는 전형적인 방식은 신전이었다. 이에 비해 역사란 텍스트를 통해서 '문화적 기억'을 만드는 방식이다. 이 같은 기억 문화의 진수를 보여 준 민족이 유대인이다. 구약은 성경이기에 앞서 신과의 약속을 하나의 계명으로 정식화하고 그 계명을 정당화할 뿐만 아니라 전승하는 하나의 역사책이다. 유대인에게 모세 오경(토라, the Torah)은 집단적 자기반성(collective self-examination)의 정전이다. 유대인들은 모세 오경을 기억하여 암송하는 기억 문화를 통해 고향인 이스라엘을 1000년 이상 떠나 있는 망명과 핍박과 고난의 역사를 견디고 민족 정체성을 지킬 수 있었다. 그들에게는 현재가 파국적이고 고난스러울수록 역사의 기억이 더욱더 강렬한 구원의 약속이 되었다. 따라서 민족의 역사적 경험을 종교적 구원

으로 전화한 유대인들에게 역사란 탐구의 대상이 아니라 자기반성과 신앙의 정전이었다.[10]

인간은 구술하든 문자를 사용하든 간에 개별 경험을 이야기 형태로 저장한다. 인공 지능과 멀티미디어의 상호 작용을 연구한 로저 섕크(Roger C. Schank)는 인간의 일상적인 행동을 스크립트(script)라고 불리는 사상(事象)의 연쇄 형식으로 정식화할 수 있으며 이는 유동적인 이야기들이 저장된 창고와 유사하다고 말했다.[11] 실제로 기억은 사실들의 합집합이 아니라 경험과 기대 그리고 욕망과 믿음을 재현하는 이야기들의 합집합으로 구성된다. 따라서 뇌라는 이야기 창고 속에 저장된 이야기들을 어떻게 편집하여 구성하느냐에 따라 내 인생 서사의 줄거리가 결정된다.

인간이 이야기를 통해 과거를 기억하는 방식을 일차적으로 결정하는 것은 "매체가 메시지다."라는 마셜 맥루언 말처럼 매체다. 이야기를 만들어 내고 소통하는 방식은 말, 문자, 책, 전화, 그리고 최근에는 인터넷, 스마트폰과 같은 전자 매체로 진화했다. 인류 역사의 첫 번째 매체 혁명이 말에서 문자로의 전환이다. 이오니아에서는 서력 기원전 6세기경에 알파벳이 보급되기 시작했고, 그와 함께 정형화된 운문을 암송하던 구술 사회의 기억 저장 방식 대신에 개인이 비판적 분석적 방법으로 획득한 지식을 문자 기록으로 저장하는 문화 혁명이 일어났다.[12] 이 같은 문화 혁명의 결과로 기원전 5세기경 그리스에서 역사라는 새로운 서사가 탄생했다는 사실에 주목할 필요가 있다.

구술 문화 시대를 대표하는 이야기는 신화다. 자연 현상과 인간 삶에 대해 인간이 던진 질문에 대한 최초의 대답은 신화의 형태로 주

동서양의 역사관

어졌다. 구술 문화 시대에는 말의 운율과 정형구의 반복을 토대로 하여 이야기가 만들어지고 소통되었기에, 신화는 서사시의 형식으로 기억되고 전승됐다.[13] 말로 하는 이야기는 시간과 함께 사라진다. 문자의 발명은 기록을 통한 불멸의 기억을 선사함으로써 인류에게 정보와 지식을 끊임없이 업그레이드할 수 있는 문명사적 도약의 길을 열어 주었다. 문자 문화 시대로의 이행과 함께 그리스에서는 음유 시인에 의해 구전되어 온 신화를 문자로 기록하여 정리한 호메로스의 『일리아드』와 『오디세이아』, 그리고 헤시오도스의 『신통기』가 쓰였다. 이러한 산문 작가(logographoi)의 등장을 통해 마침내 에포스(epos) 시대가 종말하고 로고스(logos) 시대가 도래한 조건 속에서 역사가 탄생했다.

과거는 없고 그에 대한 기억을 만들어 내는 이야기들(logoi)만이 존재한다. 그 이야기들은 사라진 과거가 어떠했는지를 알아내는 '인식 도구(cognitive instrument)'다. 하지만 문제는 모든 이야기가 진실은 아니라는 사실이다. 이것을 잘 아는 헤로도토스는 답사를 통해 들은 이야기들을 액면 그대로 믿지 않고 탐구하고 조사한 보고서라는 의미로 제목을 '역사'라고 달았다.

그는 대체로 두 가지 원칙에 입각해서 역사를 썼다. 첫째, 최대한 신을 배제하고 인간 중심으로 서사를 구성했다. 신화의 주인공이 신이라면, 역사의 주인공은 인간이다. 그는 개인들 행위의 연관성으로 역사의 인과 관계를 구성했다. 둘째, 그는 "나는 들은 대로 전할 의무는 있지만 그것을 믿을 의무는 없으며, 이 말은 이 책 전체에 적용된다."[14]라고 밝혔다. 예컨대 그는 페르시아의 크세르크세스 왕이 그리스를 침공하는 결단을 내릴 때 꿈이 결정적 요인으로 작용했다는 전해 오는 이야기를 그대로 인용했다. 그는 신화와 구분되는 역사를 쓰고자 했지만, 인간과 국가의 운명이 합리적으로 설명할 수 없는 초자연적인 힘에 의해 결정된다는 것을 믿었다. 그는 페르시아 원정을 크세르크세스 왕과 페르시아인들에게는 피할 수 없었던 숙명으로 서술했다.

인간은 자유 의지로 행동하지만, 숙명은 필연적이다. 헤로도토스는 숙명과 자유 의지라는 서로 모순되는 요인을 결합하여 역사의 인과 관계를 구성했다. 그렇다면 어떻게 그런 모순적인 요인들을 결합해 역사의 인과 관계를 구성할 수 있는가? 관건은 헤로도토스의 역사 속에 내재해 있는 신이다. 그의 『역사』에서 신은 적어도 두 가지 역할을 담당했다. 첫째, 신은 인간의 이야기로서 역사의 플롯을 결정하는 역할을 했다. 역사는 인간의 행동이 일으킨 사건들로 전개되지만, 그 사건들의 인과 관계를 구성하는 것은 플롯이고, 그 플롯은 인간의 의지가 아닌 신의 뜻으로 해석됐다. 역사의 플롯은 초역사적인 것, 곧 메타역사다. 헤로도토스 역사의 플롯 구성을 결정하는 메타역사는 인간의 오만을 뜻하는 히브리스(*hybris*)에 대한 신의 징벌로서의 네메시스(*nemesis*)다.[15] 페르시아 원정의 실패는 단순히 인간의 성공과 번영에 대한 신의 질시가 아니라 오히려 불손한 인간 심성에 대한 신의 징벌이었다는 것이다.

둘째, 그리스인들에게 신은 바로 '자기 몫', 곧 분수를 지키도록 요청하는 정의의 화신을 의미한다. 모든 인간은 태어날 때부터 자기 몫의 행운과 불행을 갖고 있으며, 민족과 국가 또한 마찬가지이기 때

　　　　　　　　　　　　　　동서양의 역사관

문에, 역사는 인간의 이야기로 전개된다는 것이다. 어떤 인간이나 국가가 자기 몫 이상의 것을 탐하는 오만한 행동을 할 때 신의 징벌이 내려진다. 헤로도토스의 역사는 이 같은 히브리스에 대한 네메시스로 신의 정의가 실현된다는 메시지를 담고 있다. 강대국이 됐다는 것은 행운이지만 그 행운이 언젠가는 다시 약소국이 되는 불행을 초래하는 원인이 된다는 것을 그는 『역사』 제1권의 결론으로 썼다. "전에는 강력했던 수많은 도시가 미약해지고, 내 시대에 위대한 도시들이 전에는 미약했기 때문이다. 인간의 행복이란 덧없는 것임을 알기에 나는 큰 도시와 작은 도시의 운명을 똑같이 언급하려는 것이다."[16] 신의 정의에 관한 한 크든 작든 모든 국가는, 랑케의 유명한 말을 빌려서 표현하면, "신에 직결되어 있다." 헤로도토스에게 신은 역사 속의 모든 존재자에게 행운과 불행의 자기 몫을 부여하는 초월적 기의다. 따라서 그가 믿은 역사의 제일 원인은 인간의 오만에 대한 신의 징벌이며, 이것을 기억하는 역사를 쓰고자 했다.

신탁이나 꿈 또는 예언 등을 배제하지 않고 기록한 헤로도토스의 역사 서술은 오늘날 우리에게는 역사적 사실뿐 아니라 당대인들의 역사적 상상력을 알려 준다는 장점이 있다. 하지만 거의 한 세대 후인 서력 기원전 465년에서 400년까지 살았던 것으로 추정되는 투키디데스는 헤로도토스가 객관적 사실로 보기 어려운 비합리적인 요인들을 역사의 인과 관계 설명에 개입시킨 것을 약점으로 지적했다.

투키디데스는 기억 자체를 목적으로 하기보다는 무엇을 위한 기억인가라는 문제의식으로 헤로도토스보다 좀 더 객관적이고 치밀한 역사를 쓰고자 했다. 헤로도토스는 하나의 사건에 대한 여러 이야기를 병렬적으로 기술해서 후대의 독자들에게는 혼란스럽게 읽힌다. 헤로도토스는 원래 지리학자였다고 말할 수 있다. 그는 당시 자신이 알고 있는 세계인 유럽, 아시아, 이집트를 답사하고 거기서 보고 들은 이야기들을 기록해서 청중에게 구연하는 일을 하다가, 그 이야기들을 집대성한 책 이름을 '역사'라고 붙임으로써 최초의 역사가가 되었다. 그래서 그의 역사는 구술 역사의 흔적이 많이 남아 있다. 공연하듯이 청중과 호흡을 맞추며 즉흥적으로 하는 구술 역사는 흥미 본위로 이야기를 전개하는 속성을 가짐으로써 문자 역사보다 설화적인 내용이 많이 가미되었다.

투키디데스는 의식적으로 이런 헤로도토스와 구별되는 역사를 쓰고자 했다. 그는 펠로폰네소스 전쟁의 원인으로 얘기되는 수많은 역사적 사건들을 과감히 생략하고 역사의 내재적인 역동 관계를 결정하는 본질적 요인들을 중심으로 역사적 인과 관계를 구성했다. 그는 잡다한 현상이 아니라 본질에 초점을 맞출 때 시대를 초월해 삶의 가르침을 주는 역사가 서술될 수 있다고 믿었다.

투키디데스가 역사의 본질적 요인으로 본 것은 크게 두 가지다. 첫째는 변하지 않는 인간 본성이다. 그는 서문에서 역사 서술의 동기를 다음과 같이 명시했다. "인간성으로 말미암아 반복되거나 유사할 것이 틀림없는 미래에 대한 해석을 위하여, 과거에 대한 정확한 지식을 얻고자 하는 연구자들에게 본인의 『역사』가 유용할 것이라 판단된다면 그것으로 만족할 것이다. 『역사』는 한순간의 박수갈채를 얻기 위해서가 아니라 영원한 유산으로 쓰였다."(I, 22, 4)[17] 그는 단순히 과거를 기억하기 위해서가 아니라 현재와 미래에도 계속될 인간 삶에

　　　　　　　　동서양의 역사관

교훈이 될 만한 과거의 지식을 제공할 목적으로 역사를 썼다. 그의 이 같은 실용적 역사 서술은 "역사는 삶의 스승(*historia magistra vitae*)"이 라는 전통 시대 역사 담론의 전형이 되었다.

인간 본성과 함께 투키디데스가 역사의 본질적인 두 번째 요인 으로 상정한 것은 우연 또는 행운으로 번역되는 '티케(tyche)'다. 인간 본성은 불변하기 때문에 역사의 반복을 낳고, 그 반복되는 구조를 파 악하여 역사적 교훈을 얻을 수 있다. 이에 비해 티케란 합리적 이성으 로는 파악할 수 없는 우연적인 사건이나 초월적인 운명을 지칭한다. 불변하는 인간 본성과 불가사의한 티케는 모순이다. 투키디데스의 역사 이념은 이 둘의 변증법적 발현이라고 말할 수 있다.

이 같은 변증법을 잘 보여 주는 것이 펠로폰네소스 전쟁사의 백 미인 멜로스 회담(The Melian Dialogue)이다. 서력 기원전 416년 아테 네는 스파르타의 식민지이지만 중립을 지키고 있던 작은 섬 멜로스 에 자기편에 가담하고 막대한 공세를 바칠 것을 요구하며 쳐들어갔 다. 공격에 앞서 아테네인들은 항복을 강요하는 사절을 보냈다. 먼저 아테네 사절은 "세상에서 통용되는 이치에 따르면, 서로가 세력이 백 중할 때나 정의냐 아니냐를 따질 뿐이고, 강자와 약자 사이에서는 강 자는 원하는 것을 하고 약자는 겪어야 할 것을 겪어야 한다."라고 말 했다. 이에 대해 멜로스 대표는 "승패는 병사의 수로만 결정되지 않 고, 때로는 공평하게 티케가 좌우한다. 그래서 우리에게 항복은 절망 을 의미하지만, 싸운다면 싸우는 동안만이라도 승리할 희망은 남아 있다."(V, 102)라고 반박했다. 아테네 사절은 조국이 살아남느냐 멸망 하느냐의 기로에서 '신으로부터 오는 티케'에 운명을 맡기는 것이 과연 현명한 처사인지를 되물었다. 하지만 멜로스인들은 700년의 역사를 가진 자신들의 폴리스가 일순간이라도 자유를 박탈당할 수는 없다고 응답했다. 회담은 결렬되어 아테네가 공격을 개시하였고 전쟁은 멜로스인들이 무조건 항복하는 것으로 끝났다. 섬을 점령한 아테네는 멜로스의 성인 남자를 모두 학살하고 여자는 노예로 끌고 간 후 500명의 아테네인을 이주시켰다.

결국 전쟁은 아테네인들 말대로 결론이 났다. 하지만 역사는 하나의 사건이 아니라 사건들의 연쇄 반응으로 전개된다. 펠로폰네소스 전쟁의 전 과정을 보면, 멜로스인과 아테네인 모두가 패배자다. 정의롭지 못한 전쟁을 벌인 아테네도 결국 스파르타에게 패배했다. 그렇다면 투키디데스가 말하고자 했던 역사의 교훈은 무엇인가? 헤로도토스와 마찬가지로 투키디데스에게 역사의 주인공은 인간이다. 인간이 역사를 만든다. 하지만 인간이 역사를 만들기 위해서는 먼저 역사에 대해 알아야 한다. "인간은 역사를 만들고, 역사는 인간을 만든다." 이 같은 인간과 역사의 변증법을 추동하는 힘이 티케다. 신으로부터 오는 티케를 믿는 인간은 역사를 만들 수 있다. 하지만 그렇게 만들어진 역사도 결국 순환한다. 인간의 오만에 대한 신의 징벌이라는 비극적 역사의 플롯이 역사를 순환하게 만든다. 그렇다면 티케로 구현되는 신의 징벌로 강자는 약자로 전락하고 약소국은 강대국으로 부상하지만 그 또한 멸망한다는 역사의 순환론적 사실 이외에 인간은 궁극적으로 역사에서 무엇을 배울 수 있는가?

펠로폰네소스 전쟁으로 그리스 문명은 세계사의 무대에서 퇴장했다. 그 빈자리를 채운 것이 이탈리아 반도의 작은 나라로 출발하여 세계 제국으로 부상한 로마다. 어떻게 이런 일이 가능했을까? 이 같은 문제의식으로 그리스 세계만을 다룬 '부분사 또는 지역사(*historia kata meros*)'가 아니라 로마에 의한 세계 지배를 주제로 한 '세계사 또는 전체사(*ta katholou or koine historia*)'를 기술한 역사가가 서력 기원전 200년경에서 출생하여 118년경에 죽은 것으로 추정되는 폴리비오스다.[18] 그는 『역사(*Historiae*)』의 서두에서 "로마인은 어떤 수단과 정치 체제로, 채 53년도 안 되는 기간에, 인간이 사는 세계 전부를 그들의 단일 지배하에 둘 수 있었을까? 과연 이것을 알고자 하지 않을 만큼 어리석고 게으른 자들이 있을까?"(I, 1, 5)라는 질문을 제기했다. 그는 역사 서술의 범위를 지역에서 세계로 확장했을 뿐 아니라 한 사건의 원인을 탐구하는 사건사를 넘어 역사의 반복을 낳는 구조적 요인을 해명할 목적으로 역사의 유형을 정식화했다. 그는 모든 정치체는 원시 군주정에서 출발하여 왕정→참주정→귀족정→과두정→민주정→폭민 정치로 이어져 해체됨으로써 다시 원시 군주정으로 순환한다고 보았다. 그런데 로마는 이 여섯 개의 정체 가운데 좋은 것들인 왕정, 귀족정, 민주정의 장점을 집정관(consul), 원로원, 민회로 혼합하여 상호 의존과 견제와 균형을 이루는 가장 이상적인 정체를 성립시킨 덕분에 세계 제국으로 도약할 수 있었다는 것이다. 그는 이 같은 유형론에 입각하여 역사의 순환을 파악함으로써 역사의 교훈을 얻고자 했다. 그는 정치 활동을 위한 가장 좋은 교육과 훈련은 역사이며, 운명의 변천을 용감히 견뎌 내는 법을 배우는 가장 확실하고 유일한 방법은 역사 속 다른 사람들의 재난을 돌이켜 보는 것이라고 믿었다. 이 같은 교훈적인 역사 서술 방식을 그는 '*pragmatike historia*'라고 이름 붙였고, 이는 근대 역사학이 재발견한 '실용적 역사(pragmatic history)'의 원형에 해당한다.

폴리비오스는 로마가 세계 제국이 된 것이 우연이 아닌 충분한 이유가 있었다는 것을 합리적으로 해명할 때 역사의 교훈을 얻을 수 있다고 생각했다. 하지만 그가 진정으로 인간사와 국가의 흥망성쇠를 합리적으로 설명할 수 있다고 믿었는가? 그 역시 인간사에 의도적으로 개입하는 초월적인 힘을 지칭하는 티케라는 단어를 빈번하게 사용했다. 이는 그가 창시한 *pragmatike historia*의 방법과 목표와 모순된다. 그는 과연 이 같은 자기모순을 몰랐을까?

김경현 교수에 따르면, 폴리비오스가 쓴 티케의 용례는 세 개의 범주로 나뉜다.[19] 첫째는 자연 현상 또는 예상치 못한 인간 행위에 의해 발생하는 갑작스러운 사태 변화를 기술할 때 사용하는 원인론적 티케다. 둘째는 인간의 오만에 대한 징벌을 지칭하는 도덕적 티케다. 셋째는 개인보다는 국가, 종족 또는 세계 전체의 차원에 적용되는 섭리적 티케다. 앞의 두 유형의 티케가 작은 도시 국가로 출발한 로마가 어떻게 세계 제국으로 성장했는지를 인과적으로 설명한다면, 섭리적 티케는 로마가 세계를 하나로 통합하는 전대미문의 제국을 이룬 목적이 무엇이었는지를 말한다. 부분적 역사들의 총합으로서 전체사 또는 세계사의 문제의식을 가진 폴리비오스는 목적론적인 문제를 섭리적 티케로 풀었다. 그는 "티케가 거의 모든 세상사를 한 방향으로 이끌고, 하나의 동일한 목표를 향해 지향하도록 만들기 때문에, 역사가는 티케가 그 목적을 달성하는 방식을 포괄적인 전망 속에서 독자들에게 보여 주어야 한다."(I, 4, 1)라고 말했다. 그는 동시대의 어떤 역사가도 하지 않은 이 같은 보편사적인 역사 서술을 시도했다는 것을 자기 저서의 특성이라고 자부했다.

국가의 흥망성쇠는 피할 수 없는 운명이다. 로마도 예외는 아니다. 폴리비오스는 카르타고 시의 파괴를 목도하면서 언젠가는 로마도 멸망하리라는 생각을 했다. 그렇다면 인간은 *pragmatike historia*의 유형론으로부터 무엇을 배울 수 있는가? 섭리적 티케란 관념은 인과론에 의거한 역사적 설명의 한계 지점에서 제기되었다. 고대의 역사가들은 어떻게 그런 사건이 벌어졌는지에 대한 원인에 대한 탐구를 했지만, 무엇을 위해 그것이 일어났는지에 대한 의미 문제(Sinnfrage)를 다루지는 않았다. 영원할 것 같던 로마 제국이 멸망하자 세상의 종말이 일어나는 것과 같은 일대 혼란이 일어났다. 이런 위기 상황에서 역사의 목적과 의미에 대한 성찰은 더 이상 외면할 수 없게 됐다. 따라서 이전에 합리적 설명의 한계로부터 나타나는 '기계 장치를 타고 나타난 신(*deus ex machina*)'과 같은 의미로 이해됐던 섭리적 티케는 로마의 멸망이 초래한 가치의 아노미 상황을 맞이하여 목적론적으로 의미가 전환되었다.

이것을 성취한 사람이 아우구스티누스다. 그는 로마가 기독교 때문에 멸망했다는 인과론적 해석에 대항하여 기독교를 세계 종교로 만들기 위해 신이 로마라는 지상의 왕국을 존재케 했다는 목적론적인 역사 이념을 제시했다. 그리스인들은 신을 술어적 의미로 사용했다. 그들에게 신은 "세계 현상에 대한 이행의 수단이었으며, 동시에 자연이나 인간 본성 및 인간관계에서 찾을 수 있는 영원하고 불변적인 것, 소멸하지 않는 것, 인간 이상의 것으로 보이는 것들"을 지칭할 목적으로 필요에 의해 '만들어진 신'이었다.[20] 이에 비해 기독교의 신은 주체로서 역사 그 자체가 신의 작품으로 간주됐다. 아우구스티누스는 역사를 신에 의한 세계 창조와 최후의 심판 사이에 전개되는 신의 국가와 지상의 국가 사이의 대립의 드라마로 이해하고, 로마 제국의 멸망이란 이 같은 역사 드라마의 단막극에 불과하다고 주장했다. 인류가 도덕적 성장 과정을 겪고 자기완성의 길을 가는 것이 역사의 목적이며, 이 같은 진보의 과정 속에 우연은 없으며 모든 것은 신의 섭리라는 것이다. 이처럼 고대인들이 우연으로 여겼던 티케가 필연적인 신의 섭리로 의미의 전환이 일어나는 시대가 중세라면, 다시 신의 섭리 대신에 이성을 역사를 움직이는 이념으로 재인식하는 시대가 근대다.

3   동아시아 역사 이념의 탄생, 천명

동아시아에서 역사의 아버지는 서력 기원전 145년경에 출생하여 86년경에 죽은 사마천이다. 동양 역사의 아버지가 서양보다 거의 350년 늦게 태어난 셈이다. 그렇다면 서양이 동양보다 역사의식과 역사 서술에서 앞섰다고 말할 수 있는가? 중요한 것은 시간적 격차가 아니라 그리스와 중국의 문화적 전통과 역사 이념의 차이다. 동서양 역사의 두 아버지는 각기 호메로스와 공자라는 거인의 어깨 위의 난쟁이라는 자의식으로 역사를 써서 최초의 역사가가 되었다. 근대 학문 분류로 호메로스가 문학의 시조라면 공자는 동아시아 철학의 태두다. 서구에서는 문학에서 역사가 분리됐고, 동아시아에서는 경(經)으로부터 사(史)가 독립했다.

사마천은 공자의 『춘추(春秋)』를 모범으로 『사기(史記)』를 집필했다. 공자는 주(周)나라의 예(禮)가 쇠퇴했다는 문제의식으로 『춘추』를 저술했다. 그는 노나라 재상이 되어 바른 정치를 펴고자 했지만 실패하고, 현실 정치의 좌절에 대한 보상으로 『춘추』를 썼다. 『춘추』를 통해 당대에 충족시키길 원했던 기대를 그가 이상 사회로 여긴 과거에 투사함으로써 정치적 비전을 제시한 것이다. 이 책은 주의 질서를 기준으로 삼아 노나라 242년 동안의 제후들의 행동을 포폄하는 방식으로, 과거를 심판하고 이를 통해서 온고지신(溫故知新)의 현재적 교훈을 얻으며 더 나아가 미래의 결과를 예측하는, 춘추필법(春秋筆法)이라는 불리는 동아시아 역사 이념의 원형을 제시했다.

그런데 왜 『춘추』는 중국 최초의 역사서로 말해지지 않는가? 그것은 『춘추』가 역사적 내용을 담고 있지만 형식은 편년체의 연대기에 머물렀기 때문이다. 편년체에는 이야기들은 있지만 서사가 없다. 사건을 나열할 뿐 플롯이 없는 편년체는 공자가 말한 술이부작(述而不作)을 가장 충실히 실현할 수 있는 역사 형식이다. 『춘추』는 하늘의 뜻을 전달하는 신성 문자로 기록된 연대기로 역사서 이상의 의미를 함축했다. 예컨대 『춘추』의 첫 문장은 "元年. 春. 王正月"이다. 이 문장은 하나의 기호처럼 해독되어야 한다. 여기서 元年이란 통치자의 첫해를 지칭한다. 중국에서 역사의 연대는 천제(天帝)를 대변하는 통치자의 연호로 기록된다. 春이란 그해의 첫 계절이다. 王正月는 문자 그대로는 왕의 첫 번째 달을 뜻하지만, 이는 주 왕조로 천하가 통일됨과 동시에 올바른 달이 시작됐다는 것을 강조하는 표현이다. 따라서 이 문장은 천명을 받아 정월을 바로잡고 예악을 새로 제정했던 주 문왕이 왕조의 정통성을 우주적 질서에 입각하여 수립하는 '대통일'을 했다는 의미를 함축한다. 이 같은 『춘추』의 서술 방식은 플롯 구성에 의한 서사가 아니라 일종의 기호의 해석학이다.

이 같은 기호 해석학으로서 역사 서술 양식은 매체가 한자라는 표의 문자였기 때문에 가능했다. 그리스에서 최초의 역사 서술이 구술 문화에서 문자 문화로의 이행과 더불어 탄생했듯이, 중국의 역사 기록은 한자라는 문자의 발명과 불가분의 관계를 가진다. 史라는 글자의 어원에 대해서는 여러 해석이 있지만, 유력한 해석 가운데 하나가 손으로 中을 잡고 있는 형상에서 유래했다는 것이다. 여기서 中이란 장부의 일종으로, 오늘날 기관에서 분류 보존하는 문서와 같은 것이다. 이 같은 맥락에서 "史의 기원이 문자 해독 능력자 또는 기록자였을 가능성"은 충분하다.[21] 원래 한자는 지배 집단이 하늘과 소통하는 통신 수단으로서 신성한 매체의 성격을 가졌다. 그런 한자가 지배 집단의 전유물에서 해방되어 국가 행정과 의사소통의 매체로 사용되기 시작한 것이 고대 국가 형성에 결정적 기여를 했다. 이 과정에서 주 왕실에서 청동 예기(禮器)에 새겨진 금문(金文)을 담당했던 史가 독자적인 기반과 기능을 가진 관리 집단으로 성장할 수 있었다.[22]

중국의 학문과 사상은 한자를 매개로 해서 천인상관론(天人相關論)에 입각해서 발전했다. 한자라는 매체의 기능 변화에 따라 문화의 주도 세력이 巫-史-君子로 바뀌었다.[23] 은대 갑골문으로 점을 쳐서 하늘의 뜻을 묻는 일을 했던 정인(貞人)이 巫라면, 정복 국가였던 은

동서양의 역사관

과는 다르게 여러 정치 집단의 연합으로 수립된 주의 史는 금문을 통해 제사 의례의 정당성을 확보하는 소명으로 주 왕실의 정통성을 지키는 역할을 했다.[24] 원래 지배 집단이 하늘과 소통하는 통신 수단으로 기능했던 한자가 춘추 전국 시대를 거치면서 구체적인 정보와 지식을 전달하고 저장하는, 공동체 구성원들이 사용하는 매체로 바뀌었다. 하나의 영물(靈物)로 숭배된 한자가 대상체를 표상하는 매체로 기능이 바뀜으로써 학술로서 경학(經學)이 탄생했고,[25] 이와 더불어 군자를 이상적인 인간형으로 추구하는 유교가 성립했다. 이런 유교의 정전이 되는 공자가 산술(刪述)했다고 전하는 육경 가운데 하나가 『춘추』다.

공자가 『춘추』를 쓴 지 500년이 지난 후 사마천이 『사기』를 집필했다. 사마천은 집필 동기를 이렇게 썼다. "나의 선친께서는 '주공(周公)이 죽은 뒤 500년 만에 공자가 태어났다. 그리고 공자가 서거한 뒤 오늘에 이르기까지 다시 500년이 흘렀다. 과연 어떤 사람이 나와 성세(盛世)를 계승하고 『역전(易傳)』을 정리하며 위로 『춘추』를 잇고 시(詩), 서(書), 예(禮), 악(樂)의 정화를 소화시킬 수 있겠는가?'라고 말씀하셨다. 내가 어찌 이 역사적 중임을 사양할 수 있겠는가?"[26]

사마천의 『사기』가 "사건을 빌려 원리를 설명한다.(借事明義)"라는 것은 『춘추』와 같다. 하지만 『사기』는 편년체가 아닌 기전체라는 새로운 형식으로 서술됐기 때문에 동아시아 최초의 역사서로 말해진다. 『춘추』가 글자를 조작해서 사상을 전달하는 방식이라면, 『사기』는 구체적 사례를 통해서 원리를 제시했다. 사마천은 『사기』에서 구현하고자 했던 역사 이념을 "하늘과 인간의 관계를 연구하고, 고금의

변화를 통달하여, 한 학파의 학설을 이루려는 데 있다."라는 한 문장으로 표현했다.[27]

사마천에게 역사는 천명(天命)이 구현되는 과정이었다. 천명은 그리스의 역사 서술에서 티케에 해당한다. 하지만 티케는 합리적 설명이 불가능한 것을 보완하는 술어의 기능을 했지만, 천명은 역사의 주체이자 목적이었다. 사마천은 개인적으로 의로운 일을 하다가 한 무제의 노여움을 받아 궁형을 당하는 불행을 겪은 사람이다. 그런 그에게 어떻게 역사가 천명이 구현되는 과정이었을까? 이 같은 물음을 화두로 삼고 그는 『사기』를 집필했다.

『사기』의 백미는 전체 130권 가운데 반 이상을 차지하는 「열전」이다. 「열전」의 맨 앞에 나오는 「백이열전」은 역사에 대한 사마천의 문제의식을 가장 선명하게 보여 준다. 주의 무왕이 은을 전복하고 천하를 평정하자 백이와 숙제는 수양산에 도주하여 고사리로 연명하다 굶어 죽었다. 그렇다면 역사에서 정의가 승리하지 못함에도 천명의 실재를 믿어야 하는가? 악인은 행복하고 선인은 불행한 현실의 모순에도 하늘의 도가 정의롭다고 말할 수 있는 근거는 무엇인가?

현실 세계에서 정의가 실현되지 않는 모순을 사마천은 역사를 쓰는 것으로 극복하고자 했다. 그는 현실에 나타난 불합리와 부조리를 역사로 기록함으로써 현실보다 더 깊은 차원의 천도가 역설적으로 구현될 수 있다고 믿었다. "공자는 이렇게 말했다. '도가 같지 않으면 일을 도모하지 않는다.' 이는 각기 자신의 뜻을 좇아서 행해야 함을 이른 것이다. 그래서 공자는 또 이렇게 말했다. '만약 부귀를 뜻대로 얻을 수 있다면 비록 마부가 될지라도 나 역시 그 짓을 하겠으나, 얻을 수 없다면 내가 좋아하는 것을 따르겠다.' '추운 겨울이 되어서야 소나무와 잣나무의 잎이 변하지 않음을 안다.'"[28]

여기서 소나무와 잣나무가 바로 백이와 안연과 같은 성인이다. 추운 계절이 도래해야 소나무와 잣나무가 여여(如如)하게 있음을 깨닫듯이 현실의 불의와 부조리 속에서도 절개를 굽히지 않는 그들이 있었기에 역사에서 하늘의 도가 작동하고 있음을 안다. 진흙 속에서 핀 연꽃처럼 현실의 어려움과 모순을 딛고 일어난 위대한 사람들의 빛나는 이름을 기록하는 것이 청사(靑史)다. 사마천은 백이와 같은 의로운 사람의 삶의 기록을 후세에 전함으로써 현실의 불합리함을 역사로써 보상하고자 했다. 인간 삶은 일회적이며 순간적인 존재의 가벼움이지만, 천도는 영원불변한 무거움이다. 현실의 '참을 수 없는 존재의 가벼움'으로 고뇌하는 우리를 구원에 이르게 하는 것은 하늘이 부여한 무거운 짐이다. 사마천은 "사람은 누구나 한번 죽지만 어떤 죽음은 태산보다 무겁고 어떤 죽음은 새털보다 가볍다."라고 했다.[29] 이렇게 그는 천도라는 무거움으로 우리 삶의 가벼움을 보상하고자 했고, 그 탐구의 기록을 남기는 것을 역사의 이념으로 설정했다.

천도와의 소통을 통해 인간 존재의 의미를 성찰하는 사마천의 역사 이념은 전통 시대 동아시아인들에게 '청사에 빛나는 것'을 삶의 목적으로 만들었다. 살아서 얻은 영광과 부귀는 죽은 후 역사에 이름을 남기는 것에 비하면 하찮은 것이었다. 역사에 악인과 반역자로 낙인찍힘으로써 후손들에게 부끄러운 이름을 남기는 것이 가장 큰 수치로 여겨졌다. 이런 동아시아인들에게 역사의 평가는 기독교인들이 사후 받는다고 믿는 신의 심판을 의식하면서 사는 것과 같은 효과를 발휘했다.

초월적인 신 대신에 삶의 심판자의 역할을 했던 역사는 전통 시대 중국인들에게 모든 인간사를 하늘에 보고하는 기록으로서의 의미를 가졌다. 그들은 역사를 후세에 전달되어야 할 문화 가치의 총괄로 여겼고, 그래서 중국은 역사 기록이 가장 풍부한 문명체가 되었다. "나라는 멸망할 수 있어도 역사는 없어져서는 안 된다."[30]라는 역사에 대한 신앙은 한 왕조가 무너지고 새 왕조가 건국되면 전 왕조에 관한 표준적인 역사를 황제의 명령으로 편찬하는 정사의 전통을 확립시켰다. 중국에는 표준적인 왕조사인 24부 3000여 권에 달하는 정사 이외에 개인적으로 집필된 역사서가 무수히 남아 있다.

한국사에서 사마천의 역사 이념을 가장 충실히 구현한 왕조가 조선이다. 조선 왕조가 500년 넘게 존속할 수 있었던 생명력은 임진왜란과 같은 국난 속에서도 『조선왕조실록』을 지켜 내고 실록 편찬을 멈추지 않았던 투철한 역사의식에서 유래했다고 말할 수 있다. 『조선왕조실록』은 조정의 일들을 기록하는 단순한 연대기적 역사의 의미를 넘어서 왕과 신하로서 현존재의 존재 방식을 규정하는, 하이데거가 말하는 '역사성'의 기호로 작동했다. 실록을 편찬하는 사관을 제외하고 왕은 물론 어느 누구도 볼 수 없다는 것이 신격화의 효과를 낳았다. 궁극적으로 기억되는 것은 『조선왕조실록』에 실리게 될 자신에 관한 기록이라는 사실로부터 조선의 왕들은 역사에 대해 외경을 가졌다. 그들에게 역사는 볼 수는 없지만 엄연히 존재해서 자신들의 삶을 규제하는 '숨은 신'이었다.

동서양의 역사관

4 근대의 역사 이념, 만드는 역사

"역사란 삶의 스승(*historia magistra vitae*)"이라는 것은 전통 시대 동서양이 함께 공유했던 역사 이념이었다. 이 말을 처음으로 한 사람은 로마의 사상가 키케로다. 그는 "참으로 역사란 시대의 증인이요, 진리의 등불이고, 기억의 생명이자, 고대의 전달자이다."라고 했다.[31] 이 같은 역사 이념은 과거의 사례를 현재적 삶의 전범으로 삼는 것을 넘어서 동아시아에서는 천명의 발현으로 역사를 신격화했다. 이러한 전통 시대 역사 담론이 종말을 고하는 것은 집합 단수 명사로서의 역사 개념이 출현하는 근대에 이르러서다. 근대 이전에 역사라는 말은 헤로도토스, 투키디데스, 그리고 폴리비오스의 책 제목이 '*Historiai*'인 것처럼 주로 복수로 사용되었다. 서양에서 단수로 쓰이는 '역사'라는 추상 명사는 18세기 후반 이전까지는 매우 낯선 것이었다. 근대 역사학의 아버지라고 불리는 랑케(Leopld von Ranke)도 1824년 출간한 첫 번째 학문적 저작인 『1494년부터 1535년까지 로마와 게르만 민족의 역사들(*Geschichten der rormanischen und germanischen Voelker von 1494 bis 1535*)』에서 역사를 복수로 사용했다. 랑케의 책 제목처럼, 역사라는 말은 단독으로 쓰이지 않고 서술의 대상(무엇에 대한)과 범위(언제부터 언제까지) 그리고 경험의 주체(누구의)와 연관된 복수가 일반적인 사용법이었다.

서양 역사 개념의 변화 과정을 연구한 독일의 역사가 코젤렉(Reinhart Koselleck)은 1780년경 이후로부터 집합 단수로서 '역사'라는 말이 본격적으로 나타난 것의 의미를 밝혀냈다. 집합 단수 명사로서 역사 개념은 독일어 Geschichte로 표현되는 과거에 일어났던 사건과 영어 history로 대변되는 그에 대한 기록이라는 역사의 이중적 의미를 거대 담론 역사(the History)로 통합함으로써, 전통 시대와 결별하는 새 역사를 창조한다는 근대의 시대정신을 대변하는 대표적인 개념이 되었다.

인류 전체의 과거에 하나의 세계사적 특성을 부여하는 거대 담론 역사는 지나간 과거에 대한 모든 이야기들을 포괄하면서 동시에 인류가 실현해야 할 미래의 비전을 하나로 통합시켰다. 이에 따라 역사는 더 이상 순환하는 것이 아니라 앞으로 나아간다는 진보 사관이 나타났다. 진보로서 역사는 근대인들에게 과거의 전통에서 벗어나 미래의 새 역사 창조로 나아갈 것을 명령함으로써 자기 시대를 끊임없는 변화와 혁명의 시대로 만들었다. 이 같은 근대의 역사 이념은 역사의 종말, 곧 지상에서의 역사의 궁극적 완성을 추구했다.

역사를 과거로부터 교훈을 얻는 범례의 집합소가 아니라 과거를 부정하고 앞으로 나아가는 운동 개념으로 바꾸는 데 크게 기여한 것이 계몽사상이다. 계몽이란 칸트의 정의처럼, "자기 자신이 책임이 있는 미성숙으로부터의 벗어남"이고, 이 같은 계몽의 빛을 비추는 등불로 계몽 사상가들이 발견한 것이 이성이다. 따라서 거칠지만 간단히 정리하면, 서양에서 역사를 추동하는 힘은 고대에서는 티케, 중세에서는 신의 섭리 그리고 근대에서는 이성으로 바뀌었다.

근대의 거대 담론 역사를 인류가 실현시켜야 할 보편사적 목표로 정식화한 유명한 글이 칸트가 1784년에 발표한 「세계 시민적 관점에서 본 보편사의 이념(*Idee zu einer allgemeinen Geschichte in weltbuergerlicher Absicht*)」이다. 과거에 대한 기록으로서 역사는 언제나 불완전할 뿐만 아니라, 미래를 향해 항상 열려 있다. 그래서 개별적인 사건들을 연구하는 역사가들은 총체적인 역사에 대한 인식에 도달할 수 없다. 칸트는 경험적 역사가들이 연구하는 잡다한 역사들을 포괄하며 그것들의 방향성과 궁극적 의미를 제시하는 이데아(idea)로서 보편사적 역사 이념을 상정했다. 동물은 본능에 따라 행동한다. 하지만 인간은 이념의 나침반에 의거해서 자연이 부여한 목적을 의식적으로 실현해 나갈 수 있기 때문에 동물과는 다르게 자연사가 아니라 인간사, 곧 역사를 가진다는 것이다.

칸트는 인간을 보편사적 목표를 실현하는 주체로 전환시키는 역사 이념의 '코페르니쿠스적 전회'를 성취했다. 그의 보편사적 목표는 한마디로 "이성적인 것이 역사적인 것이 되어야 한다."로 정식화 할 수 있다. 보편사적 이념을 현실로 실현시키기 위해 칸트는 '이성 안의 역사'를 추구했다. 이에 반해 "현실적인 것이 이성적인 것이다."라고 말했던 헤겔은 '역사 속의 이성'을 규명하는 역사철학을 정립했다. '이성의 역사화'를 추구한 칸트와는 정반대로 헤겔은 '역사의 이성화'를 꾀했다. 이런 헤겔의 역사 이념을 추동하는 원리가 '이성의 간지(奸智)'다. 역사가 '이성의 간지'에 따라 전개되기 때문에 "세계사는 세계 법정"이라는 것이다.

헤겔은 인간 역사를 정신의 자유를 실현하는 과정으로 파악했다. 하지만 마르크스는 이성과 정신이란 물질적 현실 내지 조건의 반영물이라고 주장했다. 그는 지금까지 존재했던 모든 사회의 역사가 생산력과 생산관계의 모순으로부터 생겨나는 계급 투쟁의 역사라는 테제를 통해 헤겔의 관념론적 역사철학을 유물론적으로 전도시켰다. 그는 역사를 해석하는 것이 아니라 변화시킬 수 있는 실천을 위한 역사 이념을 정립하고자 했다. 티케-신의 섭리-이성 내지는 정신으로 이어졌던 역사 이념을 결정하는 핵심 요인은 마르크스의 역사적 유물론에 의해 생산 양식과 계급 투쟁으로 바뀌었다. 그는 인간의 모든 정신적이고 물질적인 활동을 합법칙적으로 설명하는 것이 역사이며, 그렇기 때문에 역사만이 세계를 변화시킬 수 있는 유일한 과학이라고 주장했다.

5 탈근대 역사의 종말과 역사 이념의 빅뱅

새로운 밀레니엄을 앞둔 20세기 말 인류는 두 가지 정반대의 의미로 진보로서 역사의 종말을 맞이했다. 첫째, 프랜시스 후쿠야마는 소련과 동유럽 사회주의 국가들의 멸망과 함께 서방의 자유 민주주의가 승리함으로써 진보의 과정으로서 역사가 완성되는 역사의 종말에 이르렀다고 주장했다. 하지만 냉전 이후의 세계사는 한 방향으로 수렴하는 질서가 아니라 '문명의 충돌'과 같은 혼돈에 빠짐으로써 후쿠야마의 전망은 틀린 것으로 판명 났다.

둘째, 지구 온난화와 생태계 파괴는 진보로서 역사에 대한 가치의 전도를 낳았다. 오늘날 인류에게 진보는 모든 인류가 추구해야 할 보편사적 목표가 더 이상 아니며, 지금까지 인류가 이룩한 문명의 바벨탑을 한순간에 무너뜨릴 수 있는 위험 요인(risk)을 내재한 것으로 재인식되고 있다. 미래 역사의 진보를 위해 현재 인간의 삶을 희생할 것을 강요하는 근대 거대 담론 역사는 '인간의 역사'가 아니라 '역사의 인간'을 주장했다. 이 같은 역사 이념은 인간을 역사의 주체가 아니라 역사에 복무하는 노예로 전락시키는 '계몽의 변증법'을 초래했다. 이에 대한 반성으로 '아래로부터의 역사'의 기치를 들고 나타난 역사 서술이 미시사다.

'아래로부터의 역사'가 등장하는 배경에는 프랑수아 리오타르 (Jean-François Lyotard)가 거대 담론의 종말이라고 특징지었던 탈근대라고 불리는 시대정신이 있었다. 우리의 현실과 세계가 불투명하고 불확실해지면 질수록, 종래의 거시적인 인식 패러다임에 대한 회의는 점점 커졌다. 대안을 모색하려는 노력으로 작은 것들 또는 미시 세계들에 대한 관심이 증대했다. 따라서 역사 현실의 소우주를 현미경적으로 관찰하여 큰 것들 위주로 서술된 '위로부터의 역사'의 이념이 은폐하고 배제한 '역사들'을 발굴하려는 미시사가 등장했다.

종래의 역사학은 연구 대상과 연구 관점은 비례한다고 믿었다. 물론 큰 시야로 봐야 넓게 볼 수 있으며, 높이 난 자가 멀리 볼 수 있다. 하지만 미시사가 주장하는 것은 연구하는 대상이 작다고 연구의 성과물도 작은 것은 아니라는 점이다. 중요한 것은 대상의 크고 작음이 아니라 작은 대상에서도 큰 의미 연관을 발견해 낼 수 있는 시각이다. 미시사는 거대 담론 역사의 해체를 통해 카오스 이론이 '나비효과'라고 지칭한 것과 같은, 작은 '역사들'이 촉발한 중대한 변화들을 규명하고자 했다.

21세기 역사학의 화두 가운데 하나가 유럽 중심주의 극복이다.

이 문제를 화두로 해서 터키 태생으로 중국 현대사를 전공한 아리프 딜릭은 1999년 「유럽 중심주의 이후 역사학은 존재하는가」라는 논문을 발표했다.[32] 세계의 지역을 나누고 시대를 구분하고, 그리고 사회 변동을 설명하는 거의 모든 개념은 유럽의 근대 역사학이 만든 것이다. 역사학이란 학문 자체가 유럽 중심주의라는 기의(signified)를 내포하고 있는 '근대의 기호(a sign of the modern)'로 만들어진 것이라면, 유럽 중심주의 바깥에서 역사를 연구하고 서술하는 것이 어떻게 가능할 수 있는가?

이 같은 문제의식으로 탈식민주의와 지구사라는, 겉보기에는 상반된 새로운 역사 서술이 나타났다. 탈식민주의는 중심으로서의 유럽을 해체하여 유럽을 지방화하고 유럽적인 것의 혼종적 기원을 밝히는 작업에 집중한다.[33] 이에 반해 지구사는 전지구화되고 있는 현실에 대한 역사학적인 대응으로 나타난 새로운 세계사다.[34] 역사 현실은 지구 상의 거의 모든 인류가 국가의 경계를 넘어 하나의 '지구촌'에 살게 된 시대로 변모한 반면, 역사학적으로는 유럽 중심주의적인 세계사를 극복할 수 있는 대안을 모색해야 한다는, 통합과 해체의 모순을 지양한다는 문제의식에서 지구사가 탄생했다. 결국 이 둘을 변증법적으로 종합할 수 있는 역사 이념으로 탈식민주의에 기초한 '아래로부터의 지구사'가 등장했다.[35] '아래로부터의 지구사'는 민족 국가의 구성원으로서 개인(the individual)이나, 근대나 세계화와 같은 보편을 전제로 하는 특수(the particular)가 아니라, 특이성(the singular)을 의미 단서로 하여 대립적인 차이(difference)가 아니라 관계적인 차연(différance)을 해명하고자 한다.

역사란 인간 삶에 대한 탐구의 기록이다. 서두에서 말했듯이 인간만이 자기 삶의 족적에 대한 탐구를 하는 역사적 존재(*Homo Historicus*)다. '참을 수 없는 존재의 가벼움'을 극복하려는 인간적인 노력이 인간의 역사에 대한 이념을 만들었다. 인류는 역사를 통해 서양의 헤로도토스와 동양의 사마천 이래로 수많은 역사 이념을 만들어 왔다. 그러한 역사 이념들이란 결국 폴 고갱의 그림 제목처럼 "우리는 어디서 왔고, 우리는 무엇이며, 어디로 가는가?"라는 세 가지 질문에 대한 여러 형태의 답이다. 이 세 가지 질문에 대한 답을 어떻게 구성하느냐에 따라 수많은 다양한 역사가 서술되었다. 역사라는 서사를 구성하는 요소는 인간, 시간, 공간이다. 역사의 삼간(三間)이라 부를 수 있는 이 셋을 어떻게 다르게 구성하느냐에 따라 수많은 역사 이념이 나오고 다양한 역사들이 쓰일 수 있다.

인간, 시간, 공간이라는 역사의 삼간을 어떻게 조합하여 어떤 역사를 쓰느냐는 궁극적으로는 "우리는 어디서 왔고, 우리는 무엇이며, 어디로 가는가?"에 대한 사고의 틀을 어떻게 설정하느냐에 달려 있다. 가장 큰 사고의 틀을 가질 때 가장 큰 역사에 대한 이념과 역사 서술이 나올 수 있다. 데이비드 크리스천(David Christian)에 의해 1980년대 세계 역사학계에 처음 등장한 빅 히스토리(Big History)는 "우리는 어디서 왔고, 우리는 무엇이며, 어디로 가는가?"에 대한 사고의 지평을 우주의 차원으로까지 확대한다.[36] 거대사는 137억 년 전 빅뱅(Big Bang)에서 45억 년 전 태양계의 형성, 25만 년 전 호모 사피엔스의 등장 이후 현대에 이르기까지 인류 역사의 시공간을 우주라는 가장 큰 범주로 확대하여 고찰함으로써 우주 안에서 인간의 위치와 인류 역사의 우주적 본질에 대해 성찰하는 역사를 쓰고자 한다.

빅 히스토리 관점으로 볼 때, 우리는 우주에서 왔다가 다시 우주로 간다. 나라는 존재는 비록 우주의 먼지이지만, 내 나이는 137억 년 전 빅뱅으로 생겨난 우주와 동갑이다. 이 같은 빅 히스토리를 과연 역사라고 볼 수 있는가? 역사학을 넘어 철학, 생물학, 물리학, 천문학 등 이 세상에 존재하는 모든 지식을 총망라하는 빅 히스토리는 역사 이념의 빅뱅이다.

인류가 문명사적 패러다임의 전환에 직면해 있다는 것이 역사 이념의 빅뱅이 일어나는 이유이며 배경이다. 산업 혁명 이후 인류는 또다시 성장의 마의 벽을 뚫는 문명사적인 '특이점'에 이를 것인가, 아니면 자연의 복수 또는 신의 징벌로 문명의 해 질 녘에 도달할 것인가? 계속 질주하는 과학 기술은 장차 사이보그나 복제 인간과 같은 새로운 인류의 종을 만들어 내는 '포스트 휴먼 시대'를 도래시킬 전망이다. 이언 모리스(Ian Morris)는 인류를 구할 터미네이터가 어디까지나 역사가라고 주장했다. 왜냐하면 "역사가만이 사회 발전의 거대한 서사를 모을 수" 있으며, "역사가만이 인류를 나누는 차이점을 설명하고, 그러한 차이가 우리를 파괴하는 것을 어떻게 막을 수 있는지 설명할 수" 있기 때문이라는 것이다.[37] 하지만 오늘날 역사학이 그 역할을 수행하기 위해서는 거대사처럼 생물학, 물리학, 사회학, 경제학, 지리학, 지질학, 천문학, 철학, 종교학 등 모든 학문을 통섭할 수 있는 역사 이념을 제시해야 한다.

오늘의
한국 종교[1]

종교와 역사

정진홍

서울대학교 명예교수

1 역사와 당대 인식

당대를 기술하는 일, 그리고 그것을 통해 당대를 진단하는 일, 그래서 그 당대의 의미를 밝히는 일은 당대를 사는 주체에게 당연하게 주어지는 과제이다. 그리고 그러한 작업은 그 과제를 수행하는 주체가 당대의 현상과 직접적으로 만나고 있다든가, 그 당대의 정황 속에 현존한다는 사실 때문에 아무런 방법론적인 어려움을 야기하지 않으리라고 예상한다. 그러나 인식을 위해 요청되는 최소한의 거리를 확보하지 못할 때, 사물에 대한 인식은 인식이 아니라 즉각적이거나 직접적인 반응에 그치게 된다. 우리는 이러한 반응을 하고 있으면서도 이를 당대에 대한 인식으로 여기곤 한다. 그러나 그러한 반응마저 포함한 채 기술되는 것이 당대인 한, 이를 인식이라고 할 수는 없다. 그렇다면 당대에 대한 당대의 인식이란 사실상 불가능한지도 모른다.

만약 당대가 '문제'로 의식되어 당대를 인식하고자 하는 의도가 일었다면 그것은 이미 일정한 어떤 인식의 거리가 본연적으로 당대인의 당대 경험 안에 구조화되어 있음을 시사(示唆)하는 것이기도 하다. 그렇다면 우리는 당대인의 당대 인식을 기대할 수도 있다. 이른바 '역사적 접근'은 그러한 가능성이 실현될 수 있음을 보여 주는 구체

오늘의 한국 종교

적인 예이다. 이를테면 우리는 시간을 이어 흐르면서 당대에 이른다. 그러므로 과거는 여전히 소멸되지 않고 지금 여기의 삶 주체의 의식에 살아 있다. 그렇다고 해서 '지난 경험'이 현실로 현존하는 것은 아니다. 그럼에도 불구하고 우리는 시간의 맥락에다 당대를 위치 지우고, 과거를 서술 준거로 하여 당대와 견줌으로써 그 당대를 올연하게 드러낸다. '과거를 회상하여 현재를 비교하면……'이라는 것을 당대 인식을 위한 서술의 '도입 틀'로 삼는 것이다. 역사적 접근은 당대 인식을 가능하게 하는 본연이라고 여길 만하다.[2]

그러나 우리는 이 방법에서 언제나 난제에 직면한다. 시간의 맥락을 인과(因果)의 맥락으로 환원하기 때문에 당대는 필연적으로 '인식 주체가 선택한 과거의 결과'로 서술된다. 그러나 원인으로 환원된 과거는 그렇게 단순화할 수 없는 복합적 실재다. 그런데도 우리는 '선택한' 어떤 사실만을 개념화하여 이를 원인으로 설정하고, 당대를 그 원인에 상응하는 실재로 기술한다. 그러므로 역사적 접근에서 일컫는 과거는 실은 지금 여기에서 우리가 '해석한 실재'이다. 따라서 이 경우, 결과적으로 당대를 인식하고 규정하는 것은 과거가 아니라 과거에서 비롯한, 그러나 지금 여기에서 빚어진, 하나의 '개념적 실재'이다. 그러므로 역사적 접근을 통해 당대에 대한 인식을 의도하는 것은 이미 당대를 살아가는 삶의 주체에 의하여 '개념화된 과거'를 당대에 투척하고 그 개념에 상응하는 것만을 당대의 실재로 여기는 것과 다르지 않다. 따라서 '당대와의 만남'은 현실성을 갖지 못한다. 당대의 주체가 '당대를 빚는 일'만이 가능하다. 이에 의하면 설명할 수 없는 당대란 없다. 있을 수밖에 없는 당대가 있을 뿐이다. 그러므로 비록 당대에 대한 물음을 던진다 해도 그 물음은 이미 자체 안에 해답을 안고 있다. 따라서 역사적 접근은 실은 당대의 삶의 주체가 '선택한 과거'를 좇아 당대에 대한 수많은 다양한 인식을 펼친다. 어떤 설명도 가능한 것이다. 그리고 그 설명들은 제각기 자족적이다. 따라서 우리는 인식의 갈등을 직면하는 난제에 봉착한다.

이처럼 역사적 접근이 스스로 인식을 자신의 물음 안에 함축하고 있다면 실은 물음 자체가 불필요하다. 그러나 당대인은 여전히 당대에 대한 물음을 던진다. '역사적 조망'에 의거하는 한 당대가 '불안하다'는 어떤 낌새를 겪기 때문이다. 이는 극히 현실적인 긴박성을 가지고 당대인으로 하여금 당대에 대한 어떤 '대처'를 하도록 촉구한다. 따라서 역사적 접근은 설명보다는 판단을 서두른다. 사실에 대한 인식보다는 사실과의 만남 현장에서 요청되는 규범적 실천이 우선하기 때문이다. 이때 일컬어지는 당대에 대한 인식은 당대에 대한 도덕적 비판을 수행하고 도덕적 이상(理想)을 구현하기 위한 이른바 '역사의식에 기초한 이념의 구축'으로 귀착한다. 그러므로 현실적으로 그것은 당대에 대한 인식이라기보다 당대에 대한 반응일 수밖에 없다. 그런데도 그것이 당대에 대한 인식으로 일컬어진다. 그런 한, 사실상 역사적 접근이 스스로 의식하는 인식의 난점은 없다. 왜냐하면 역사적 접근은 인식을 지향하면서도 서둘러 인식을 간과한 채 실천을 의도하는 스스로의 구조 탓에 자신의 인식 여부에 대한 자성(自省)의 기회를 확보하지 못하기 때문이다. 당대에 대한 '심판'이 바른 인식의 이름으로 주장될 뿐이다. 따라서 우리는 인식이 간과되거나 유보되는 난관에 직면한다.

2 문화와 당대 인식

당대 인식을 위한 또 다른 접근은 당대의 인식 주체가 자리한 삶의 자리에서 일고 있는 당대뿐만 아니라, 지금 여기 아닌 다른 자리에서도 당대라고 일컫는 삶의 현실이 벌어지고 있다는 사실을 전제하면서, 그 삶의 모습과 내가 겪는 당대의 삶의 모습을 견주어 내 당대를 인식하려는 태도이다. '문화'라는 개념은 이 계기에서 요청되고 마련된다. 따라서 이를 우리는 당대 인식을 위한 문화적 접근이라고 할 수 있다.[3]

하지만 '문화'는 모호하고 유연하며 복합적이고 불안정한 개념이다. 문화를 명료한 개념적 실체로 규정하려는 것은 아예 현실적이지 않다. 문화는 어떤 다른 것으로부터 경계선을 그을 수 있는 그러한 실재가 아니다. 그럼에도 바로 이 모호성으로 인해 삶을 서술하는 가장 '단순한 범주'가 된다. 그것이 총체성을 담보하기 때문이다. 그러므로 다른 곳에 있는 다른 당대를 사는 주체들은 문화라는 개념에 수용될 때 비로소 정체성과 총체성을 드러내면서 우리가 접촉할 수 있는 서술 가능한 '타자'로서 등장한다. 그런데 그 '타자'는 언제나 '먼 거리'에 있다. 그래서 '낯설다'. 결국 '문화'는 낯섦을 넘어 낯선 실재를 승인하거나 수용할 때 비로소 가용적인 개념이 된다.

'낯선 문화'와의 만남은 '인식 주체로서의 자기'를 불러낸다. 왜냐하면 타자와의 견줌이라는 인식의 준거를 확보함으로써 자기에 대한 인식이 현실화되기 때문이다. 그러므로 다른 문화와의 견줌을 통한 상호 묘사는 당대에 대한 인식을 가능하게 한다. 이때의 견줌이란 당대에 대한 '반응'이라기보다는 당대에 대한 '관찰'이라고 할 수 있다. 그러므로 문화적 접근도 인식을 위한 거리를 이미 내장하고 있는 것과 다르지 않다. 그러나 역사적 접근에서와 다르지 않게 우리는 이 문화적 접근에서도 일정한 난제에 봉착한다.

타자는 불가피하게 나와의 관계에서 서로 '다름'과 '같음'을 서술하게 한다. 그리고 우리는 그 둘 가운데 어떤 것을 우선적인 인식의 기반으로 삼을 것인가 하는 문제에 직면하게 된다. 같음을 인식의 기반으로 삼으면 다름은 종국적으로 의미를 지니지 못하게 되고, 다름을 전제하면 같음은 인식의 범주에 아예 들지 않게 된다. 그래서 때로 '같으면서도 다르고 다르면서도 같다'라는 역설을 통해 택일적 상황을 지양하려 하지만 그것은 수사(修辭)일 뿐 인식을 위한 실제적인 출구를 마련해 주지는 않는다. 이것은 문화적 접근이 함축하는 난제이다.

문화적 접근에서 직면하는 진정한 문제는 이른바 '문화적 헤게모니'이다. 문화는 힘을 지닌다. 그런데 힘은 편재(遍在)하지 않는다. 그러므로 문화는 '편재(偏在)된 힘의 현실'을 보여 주는 것이기도 하다. 하나의 문화가 다른 문화와의 관계에서 갈등하는 힘의 구조를 드러내고 있다는 사실이 결국 같음과 다름의 서술을 주도하는 것이다. 그러므로 문화적 접근이 인식을 위한 거리를 이미 자기 안에 확보하고 있다 해도, 실제로는 그 장 안에서 기능하는 힘의 논리가 그 거리를 지워 버린다. 문화 담론은 지배와 예속, 저항과 순응을 통해 진술된다. 같음과 다름도 그 논리에 의하여 구축(構築)된다. 그렇기 때문에 역사의식이 '도덕적 규범'으로 귀착하듯이, 문화적 접근은 힘의 논리에 의한 '문화의 우열'을 선언하면서 특정 문화에 대한 '규범적 신념'을 당대에 대한 인식이라고 일컫는 데에 이른다. 문화에 대한 이념적 지향을 추구하는 것이다. 우리는 문화적 접근에서 이러한 난관에 직면한다. 힘이 인식을 차단하는 것을 경험하는 것이다.

3 당대 인식 — '인식 이전의 인식'과 '인식 이후의 인식'

당대를 인식하기 위한 접근 방법과 관련하여 위에서 기술한 내용들은 실은 지나치게 도식적이다. 삶의 현실 속에서 이는 '인식의 요청'이 반드시 그런 방식으로 이루어지지는 않는다. 삶의 주체는 역사나 문화 같은 개념화된 틀에 의하여 삶과 만나는 것이 아니라, 그 이전에 이미 그 개념을 낳게 한 현실을 '그저 겪기' 때문이다. 그렇다면 그러한 삶의 현장 속에서 살아가는 삶의 주체에게 인식을 규범적으로 요청한다는 것도 실은 현실 적합성을 결한 것일지도 모른다. '거리'의 요청이 충족되지 않아도 우리는 삶을 '겪으면서' 살아가고 있기 때문이다.

더구나 우리가 일상적으로 승인하는 인식을 위한 전범(典範)에 의하면 당대를 인식하기 위해서는 인식 주체가 마땅히 당대 바깥에 자리를 잡아야 한다. 그러나 당대의 인식 주체는 당대 안에 있는 존재이다. 인식의 주체가 인식의 객체 안에 있는 것과 다르지 않다. 그러므로 이 경우에 '거리'를 요청하는 것은 당대로부터 분리될 수 없는 '당대의 구성 요인'인 주체를 당대로부터 유리시키는 행위와 다르지 않다. 그것은 현실성이 없는 일이다.

물론 이러한 주장은 지나치게 소박한 것이다. 이른바 '반성적 성찰'은 우리의 일상이기 때문이다. 인식 주체는 자신을 인식하기 위해 언제나 자기 밖으로 나가 거기에서 자신을 살필 수 있다. 그렇다면 당대의 주체가 당대를 인식한다고 하는 것은 문제 될 것이 없다. 그럼에도 '거리의 요청'을 되묻고자 하는 것은 다른 것이 아니다. 역사적 접근과 문화적 접근이 모두 '인식 이전'에는 이념적 태도를 요청하고, '인식 이후'에는 그 이념적 태도의 강화를 지향하면서도 그것을 유일하게 정당한 '인식'이라고 주장하기 때문이다. 결국 그러한 인식은 자기가 하고 싶은 발언만을 하고 그것을 통해 자기가 원하는 현실만을 만드는 것과 다르지 않다. 그것은 인식이 아니라 실은 기만일 수도 있다. 우리는 인과의 법칙에 상응하지 않는 어떤 사건을 겪기도 하고, 헤게모니의 구조 안에서 제시되는 같음과 다름과는 다른 '같음과 다름'을 겪기도 한다. 그러므로 전제된 인식론적 전범을 따르지 않을 때, 우리는 비로소 역사적인 인과론이나 문화적인 힘의 논리로 환원할 수 없는 어떤 현상을 직면할 수 있게 된다. 삶을 있는 그대로 조우할 수 있게 되는 것이다. 거리를 전제하는 인식의 전범을 우리는 되묻지 않을 수 없다.

부연한다면 역사적 접근은 어떤 현상도 인과의 법칙 안에 담을 수 있다. 그러나 당대의 주체는 당대를 '역사로 환원된 사실'이 아니라 경험 주체가 지금 여기에서 직면하는 '단회적(單回的)인 사실'로서 만난다. 경험 주체에게 이러한 사실은 이에 대한 인과적 설명에 의하여 무산(霧散)되지 않는다. 우리는 이 경험을 '인식 이전의 인식'이라고 말할 수 있다. 마찬가지로 문화적 접근에서도 우리는 헤게모니의 논리에 의하여 설명할 수는 없는 '두드러진 어떤 현상'을 만난다. 그렇게 만나는 당대의 문화는 다름과 그름의 범주에 들지 않는다. 그러한 인식 이전에 '다름도 그름도 아닌 것'으로 존재한다. 타자와의 만남을 통한 견줌의 경험 이전에 스스로 자신을 드러내는 이른바 '우리 문화'가 그렇다. 이 문화는 인식 주체에게 '인식 주체 이전의 주체'를 확인하게 한다. 그리고 이러한 문화가 낳는 본래적인 경험을 우리는 '인식 이전의 인식'이라고 할 수 있다.

그렇다면 당대 인식이란 역사적인 인과 관계나 문화적인 비교 작업에 의한 인식을 배제함으로써 비로소 현실성을 갖는다는 의미에서 어쩌면 '인식 이전의 인식'이라고 할 수도 있다. 달리 말하면 당대에 대한 인식의 충동은 기존의 역사-문화적인 인식이 전해 주는 일련의 서술이나 해석을 충분히 수용할 수 없다는 어떤 한계 의식에서 비롯한 것인데, 그러한 수용 거절의 주체는 그러한 거절을 할 만큼의 당대 인식을 이미 하고 있기 때문이다. 그러나 인식 이전의 인식 주체가 당대에 대한 인식을 의도하지 않는 것은 아니다. 주어진 설명이 아닌 다른 설명에 대한 요청은 여전하기 때문이다. 그렇다면 중요한 것은 역사적 접근이나 문화 교차적 비교의 논리가 아닌 다른 논리로 당대를 서술할 수 있어야 한다는 사실이다.

그러므로 우리는 '인식 이전의 인식'을 기반으로 하여 '인식 이후의 인식'을 지향하면서 사실을 어떻게 기술해야 할 것인가 하는 문제에 직면한다. 역사적 접근이나 문화적 접근이 이를 위해 인식의 준거를 마련하고 이를 논리화하여 서술하려 한 것이라면 이 계기에서는 아예 부닥친 현상이 스스로 발언하는 내용을 그대로 경청하는 것으로 서술을 대신할 수는 없을까 하는 것을 생각해 볼 수 있다. 이러한 태도가 가능하다면 우리는 이를 당대 안에 있는 물음 주체가 자신의 상상력을 통해 직면한 사실들의 소리를 '편곡(orchestration)'하는 일과 다르지 않다고 일컬을 수도 있다. 달리 말하면 당대라고 일컬어지는 현상 자체가 스스로 하나의 '연주(performance)'가 되도록 할 수는 없는가 하는 것이다. 만약 당대의 '소리'가 우리의 당대 경험 안에 현존한다는 것을 승인한다면, 그것은 불가능하지 않다고 생각한다. 이러한 '작업'을 통해서 우리는 '작위적인 사물 빚기'에 의하여 간과되는 수많은 당대의 현상을 기술함으로써 '일그러진 인식'에서 비롯하는 사실의 결손을 보완하여 더 정직하게 현상과 직면할 수 있게 될 것이다.

4 한국 당대의 종교[4]

1 중심과 정점의 괴리

우리는 우선 다종교 현상을 한국 종교문화의 특징으로 지적할 수 있다. 지배 종교도 없고 그와 상반하는 개념에서의 억압받는 종교도 없다. 그렇다고 해서 여러 종교가 등가적(等價的)이고 등위적(等位的)으로 편재(遍在)해 있는 것은 아니다. 개개 종교의 현존은 역사적 전승의 무게나 당해 사회에서의 적합성을 준거로 평가적인 우열을 지닌다. 이를테면 불교와 유교, 그리고 무속 등은 전자의 준거에 따라, 가톨릭과 개신교를 포함한 그리스도교는 후자에 준거에 따라 평가된

오늘의 한국 종교

다. 그러므로 전자의 종교는 문화-역사의 중심을 차지하고 있는 종교로, 그리고 후자의 종교는 현실에서 상대적으로 더 실제적인 영향력을 행사하는 종교로 묘사할 수 있다. 직접적으로 드러나지 않으면서도 공동체의 저변에서 실제적인 중심을 차지하고 있는 종교와, 사회 안에서 직접적으로 힘을 드러내면서 공동체의 정점을 차지하고 있는 종교로 나누어 볼 수 있는 것이다. 그런데 중심을 차지하고 있는 종교들은 정점을 지향하고, 정점을 차지하고 있는 종교들은 중심을 지향한다. 각각의 종교들이 중심 지향적인 수평 구조와 정점 지향적인 수직 구조가 아울러 중첩하는 어느 자리에 자기를 위치 지우고 있는 것이다.

문제는 수평과 수직이라는 이 두 지향성이 빚는 마찰과 갈등이다. 그 둘은 구조적으로 자연스러운 공존을 이루지 못한다. 그 어떤 문화 현상과 다르지 않게, 무릇 종교는 '확장'과 '전승'에 의하여 자기의 생존을 지탱한다. 따라서 중심에 있는 종교는 주변에 있는 종교가 정점을 차지하는 것을 견디지 못한다. 그것은 가치의 전도(顚倒)라고 생각하는 것이다. 그래서 중심은 정점을 차지하고자 하며, 이것은 '회복'을 함축한다. 정점에 있는 종교는 저변에 있는 종교가 중심을 주장하는 것을 견디지 못한다. 그것은 시대착오적인 것이라고 여긴다. 그래서 정점에 있는 종교도 중심의 자리에 들어서고자 하며, 이것은 '착근(着根)'을 함축한다. 다종교 현실 속에서 일고 있는 최근 한국 종교들의 갈등은 이러한 구조에서 비롯하고, 또한 이러한 구조를 낳고 이어 간다.

유교는 이러한 갈등 속에서 스스로 추진력을 상실한 채 정태적인 지속만을 유지하는 저변 종교의 전형이다. 중심을 차지하고 있으면서도 스스로 중심으로서의 몫을 확보하지 못하고 있다. 전통적인 '가족'에 상응하는 새로운 '가정'의 등장과 맥을 같이하여 이루어진, 가부장제의 소멸을 의도한, 호주제의 폐지 과정에서 유교는 아무런 이견도 제시하지 않았다. 가톨릭이 유교의 제사가 절대적인 신에게 드리는 의례가 아니라는 이유로 자기 신도들에게 조상의 제사를 지내도 좋다고 허락하는 과정에서도, 유교는 그러한 허락이 담고 있을 '조상 개념'의 변질 또는 상대적인 폄훼에 대해 어떤 반론도 펴지 않았다. 유교의 가르침은 학문적으로 천착될 뿐 생활 속에서 일상화되고 있지는 않은 것 같다. 유교 의례가 희소가치를 가진 것으로 물러나고 장례와 혼례가 유교적인 형해를 지닌 채 '방자(放恣)하게' 이루어져도 유교의 침묵은 지속되고 있다. 발언 주체가 묘연하다. 중심의 유지조차 힘든 현실에서 유교에게 정점 지향은 소멸된 꿈일지도 모른다. 유교는 여전히 우리 사회의 얼개를 짓고 있지만, 중심과 정점이 일치하는 것도 아니고 정점이 중심을 교체할 수도 있다는 사실을 인식하지 못하는 것으로 보인다.

불교는 자신의 종지(宗旨)가 한국인의 생활과 의식 속에서 '해답의 상징체계'로 기능한다는 사실에 자긍심을 가지고 있다. 따라서 불교는 한국 문화와 불교문화를 분리하려 하지 않는다. 그러나 그에 상응하는 현실적인 힘의 실체로 현존하지 못하고 있다는 인식으로 인해 정점 지향적인 수직 상승적 노력을 지속하고 있다. 현대적 개념에서의 조직의 정비 및 강화, 승려 및 사부대중의 교육, 경전의 번역 등이 두드러진 예이다. 사찰의 대형화, 여러 모임의 정례화, 사회에 대한 관심의 적극화와 구체화, 선원(禪院) 등을 통한 생활 불교의 지향, 해외 포교를 통한 국제화 등도 그렇다. 신도의 자기 확인이 상대적으로 불분명한 불교에서 자기 확인을 제도화하고자 하는 노력을 경주하는 것도 그러한 맥락에서 읽을 수 있다. 인구 조사에서 불교의 신도 수가 증가하고 있는 것도 그러한 개혁의 결과로 간주할 수 있다. 그러나 선종(禪宗)의 강한 전통이 빚는 이른바 '해탈'과 '일탈' 간의 긴장은 불교적 규범의 현실 적합성에 대해 심각한 물음을 제기하기도 한다. 따라서 불교는 '기억에의 침잠' 또는 '기억의 전승'을 주장하는 것만으로 중심의 자리에서 정점의 자리도 아울러 점유할 수 있을지를 심각하게 고뇌해야 하리라고 예상할 수 있다.

가톨릭은 교세에 비해 그 영향력이 상대적으로 큰 정점을 차지하고 있는 대표적인 종교이다. 당대의 다양한 사회적 현실에 대한 가톨릭의 시의적절한 발언이나 참여는 일반인들로부터 상당한 신뢰를 획득하고 있다. 신도 수는 꾸준히 늘어나고 있으며, 자성의 노력도 제도적으로 현실화하고 있다. 다른 종교의 자발적 수용, 커다란 규모의 순교 사건 등에 대한 '민족사적 맥락에서의 해석'은 가톨릭의 중심 지향성을 잘 보여 준다. 유교 제사를 허용한 것이나 미사 언어를 한국어로 바꾼 것도 이러한 의도의 구현과 다르지 않다. 또한 가톨릭은 한국 가톨릭의 위상을 세계적으로 고양하는 것이 한국 안에서의 정점의 유지와 중심에로의 진입에 적극적으로 기여할 수 있으리라고 판단하는 것으로 보인다. 시성(諡聖)과 시복(諡福)을 위한 집념과 그 성취가 '세계에서 유례가 없는 일'로 일컬어지는 것도 이를 시사한다. 그러나 자발적인 수용과 순교를 '민족사적으로 기려야 할 사건'으로 주장

188

하는 것은 역설적으로 '중심에의 부정의 정서'를 함축하고 있으며 타종교에 대한 관용도 '폄훼의 논리'에 뿌리를 두고 있다는 이해가 가톨릭 밖에서 이는 현상에 대해 가톨릭의 자의식은 과연 어떤지 궁금하다. 정점 점유의 자의식이 중심에 대한 당연한 부정적 비판의 자의식을 함축할 수도 있다는 사실 때문이다. 가톨릭은 정점의 수호와 강화가 중심에 이르는 지름길이라고 판단하는 것으로 보인다.

개신교는 근대화 이후 한국 사회의 정점을 차지해 왔다. 개신교는 근대화의 온갖 분야, 이를테면 어문, 교육, 의료, 평등의 이념 등에서 '새로움'의 실체였다. 현실에 대한 관심의 구현을 통해 정점을 지속하려는 노력도 꾸준히 강화되었다. 정치 및 사회적 문제들에 대한 관심과 참여는 시민들의 신뢰를 얻는 데 크게 이바지하였다. 그러나 개신교는 자신이 한국 사회의 근대성을 배타적으로 독점할 수 없게 되면서 기존의 자기 역할로부터 상대적인 배제를 경험할 수밖에 없었다. 개신교의 중심에 대한 관심은 이와 맥을 같이한다. 이른바 토착 신학의 모색은 그 한 예이다. 그러나 개신교의 중심 지향성은 그러한 신학적 노력에 의해 이루어지기보다 역설적으로 근대성의 유보나 포기라고 할 만한, 토착적 무속의 정서와 행태가 담긴, 이를테면 치유와 기복을 포함한, 일련의 고양된 분위기의 예배를 통해 정점과 중심을 아우르는 세(勢)를 확보하면서 추진되고 있다. 이를 근간으로 한 대형 교회의 출현이 하나의 예이다. 개신교는 중심 지향적이면서도 기존의 중심에 대한 배타적 태도를 지속하고 있지만 동시에 '힘의 행사'를 통해 타 종교의 영역을 침해해서라도 정점을 유지하면서 중심에 진입하고자 한다. 타 종교 상(像)의 파괴, 가정에서의 제사의 억압,

종립(宗立) 학교에서의 배타적 종교 교육 등이 그러하다. 해외 선교의 열풍도 이러한 중심 지향성의 우회적 표출로 읽을 수 있다. 그것이 자기 종교의 확산만이 아니라 '국위 선양(宣揚)'으로 설명되고 있기 때문이다.

개신교의 정점 점유 능력은 이제 한계에 이른 것으로 보인다. 자체 역량에서도 그러하고 시민들의 태도에서도 호감이 줄어들고 있으며, 신도는 서서히 감소하고 있다. 개신교는 정점과 중심의 구조에 대한 혼란스러운 자의식을 드러내고 있다.

2 상황 인식의 층위와 정치 행위의 양태

그동안 우리의 문화는 하나의 문화권 안에 하나의 종교만 있다고 여기는 '단일종교문화'의 상황을 거쳐 하나의 문화권 안에 여러 종교가 있다는 것을 승인하는 '다종교문화'의 상황으로 바뀌었다. 이제는 이에서 여러 문화가 한데 어울리면서 자연스럽게 다른 종교를 만나는 '다문화종교'의 상황에 이르렀다. 이러한 변화 속에서 우리 종교들은 이전에는 예상하지 못한 많은 문제에 노출되어 있다.[5]

종교들은 이러한 상황에 대해 제각기 다른 층위의 인식을 드러낸다. 개개 종교 안에서도 그 스펙트럼은 다채롭다. 이를테면 종교는 단일하고 유일한 것이어야 하고, 그러한 종교는 자신이 봉헌하고 있는 종교뿐이라고 주장하는 사람이 있다. 이들에게는 다종교 현상이란 잘못된 것이고, 그런 것은 없어야 한다. 개신교 대부분은 이러한 태도를 지니고 있다.[6] 그러나 가톨릭이나 불교는 그 안에 스펙트럼의 차이는 있지만 개신교에 비해 타 종교에 대해 너그러우며, 대화의 모색에 상대적으로 적극적이다.[7] 각개 종교 안에 있는 진보적인 종교인들은 '종교 간의 열린 관계'를 모색하고 주장하려는 '운동'을 펼치고 있다. 그런데 이미 우리의 현실은 '단일한 문화 안에서의 다종교 상황'을 넘어 '다문화 안에서의 다종교 상황'이 되고 있다. '낯선 종교'와의 만남이 아니라 종교적인 신앙과 상관없이 '낯선 문화가 품고 있는 종교와 더불어 살아가는 현실'과 직면하는 것이다. 이러한 만남은 이전과는 다른 긴장을 유발한다. 스쿠크(sukuk) 법[8]의 도입과 관련한 개신교의 저항과 불교나 가톨릭의 침묵은 이러한 사태 변화에 대한 각 종교의 '준비되지 않은 긴장'을 보여 준다.

주목할 것은 이러한 상황에서 드러나는 종교와 정치 권력과의 관계 양상이다. 종교의 현존은 그것 자체로 힘의 현존이다. 따라서 정치적으로 충전되지 않은 종교란 없다.[9] 종교는 불가피하게 '정치적'이게 된다. 그런데 종교와 정치권력과의 만남의 유형을 결정하는 것은 당대에 대한 종교의 인식 층위이다. 단일종교문화를 인식의 층위로 지니고 있는 종교들은 정치권력이란 종교에 의하여 지지(支持)될 때 비로소 그 존재와 행위가 정당성을 지니게 된다고 주장한다. 그렇기 때문에 종교는 정치권력에 대해 심판자나 지지자로 자처한다. 그러나 어떻게 드러나든 이 종교들은 '종교의 정치 점유'를 지향한다. 정치권력의 자기 예속화를 의도하는 것이다. 우리 당대의 종교들은 대체로 이러한 인식의 층위에 자리하고 있다.

그런데 그러한 인식의 층위에서 다시 다종교문화 상황을 접하고 있다. 정치는 이미 단일종교문화의 상황을 넘어 다종교문화 상황을 전제하고 자기의 다스림을 펼친다. 그러므로 종교의 현실 인식은 정

오늘의 한국 종교

치의 현실 인식과 상충할 뿐만 아니라 시민들의 현실 인식과도 조화롭지 못하다. 물론 오늘의 종교들이 다종교문화 상황을 간과하고 있는 것은 아니다. 모든 종교들은 타 종교를 부정하는 일이 비현실적이라는 것을 층위의 차이는 있지만 상당한 정도로 인식하고 있다. 따라서 종교들은 여러 형태의 '공존'을 모색한다. 하지만 '이념적 선도(先導)'와 '일상적 실천' 사이의 괴리 때문에 그러한 노력은 일정한 한계를 지닌다. 그래서 오늘 우리의 종교 간의 관계는 근원적으로 '절대'를 준거로 하는 '경쟁'으로 표출되고, 이는 상호 '갈등'으로 전개된다.

이러한 다종교문화 상황에서는 특정 종교가 배타적으로 정치권력을 점유할 수 없다. 그러므로 각 종교들은 정치권력을 자신을 위한 '도구'로 삼고자 한다. 정치적 이슈의 선점(先占), 정치 비판 등을 통하여 자신의 '정치 세력화'를 도모하는 것이다. 그것은 경쟁에서 이길 수 있는 힘의 원천이 된다. 가톨릭과 개신교와 불교 등이 제각기 벌이는 이를테면 인권, 사회 정의, 환경, 통일, 평화 등의 주제에 대한 경쟁적 선점이 개개 종교에 대한 사회적 신뢰를 평가하는 하나의 척도가 되고 있는 현실을 우리는 간과할 수 없다. 우리의 당대 종교들은 대체로 이러한 층위의 의식을 가지고 정치와 만난다. 스스로 '정치 행위'를 하면서 정치와 만나고 있는 것이다. 그러나 어느 종교도 자신의 이러한 행동을 정치 행위라고 서술하지 않는다. 오히려 '정치에 관한 종교적 행위'라고 주장한다. 이는 자신의 '정치 행위'를 절대화하는 일이다. 이러한 '종교의 정치 행위'는 여타 사회 세력과 더불어 새로운 현실을 구축하는 데서 두드러진 한몫을 한다. 우리는 '민주화 운동'의 과정에서 종교의 그러한 역할을 경험한 바 있다. 종교는 정치적인 결과를 초래하는 정치 행위의 주체이다. 따라서 종교와 정치의 만남은 정치 세력 간의 만남과 다르지 않다. 두 힘 간의 갈등은 불가피하다.

그런데 이 계기에서 우리는 '정교분리'의 원칙과 만난다. 우리의 헌법은 정교분리를 명시하고 있다. 이에 근거하여 공교육에서의 종교 교육도 엄격하게 제한하고 있으며, 종립 학교에서의 종교 교육도 일정한 계도(啓導)를 통해 관리되고 있다. 공적 행사에서 종교 의례가 요청되는 경우에는 여러 종교가 함께 참여함으로써 정치권력의 종교 편향 가능성을 억제한다. 법률적으로 종교는 어떤 차별의 요인도 될 수 없다. 그런데 이 정교분리 원칙은 우리의 현실에서 개개 종교가 자신을 방어하는 논거가 되기도 하고 타 종교를 제어하는 기제(機制)가 되기도 한다. 예를 들어 개신교의 국가조찬기도회에 대한 불교의 부정적 반응 및 불교가 전통문화임을 빙자하여 정부의 편향적인 지원을 받고 있다는 개신교의 부정적 반응은 모두 정교분리 원칙이 정치 권력에 의하여 훼손되고 있다는 사실을 근거로 한 것이다. 두 종교는 각기 정교분리 원칙을 빙자하여 경쟁 종교를 제어하기 위한 정치 행위를 하고 있는 것이다. 우리의 현실에서 볼 때, 정치와 종교의 분리란 불가능하다. 다종교문화 상황 속에서 각 종교가 정치권력과 맺고 있는 관계를 살펴볼 때, 정교분리 원칙은 종교 간의 경쟁에서 서로 우위를 점하기 위한 자기 정당화의 수단적 논거가 될 뿐이다.

주목할 것은 단일종교문화 상황이나 다종교문화 상황과는 다르게 다문화종교 상황에서는 우리가 개개 종교와 만나지 않는다는 사실이다. 단일종교문화 또는 다종교문화 상황에서는 우리가 '종교가 안고 있는 다른 문화'를 만났다. 그러나 다문화종교 상황에서는 '다른 문화가 지니고 있는 종교'를 만난다. 그러므로 종교가 자신의 독특성 또는 예외성을 주장하면서 자신이 일상의 영역 속에 들 수 없는 실재라고 주장하는 것은 어불성설이다. 종교는 단순화할 수 없는 문화적 복합성을 지닌 현상이 분명하기 때문이다. 따라서 종교 간의 갈등도 이전과는 달리 '문화 간의 갈등'으로 드러난다.[10] 종교를 내장한 단위 공동체 전체가 갈등의 주체로 등장하는 것이다.

그런데 다문화종교 상황일수록 종교의 정치 점유는 불가능해진다. 그리고 종교의 정치 행위도 한계에 부닥친다. 아울러 정치가 종교를 예속할 수도 없거니와 종교 간여도 현실적이지 않다. 참여와 탄압, 저항과 유착 등은 이 상황에서 종교와 정치의 관계를 묘사하는 데는 적합성을 갖지 못한다. 우리가 여기에서 발견하는 것은 정치권력이 문화적 복합 구조 안에서 행사하는 힘의 속성의 변화이다. 전체의 '통어 기능'이 구성 요소 간의 '매개 기능'으로 바뀌는 것이다. 아울러 종교의 속성도 바뀐다. 정치권력에 대한 '정치적 지지와 저항 기능'에서 자기 생존을 위해 불가피하게 그 매개 기능을 요청하는 '의존 기능'으로 변한다. 따라서 종교와 정치의 만남은 '매개와 의존'으로 묘사할 수 있다.

예를 들어 보자. 문화재란 명목으로 이루어지는 불교문화유산의 보호와 관리를 위한 정부 지원은 정치가 불교를 보호하는 일이면서, 동시에 불교를 관리하는 일이기도 하다. 그러나 이 일은 불교가 자기를 확장하기 위해 정치권력을 자기 나름대로 원용(援用)하는 것이기도 하다. 매개와 의존의 구조가 뚜렷하다. 갈등을 낳는 경우도 있다.

개신교의 해외 선교에서 일어난 선교사의 피랍 및 피살 사건이 그렇다. 이때 정치권력은 선교단의 귀국을 강제하거나 출국을 제한하는 등 해외 선교의 자율성을 통제한다. 그러나 정부의 국민 보호 기능이 없으면 종교의 해외 활동도 불가능하다. 이러한 의미에서 종교의 정치 의존은 불가피하고, 통제되지 않은 해외 선교가 국가에 위해를 초래할 수도 있다는 현실에서 볼 때 정치의 종교 관리는 불가피하다. 매개와 의존의 구조는 변하지 않는다. 종교와 정치의 이러한 '매개'와 '의존'은 우리가 직면하고 있는 당대의 전형적인 정교 관계 유형이다. 종교 전반의 현상은 아니지만 다문화종교 상황을 인식하고 있는 차원에서는 이러한 층위에서 종교와 정치의 관계가 모색되고 있다.

3 다문화종교적 상황과 편의주의(便宜主義)

단일종교문화, 다종교문화, 다문화종교 상황들이 순차적으로 전개되었으리라고 판단됨에도 불구하고 우리는 그러한 진전의 궤적을 선명하게 확인하지 못한다. 종교에 따라, 직면한 문제에 따라, 개개 종교 안의 다양한 인식의 스펙트럼에 따라, 정치권력의 속성에 따라 종교는 각기 자기 나름대로 상황에 반응하기 때문이다. 그래서 오늘 우리는 그 상황들에 대한 산만한 반응을 '동시에' 겪고 있다.

그런데 이러한 상황은 상당한 혼란을 야기한다. 이를테면 다문화종교 상황에서 단일종교문화에 상응하던 의식을 가지고 반응하면 그 반응은 현실 적합성이 없는 행위로 드러난다. 현재 이슬람에 대한 개신교의 반응이 그렇다. 중동 지역 국가에서 온 유학생들에 대한 개신교의 태도는 이슬람 공포증이라고 할 수 있을 정도로 배타적이다. 다종교문화 상황에서조차 적합성을 지닐 수 없는 단일종교문화에서의 반응을 다문화종교 상황에서 보여 주고 있는 것이다. 이미 앞에서 언급한 바 있지만 정부에서 제안한 스쿠크 법의 수용과 관련하여 개신교는 그것이 타 종교의 규범을 일방적으로 수용하고 강요하는 탈(脫)정교분리의 잘못된 정책이라고 비판한다. 이러한 반응은 단일종교문화 상황에서나 가능한 의식의 표출이다. 그러나 관광 산업의 진작을 위한 사찰 유숙(寺刹留宿, temple stay) 정책이 종교를 이용하여 국익을 창출하려는 정부의 의도로 입안된 것임을 알면서도 불교는 오히려 정치권력이 자신의 확장에 기여할 것이라는 기대를 안고 이에 적극적으로 협조하고 있다.

주목할 것은 당대가 이미 '다문화종교적' 상황에 놓여 있고 이를 인식의 층위에서 구분 못할 까닭이 없는데도 우리의 종교들이 당대에 대한 '중첩된 인식'을 가지고 반응하고 있다는 사실이다. 그렇다면 문제는 다문화종교 상황에 대한 종교의 인식이 '여러 상황에 대한 인식이 중첩하는 복합적인 반응'일 수밖에 없도록 한 '종교의 자의식'은 무엇인가 하는 것이다. 혹시 다문화종교 상황에 적합한 종교의 반응 양태를 배제하거나 억제하는 다른 준거가 있는 것은 아닌지 생각해 볼 수 있는 것이다. 우리는 이러한 물음 속에서 정치와 종교라는 관계 '틀'이 아닌 종교와 정치가 아울러 공존하는 '장(場)'에 관심을 기울일 필요가 있다.

이때 우리는 오늘 우리의 삶이 '시장적(市場的) 정황'에서 이루어지고 있음을 새삼 주목하게 된다. 대체로 시장은 모든 힘이 각기 자기를 위한 '교환'을 이루는 자리이고, 그래서 그 자리는 교환이 낳는 이익을 위해 지배와 착취, 예속과 소외의 이원적 구조로 이루어진다고 이해한다. 그러나 다문화종교 상황에서의 시장은 이원적이기를 넘어서는 복합적 구조로 이루어진다. 따라서 '정치와 종교'도 앞에서 지적한 바와 같이 이원적인 양립 구도를 구축하지 않는다. 온갖 힘이 갈등을 함축하면서도 공존하지 않으면 어떤 생존도 불가능하다는 것을 실감한다. 그곳에서 이루어지는 상호 관계를 매개하는 것은 '필요'이다. 따라서 모든 사물은 서로 자기를 위한 도구가 된다. 우리는 이를 '시장 상황'이라고 할 수 있다.

따라서 오늘 우리의 종교들은 시장으로 개념화되는 다문화종교적 장(場)을 인식하면서 교환 가치로서 자기를 확립하지 못하면 자신의 생존을 지탱하지 못하리라는 자의식을 가지고 있다. 그래서 어떤 종교든 자신이 시장 안에서의 상품적 가치, 곧 소비재로 환원되어야만 비로소 '확산되고 전승된다'는 것을 알고 있다. 정치도 스스로 필요를 충족해 주는 소비재가 되지 않으면 안 된다. 그래서 정치도 종교의 소비재가 된다. 종교는 자신의 존립을 위하여 필요하다면 언제나 그 세력을 구입하여 소유할 준비가 되어 있다. 정치의 자리에서 보면 종교도 정치권력의 소비재이기는 마찬가지다. 그렇다고 모든 시장 상황의 주체가 같지는 않다. 구매력의 차이, 소비재로서의 가치의 차이가 있기 때문이다. 이를테면 정치 세력은 시장 자체를 상당한 정도 관장할 수 있는 데 비해 종교는 그 정도에 이르지 못한다. 무엇보다도 종교가 여럿이기 때문이다. 따라서 시장 구조에서 보면 종교는 정치에 비해 수세적이다. 따라서 종교는 자신의 생존을 위해 스스로 생산하는 소비재가 얼마나 고객의 필요를 충족할 수 있을 것인가를 넘어

오늘의 한국 종교

그 필요의 효율을 극대화한 '편의'를 제공할 수 있는지에 집착할 수밖에 없다. 이처럼 당대의 종교들이 보여 주는 '상황에 대한 반응 유형의 복합적인 혼재'는 다문화종교 상황을 시장 상황으로 개념화할 때 좀 더 설명할 수 있다. 그렇다면 오늘 우리 종교들의 '시장적 자의식'은 어떻게 표출되고 있는가? 이를 두 가지 두드러지는 '추세'를 들어 서술할 수 있다.

하나는 '거대화'의 추세이다. 신도 증가의 추구, 무수한 단위들로 이루어지는 복합 공동체의 구축, 조직 운영의 디지털화, 거대 건물의 건축, 부의 지속적인 축적, 자기 역사의 외연을 넓혀 한국의 역사 안에서 더 큰 진폭을 확보하는 일, 축적된 전통의 공공재화(公共財化) 등이 이 범주에 드는 구체적인 거대화 작업들인데 그러한 일의 목표나 추진이 비상식적으로 큰 것이다. 대부분의 당대 종교들은 이러한 추세에서 예외가 아니다. 초창기의 세계 인식이나 현존 방식을 고집하면서 현실에 적응하지 못하고 신도를 지속적으로 확보하지 못한 채 역동성을 상실한 몇몇 종교의 쇠미(衰微) 현상이나, 의례의 현실 적합성의 모색을 스스로 포기한 채 이념적 전통만을 주장하면서 자신의 존재 가치를 확보하려 하는 유교 현상이 예외가 될 뿐이다.

거대화는 자연스러운 '발전'이기도 하다. 그것은 압도적인 감동을 자아내기도 하고, 힘을 실증적으로 드러내는 것이며, 경쟁적 우위를 통한 종교의 지속 가능성을 보장해 주기도 하고, 다양한 기능을 복합적으로 실천하는 토대가 되기도 한다. 종단 교육 기관의 운영, 사회 사업 시설의 경쟁적 설치, 기도원, 수양원, 선방, 요양원, 명상센터 등의 급격한 증가, 경전의 번역, 신문 방송 등의 매체 운영, 정치-사회적 문제들에 대한 비판적 관심과 행동을 구체화하는 수다한 자발적인 조직이나 단체 등은 결과적으로 당해 종교의 거대화 추세를 지원한다. 이러한 추세는 개개 종교가 자신의 세계화를 도모하는 데서도 나타난다. 개신교는 해외 선교를 통해 자신의 세계화가 자기 존립의 사명을 완수하는 것이라고 주장한다. 불교는 '한국 불교의 세계화'는 갱신된 불교의 참모습을 시현하는 것이라는 긍지를 담고 있다. '세계에 유례가 없는 거룩한 성자의 나라'라는 가톨릭의 자의식도 세계를 준거로 삼음으로써 거대화의 종국이 어디인지를 보여 주고 있다.[11] 이러한 추세는 유교도 예외가 아니다. '한국 유학'의 우월성이 세계적 지평에서 평가되고 있다는 주장이 그러하다.

그러나 종교의 '시장적 거대화'는 많은 대가를 지불한다. 종교의 이념적 신조보다는 종교의 세를 넓히려는 사업적 신조가 우선한다. 종교적 리더십은 그 무게가 성무(聖務)에서 실무로 옮겨 간다. 이를 우리는 이념적 지표가 '시장 안의 재화'가 되었다는 의미에서 '이념적 지표의 유통 가치화 현상'이라고 할 수도 있다. 아무리 '거룩한 것'도 교환 가치를 갖지 않으면 유통되지 않기 때문이다. 거대화에 대한 비판의 경우에도 이러한 현실은 다르지 않다. 거대화에 대한 저항은 점차 더해지고 있다. 그러나 그러한 비판 자체의 거대화가 이루어지지 않는 한, 거대화의 지양은 기대할 수 없다. 따라서 거대화 비판 세력의 거대화 추세도 총체적인 거대화 추세와 맥을 같이한다. 그러한 '작은 세력'도 소리의 증폭, 주장의 과격화를 통해 자신의 영향력의 증대를 꾀한다.

이러한 맥락에서 우리는 '극단화'를 시장적 추세의 두 번째 표상

오늘의 한국 종교

으로 기술하고자 한다. '강력한 정서'가 아니면 자기를 자기답게 부각할 다른 방법이 없을 때 우리는 자신을 극단적인 것으로 포장한다. 어느 종교든, 특히 오늘 종교들의 온갖 정치-사회적 운동들은 시장을 의식하면서 자기를 극단화하고 있다. 사사로운 '돈독한 신앙의 실천'도 다르지 않다. 교환 가치를 확보하지 못하면 생존이 불가능하기 때문에 사람들의 관심을 유도하기 위해 스스로 달라야 하고, 튀어야 하고, 눈에 띄어야 한다.

그런데 극단화는 대체로 '극적(劇的)인 구조'를 통해 현실화한다. 논리적 사유의 과정은 배제된다. 극단화는 철저한 '단순화'이다. 사실보다 판단이, 판단보다 실천이 우위를 점한다. 방법론적 논의는 무의미하고 실제로 현실화되지 않는다. 옳고 그름만이 있고, 그것을 판별하는 과정은 없다. 따라서 극단화는 스스로 판단한 그릇된 현실에 대한 책임 주체가 누구이고 무엇인가를 명시한다. 그렇다고 해서 현실의 개선 가능성을 모색하는 것은 아니다. 제거의 당위만을 요청한다. '극단화'는 이런 모습으로 오늘 우리 종교들의 존재 양태의 두드러진 '추세'를 이루고 있다.

그런데 단순성과 선명성에도 불구하고 극단화는 혼란과 당혹을 일게 한다. 종교 안팎에서 극단화에 대한 양가적(兩價的) 반응이 일기 때문이다. 이러한 현상은 종교로 하여금 동일한 사안에 대한 동조와 비동조를 함께 겪게 한다. 이를테면 인권 문제, 생태계의 문제, 평화 담론 등에서 개신교, 불교, 가톨릭의 진보적 운동들은 많은 동조 세력 및 비동조 세력과 만난다. 낙태, 존엄사, 창조과학, 반공 이념 등에 대한 각 종교의 보수적 운동들도 다르지 않다. 그 밖에 자연 보호를 '도

롱농 보호'를 명분으로 전개한 불교의 극단적인 반고속철 운동, 임신의 상황적 곤경을 배려하지 않은 채 주장하는 가톨릭의 극단적인 낙태 반대 운동, 개신교도들의 '불신지옥(不信地獄)' 캠페인, 정부의 종교 편향 정책을 고발한다면서 행했던 불교의 산문(山門) 폐쇄 조치 등도 같은 범주에 든다. 사람들은 이러한 극단화에 감동하고 이에 참여 동기를 부여받는다. 그러나 극단화는 양극화 현상을 낳든가 강화하면서 보편성을 확보하지 못한다.

그렇다고 해서 극단화가 '절대화'인 것은 아니다. 절대화는 단일 종교문화 상황이나 다종교문화 상황에서 가능한 개개 종교의 자기주장 모습이다. 그러나 극단화는 시장 상황으로 개념화된 다문화종교 상황에서 일어나는 현상이다. 그러므로 절대화에서는 타자를 승인하는 일이 불가능하지만, 극단화에서는 자신의 정당성을 배타적으로 주장할 수는 있어도 타자의 제거는 불가능하다. 당연히 이러한 사태는 복합적일 수밖에 없다. 그러나 종교는 자기가 포함된 현실의 복합성에 대한 성찰을 스스로 배제한다. 자기를 극단화한 상황에서는 어떤 주장도 이미 선명하기 때문이다. 극단성은 오늘날의 다문화종교 상황에서의 '존재 양식'이면서 아울러 그것의 '내용'이다. 고객은 양가적인 곤혹을 겪으면서도, 바로 그렇기 때문에, 더 선명한 극단성을 소비하게 된다. 따라서 유의미한 것이라 할지라도 다문화종교 상황, 곧 시장 상황에서는 어떤 주장이나 행위도 극단화되지 않으면 있을 수 없다.

오늘 우리의 현실에서 거대화와 극단화는 다문화종교 상황을 살아가는 생존 원리이다. 그것이 함축한 편의만이 오늘의 종교를 지탱하게 하는 가치인 것이다. 온갖 해답을 생산하여 판매하는 거대화는 시장 상황에 맞는 가장 적절한 편의이고, 총체적인 복합성이 제기하는 모든 물음을 아예 침묵하게 하는 극단화는 다문화종교 상황에서 가장 효율적인 편의이다. '편의가 덕목이 되는 현실'에서 거대화와 극단화의 추세는 오늘 우리 종교의 당위가 되고 있다.

4 네오-에스니시티와 소외의 역동성

다문화종교적-시장적 상황에서 우리는 그 정황 자체를 다만 복합성으로 서술하는 것으로 끝낼 수 없게 하는 또 다른 어떤 구조를 확인한다. 사실 다문화종교적 정황이란 '통합된 실체'를 뜻하지 않는다. 오히려 이것은 통합의 불가능성을 함축한 개념, 곧 균열의 구조를 전제한 개념이다. 우리는 '시장적 소외'라고 할 수 있을 조짐이 다문화종교 정황 안에 있는 종교의 거대화 및 극단화의 각개의 틈새에서 나타나는 것을 확인할 수 있는 것이다. 다문화종교 정황은 '종족 집단(ethnic group)'이나 '부족 공동체(tribal community)'와 같은 무수한 단위 공동체를 양산한다. 그렇기 때문에 서로 다른 언어 공동체들이 형성되고, 그 공동체들은 '소외'를 본래적인 것으로 겪게 된다. 그러므로 다문화는 구조적으로 소외 문화이다. 오늘을 사는 사람들은 누구나 자신이 소외되어 있다는 느낌을 가지고 있을 뿐만 아니라, 자신이 속한 공동체가 '소외 공동체'라는 사실마저 스스로 확인하고 있다. 그런데 오늘 우리가 겪는 소외 공동체란 '소외된 공동체'가 아니라 '소외를 생존의 격률로 삼아 이루어진 공동체'이다. 그러므로 소외를 지향하지 않으면 자기 정체성을 상실할 수도 있는 공동체이다.[12]

그런데 소외 집단임을 드러내 주는 것은 '언어의 이질화 현상'이다. 세대 간의 소통 불능은 이에서 비롯한다. 전문 용어에 대한 무지나 시의적(時宜的)인 언어에 대한 낯섦도 '균열의 요인'이 된다. 동일한 언어에 대한 상이한 개념적 이해가 낳는 단절도 이에 속한다. 예컨대 생명, 환경, 공동체, 정의, 평등, 인권, 평화, 통일 등 거의 모든 개념에서 세대 간의 단절이 뚜렷하다. 일제 강점기의 세대, 해방 이후 세대, 6·25 세대, 군사 독재 세대, 그 이후의 저항 세대, 그리고 민주화 이후 세대들은 각기 자기가 겪은 트라우마를 준거로 그 언어의 개념을 채운다. 개념적 단절은 진보나 보수라는 이름으로 규정되는 집단 간에서도, 개인들의 상이한 기억에서도 드러난다. 이러한 다른 세대와 다른 입장들이 제각기 '다른 언어를 발언하는 서로 다른 무리'를 이루며 살고 있는 것이 다문화종교 상황이다. 언어의 소통 장애는 불가피하다. 그래서 오늘 우리는 '같은 언어로 다른 것을 주장'하면서 서로 옳다든지 그르다든지 하는 '판단'을 한다. 혼란은 일상일 수밖에 없다. 그러나 자기 발언이 공명되는 자기 공동체 안에서는 자기 발언으로 인한 소통의 장애를 겪지 않는다. 소외 공동체는 그렇게 강화된다.

여기에서 우리가 주목할 것은 '이질성이 빚는 다양성의 출산'이 아니라 '이질성이 구획하는 산재하는 공동체의 출현'이다. 특정한 언어는 자신의 소통 가능성을 준거로 하여 하나의 단위 공동체를 다른 공동체와 단절된 공동체로 만드는 힘으로 작용하기 때문이다. 그러한 공동체는 기능적 단위가 아니기 때문에 다른 공동체와 필연적으로 상보적이지 않다. 당연히 그러한 공동체 간의 연대(連帶)에는 한계

오늘의 한국 종교

가 있다. 그렇다고 해서 경쟁을 통해 상대방의 도태(淘汰)를 의도할
수도 없다. 그럴 수 없는 것이 당대의 다문화종교 상황이다. 그러므로
다문화종교 상황 안에 있는 공동체의 우선하고 유일한 '이념적 지향'
은 어떻게 배타적이지 않으면서 자신을 유지할 것인가 하는 것이다.
그렇다고 해서 그러한 소외 공동체가 일정한 공간을 점유하고 있는
것은 아니다. 그러한 의미에서 그 공동체는 기존의 디아스포라와 근
원적으로 다르다.[13] 고립되었다는 것을 실증할 수 있는 경계도 불분
명하고, 포위하는 세력의 위협이 가시적이지도 않다. 게다가 소외 공
동체는 고정된 것이 아니라 유동적이다. 구성원의 출입이 무상(無常)
하다. 그런데도 그 공동체의 구성원인 한 그들은 자기들만의 언어를
공유하고 있고, 그 언어는 '타자들'과의 소통에서 한계를 느끼게 하
며, 스스로 자신의 공동체가 소외 공동체라는 자의식을 지니게 한다.
그러므로 점유한 공간이 없으면서도 그러한 자의식을 통해 그 공간
을 확보했다고 생각하며 실증된 경계가 없음에도 어떤 경계가 자기
와 타자 사이를 나누고 있다고 생각하고, 기억의 분산을 겪지 않았는
데도 어떤 힘에 의하여 자신이 파편화되었다고 회상하며, 위협 세력
이 실재하지 않는데도 포위된 위기감을 실감한다. 디아스포라적 자
의식을 가지고, 곧 소외 공동체의 구성원으로서의 자의식을 가지고,
살아가는 것이다.[14]

　　이러한 의미에서 소외 공동체는 실재하는 공동체라기보다 상상
의 공동체라고 할 수 있다. 따라서 다문화종교 상황의 사람들은 이질
적인 언어를 구사하는 특정한 공동체에 자기가 속해 있다는 상상 속
에서만 '자기 공동체'를 지닌다. 바꾸어 말하면 오늘을 사는 사람들

은 현실적인 공동체와 상상의 공동체가 일치하지 않는 구조 안에서 소통 가능한 언어를 좇아 자기 공동체를 구축하는 것이다. 오늘 우리의 종교는 그러한 소외 공동체로 있다. 그렇기 때문에 오늘 우리는 다문화종교 상황에서 단일종교문화 상황에서의 자기 절대성을 발언하고, 다종교문화 상황에서의 반응인 관용을 발언하며, 다문화종교 상황에서는 현실성을 갖지 못하는 정교분리 원칙을 발언하면서 그러한 발언들을 다문화종교 상황에 적합한 발언이라고 판단하고 있는 것이다.

그러나 종교는 자신이 소통의 문제에 봉착하고 있다는 것을 알고 있다. 그런데 자기 언어의 포기는 자기 상실과 다르지 않다는 것도 알고 있다. 예컨대 여전히 '한국의 해외 선교'는 세계 복음화를 위한 개신교의 사명이며, 순교지(殉教址)의 성역화(聖域化)는 한국에서 일어난 '가톨릭 교회사의 기적'을 실증하는 것이고, '한국 불교의 세계화'는 마침내 이루어질 한국 불교의 꿈이며, '의례의 온전한 전승과 유학의 완성'은 이 땅에서 이루어진 자랑스러운 유교의 유산이라고 각 종교들은 발언한다. 그러나 그러한 발언들이 소통 가능한 것은 아니다. 해외 선교는 국위의 실추이고, 순교지의 성역화는 민족사의 정통성을 훼손하는 일이며, 불교가 아니라 '한국 불교'를 특정(特定)하는 세계화는 국수주의적 발상이고, 온전함과 완전함으로 자신을 회고하는 것은 상실에 대한 자위(自慰)와 다르지 않다는 발언도 마찬가지로 실재한다. 이러한 '다른 발언들' 때문에 각각의 발언 주체들은 '상호 소외'를 경험한다. '하나의 커다란 공동체' 안에서 동일한 언어를 사용하면서도 소통을 이루지 못하는 것이다. 그 커다란 하나 안에서 각기

205

다른 '자기들의 작은 공동체'를 구축하지 않으면 자기주장의 소통을 누릴 수 없는 것이 오늘 우리의 종교문화가 현존하는 구조이다.

그러므로 다문화종교 상황에서 각 발언 주체가 자유롭게 소통할 수 있는 공동체는, 마치 일정한 문화권 안에서 자기네들만의 언어와 기억과 관습과 가치 체계를 공유하는, 전체에서 소외된, 작은 종족 공동체(ethnic minority)에 비견할 수 있다. 이러한 맥락에서 볼 때 앞에서 서술한 '정점 점유 종교'도 실은 하나의 소외 공동체라고 할 수 있다. 소통되지 않는 이질적인 언어를 가진 채 정점에 머물면서 자신이 중심을 차지하리라고 상상할 뿐만 아니라 이미 중심을 차지한 정점의 위치에 있다고 스스로 판단하기 때문이다. 개신교와 가톨릭의 자의식이 그러하다. '중심 점유 종교'도 다르지 않다. 불교나 유교는 중심을 차지하고 있는 소외 공동체이다. 중심에서 발언하고 있기 때문에 언제 어디서나 자신의 이질적인 언어가 소통되리라고 기대하면서 자신이 정점을 차지하리라고 상상할 뿐만 아니라 이미 정점조차 차지한 중심의 위치에 있다고 확신하기 때문이다. 그런데 이러한 '중심의 정점 지향성'이나 '정점의 중심 지향성'은 다문화종교 상황이 지니고 있는 '소외 문화 자체의 역동성'을 이룬다. 이러한 다문화종교 정황을 우리는 '네오-에스니시티(neo-ethnicity)의 출현'이라고 부를 수 있다. 이것이 오늘 우리 종교의 현실이다. 그렇다면 이제까지 우리가 살핀 종교들의 거대화, 극단화, 편의주의 등을 지향하는 추세는 모두 '소외 문화의 역동성'이 표출된 것이라고 할 수 있다. '소외를 살아가는 방법'이 그렇게 나타나는 것이다. 최근 각 종교에서 거대화와 극단화에 대한 반작용으로 나타나는 '최소화'나 '평범화'의 추세도 마찬가지로 소외 문화의 다른 표상이라고 판단된다.

그렇다면 소외 문화에서의 자기 확인은 어떻게 이루어지는가? '자기 확장'은 타당성이 없다. 소외 문화는 그러한 투의 자기 확인이 구조적으로 한계를 갖는 다문화종교 상황에서 비롯한 것이기 때문이다. 가능한 길이 있다면 그것은 자기 소외를 초래한 타자에 의해서 '이질화된 자기 언어'로 자기를 끊임없이 '수식'하는 길뿐이다. 그것은 아예 소통에의 의도를 버리고 오직 자기를 강화하는 '자기 언어의 무한한 반복'으로 현실화한다. 그렇게 하면 그 일은 타자와의 관계 안에서 자기를 타자와 구별하는 '규격화(規格化)'된 준거가 된다. 그러므로 오늘의 종교 현실은 무수한 이질적인 언어가 소란하게 발언하는 숲과 다르지 않다. 그런데 소외 공동체에서는 바로 그 낯선 '이질적인 언어'의 발언 빈도(頻度)나 강도(強度)가 네오-에스니시티의 자기 정체성을 빚는다.

당연히 그러한 수식은 끝없이 생산되고 소비되면서 진화할 것이고, 그 과정에서 '다른 이질적인 언어'와의 만남과 중첩과 복합을 겪을 것이다. 다문화종교 상황에서의 에스니시티는 '소외로 인한 자폐적 은둔'이 아니라 '소외에서 말미암는 역동성'을 호흡하기 때문이다. 그것이 종내 종교의 중첩과 복합을 일궈 내면서 종교에 대한 새로운 명명과 새로운 서술을 할 수 있는 데까지 이를지는 알 수 없다. 오늘의 한국 종교가 그러한 미궁(迷宮)을 내장하고 있는지는 분명하지 않지만, 그러한 '미궁의 문화화'를 구축하리라는 낌새는 뚜렷하다.[15]

오늘의 한국 종교

5 소외의 현상학

이제까지 우리는 역사적 인과 법칙과 문화 헤게모니 이론을 통해 당대 종교를 서술하는 데 익숙했다. 종교에 대한 그러한 '인식의 발언'들은 하나같이 비분강개(悲憤慷慨)의 음조를 담고 있다. 그것이 충동하는 정서적 공감은 그렇기 때문에 당대를 인식하려는 당대인의 자기 견해를 하나의 신념이게 하며, 그것을 더 돈독하게 강화한다. 따라서 그 정연한 서술들은 성급한 '도덕적 규범'을 낳으면서 '실상에 대한 기술'을 간과하고 있는 것은 아닌가 하는 우려를 불식할 수 없다. 그래서 우리는 의도적인 방법론적 우회를 시도하였다. 중심과 정점, 상황 인식의 층위와 정치 행위의 양태, 다문화종교 상황과 편의주의, 소외 문화의 역동성 등은 이러한 시도를 위해 선택된 개념들이다. 이러한 맥락을 좇아 우리는 오늘 한국의 종교문화를 '네오-에스니시티의 출현'으로 정리해 보았다. 다시 말하면 '현상의 소리'를 엮어 그것이 짓는 '총체적 소리'를 그렇게 다듬어 본 것이다.

이러한 서술에 의하면 바야흐로 한국의 종교문화는 '다문화종교적 소외 사회'를 구축하면서 이에 대한 인식을 위해 '소외의 현상학'을 요청하고 있다. 한국의 종교문화는 소외의 역동성을 통해 자신을 추스르고 있다고 판단되기 때문이다. 당대 상황을 네오-에스니시티로 명명한 잠정적인 진단이 앞으로 어떻게 전개될지 논하는 것은 아직 이르다. 어쩌면 '문화 융합 현상'일지 모르는 다문화종교 상황에 이어지는 또 다른 변화와 직면하면서 네오-에스니시티의 '소외의 역동성'이 '연대의 역동성'으로 바뀔지, 아니면 그것이 '소외에 침잠된 해체'를 거쳐 '조화로운 새 누리'라고 서술되는 '예상하지 못한 어떤 현상'으로 바뀔지, 아니면 소외 공동체가 실체가 되고 갈등이 물질화하면서 총체적인 파국에 임할지는 알 수 없다. 소외의 현상학이 요청되는 것은 이 때문이다.

종교는 자존(自存)하는 것이 아니다. 종교는 인간의 삶을 구성하는 생태계 안에 있다. 그래서 종교는 모든 현존하는 것과의 연속과 단절, 굴절과 비약, 출현과 소멸의 계기(契機)를 점철하는 '사건'으로 '기술'될 때 비로소 모습을 드러낸다. 그렇기 때문에 어느 순간 종교는 그 이름조차 상실하거나 포기할지도 모른다. 네오-에스니시티의 자의식에 함축되어 있는 오늘의 한국 종교에 대한 우리의 지금 여기에서의 발언이 앞으로 어떤 '힘의 정치학'을 펼치며 '기술'될 때 우리의 종교에 대한 인식을 운위하게 될지 자못 궁금하다.

이러한 현상이 당대의 한국 종교에만 한정되는 것인지 아니면 다문화종교 상황을 겪는 오늘의 인류 공동체가 공유하는 현상인지는 알 수 없다. 종교 현상의 다양성에 대한 천착이 필요하기 때문이다.

오늘의 한국 종교

하청 제국주의 틀 속의
문명과 원시—뒤엉킨 이중 나선

문명과 원시

전경수

중국 귀주대학 교수, 서울대학교 명예교수

1 문제 제기 — 번역과 하청

정말로 삶이 고달프다. 주위를 둘러보면, 살기는 좋아졌다고 하는 소리도 들리는데, 대부분의 삶은 왜 이리도 고달픈가? 나는 현대 한국 사회의 기본적인 판도가 형성되는 과정에서 그 고달픔의 이유를 찾고자 한다. 그 이유를 찾을 수 있다는 가설을 갖고 있는 셈이다. 현대 한국 사회라는 문제의식을 논의의 장에 올려놓고 시작되는 생각의 첫 단추는 근대화라는 문제일 것이다. 근대화의 첫 단추가 잘못 끼워진 것이 여태껏 힘을 발휘하고 있고, 잘못 끼워진 첫 단추의 위력으로 인하여 지금 우리의 삶이 고달픔을 겪을 수밖에 없다는 가설이다. 나아가서 그 첫 단추에 대한 반추와 자성 없이는 지속적으로 반복적으로 고달플 수밖에 없다는 생각이다. 따라서 산업화의 문제도 민주화의 문제도 모두 그 시발점이었던 근대화의 문제로부터 다시 풀어내어야 한다는 것이 필자의 입장이다.

근대란 유럽이 스스로의 삶을 찾기 위해서 창안하였던 개념이었고, 그것을 세계 지배의 무기로 삼았던 삶이 소위 '근대화'라는 전략이었다고 집약할 수 있다. 따라서 근대화의 틀 속에 일단 갇히게 되면 근대를 따라가기에 허겁지겁하는 삶이 이어질 수밖에 없었고, 그 연

하청 제국주의 틀 속의 문명과 원시

장선상에서 가장 단기간 내에 가장 근대화에 성공한 곳이 가장 피곤한 삶을 살았다고 말할 수밖에 없다. 근대화란 궁극적으로 근대의 모방 과정이다. 그런데 그 과정이 그렇게 만만한 것이 아니다. 그것이 원래 내 것이 아니기 때문에, 아무리 열심히 따라 한다고 해도 한계는 있게 마련이고, 따라잡지 못한 부분에서 발생하는 어긋남에 갇힌 삶은 굴곡 속을 헤맬 수밖에 없다. 굴곡 속을 헤매는 삶의 과정은 피곤할 수밖에 없고 결과적으로 고달픔의 궁극으로 내몰리게 된다. 근대화의 이러한 문제를 일찍이 알았는지 몰랐는지는 몰라도, 일본의 근대화는 '탈아입구(脫亞入歐)'라는 이름의 완벽한 모방을 실천하려는 노력을 하였다. 탈아입구의 모방 신화가 일본의 제국 건설을 가능하게 하였음은 익히 알려진 바이다.

1960년대와 1970년대, 박정희 정권하에서 우리의 선배들이 근대화에 대해 적지 않게 논의를 하였지만, 그 논의의 기본적인 정향은 반성의 차원에서 진행되었던 것이 아니라 비전 제시라는 차원에서, 즉 '새마을 운동'을 중심으로 한 기술과 조직 그리고 사상의 일체화를 단행함으로써 국가 독점 자본주의의 틀을 형성해 가는 개발 독재를 두둔하는 방향에서 진행된 것이 대부분이었다. '새마을 운동'의 기본적인 아이디어가 이미 1930년대 조선 총독부가 실시하였던 정책들로부터 비롯되었다는 점은 전혀 지적되지 않았다. 당시 근대화 논의가 반성이 허용되지 않는 시대적 분위기라는 틀 속에서 진행된 결과임을 감안한다면, 현대 한국 사회에서는 아직도 근대화 과정에 대한 제대로 된 반성의 기회가 없었다고 단언하여도 과언이 아니다. '봉인된 근대화 과정'에 관한 논의를 제대로 풀어내지 않는 한, 현재 우리의 삶이 왜 이리 고달픈지에 대한 해답을 구할 수는 없을 것이다.

'조용한 아침의 나라'에 찾아온 외압적인 근대화가 늦게 시작되었고, 그 과정도 제국 일본의 식민 지배하에서 진행되었던 면이 강하기 때문에, 한국 사회의 근대화는 전면적으로 가장 기본적인 바탕에서부터 점검하는 작업이 필요하다. 수치로 검증한 결과의 식민지근대화론을 지지하면서도 전적으로 그 논의를 수용하지 못하는 이유가 있다. '근대화'의 내용에 대해서 수치로 증명이 가능한 것과 '근대화'의 틀 자체가 안고 있는 문제점은 서로 다른 논의라는 것이다. 국권찬탈로부터 시작된 자결권 상실이 근대화 과정에서 진행되었다는 점을 수치로는 계산하지 못할 것이고, 식민 통치 과정의 억압과 잔학성에 관해서도 수치로 증명하기는 어려울 것이다. 식민지 경험 과정의 정체성 변질 문제와 오점의 낙인들을 어떻게 수치로 환산할 것인가? 따라서 소위 식민지근대화론은 절반의 성공에 이르렀다고 평가할 수밖에 없다.

언어는 그 자체로서 권력을 가진다. 어떤 언어를 사용하는가 또는 어떤 용어를 적용하는가에 따라서 사상성이 표출되고 아이덴티티의 근본이 드러나게 마련이다. 그래서 근대화 과정에 일방적으로 수입되어 지금도 통용되고 있는 용어들에 대한 점검이 하나의 필수적인 작업이라고 말하고 싶다. 당연하게 통용되는 용어들과 그 용어들의 용례에 대해서 민감하게 반응하는 것 자체가 하나의 자성 과정이라고 말할 수 있다. 그것은 통용되는 용어의 개념과 그 개념의 확장된 사용에 대한 반성의 기회를 제공할 수 있기 때문이다. 그러할 경우, 특정 용어 적용의 과학적 정당성에 대한 의문을 제기하게 된다. 우리

하청 제국주의 틀 속의 문명과 원시

는 이미 그러한 경험을 충분히 하였으며, 그 증거로 '인종'이란 단어의 사용이 주저되고, '후진국-선진국'이란 구도와 용어의 사용도 자제하고 있다.

나는 현대 한국 사회의 근대화 논의에 개입되어 있는 상수(常數)는 제국 일본의 식민지 확장과 식민 정책의 진행 과정이라고 생각한다. 당시의 주류적인 사상과 그 사상을 표현해 내는 무기로서의 용어들에 대한 기초적인 정리 작업이 선행되어야 하며, 그 과정에 개입되어 있는 복잡한 양상들을 잘 살펴서 풀어내야 한다. 잘 정리해서 엉키지 않도록 정돈할 필요가 있다.

제국 일본의 첫 번째 희생양은 류큐(琉球) 왕국이었고, 청일 전쟁의 부산물인 식민지 대만이 두 번째의 희생물로 등장하였다. 제국 규모의 전쟁을 통해서 청국으로부터 할양받은 대만은 일본의 제국화에 큰 힘을 실어 주었다. 그것은 제국 일본의 탈아입구식 근대화 노선의 성공 사례로서 명실공히 세계만방에 공인되는 사건으로 이해되어야 한다. 러일 전쟁은 그러한 논의에 확실한 종지부를 찍는 획기적인 사건이었으며, 유럽 사람들의 황화론(黃禍論)을 증명이나 하듯이 등장하였다. 식민지 대만을 지배하는 기본적인 노선을 정립한 대표 주자로 일컬어지는 고토 신페이(後藤新平)에 의해서 도입된 생물학적 지배론에 주목할 필요가 있다. 19세기 생물학의 대명사가 다윈의 진화론이었음을 새삼 증언할 필요는 없다. 적자생존과 약육강식의 논리가 세상을 지배하던 시대의 제국주의는 살아남기 위한 투쟁의 전략이었음을 알 수 있다. 그 과정의 희생 제물이 되었던 자신에 대해서 절망할 필요도 없고, 약탈자들의 행위에 대해서 분노할 필요도 없다.

그것은 당시의 삶의 방식이었으며, 그 승자의 대열에 끼어들지 못한 자신에 대해서 자책할 문제도 아니다. 따라서 19세기 유럽의 학문을 답습한 제국 일본의 엘리트들이 당대의 주류 사상이었던 진화론과 사회진화론을 기본적인 신념으로 삼은 것은 전혀 이상한 일이 아니었다. 조선이 일본의 식민지가 된 것은 당대의 흐름에서 빚어진 선택이었음을 이해하고, 그 원인을 냉철하게 분석하는 작업이 우리의 몫일 뿐이다.

본고에서는 첫째, 논의되고 있는 용어들의 출현과 적용 과정을 시대적 배경에 입각해서 면밀하게 검토하려고 한다. 유럽에서 제작된 개념들이 당대의 시대적 배경을 어떻게 반영하고 있으며, 그러한 시대적 배경이 어떠한 맥락 속에서 제국주의의 팽창과 보조를 맞추었는지에 대한 논의가 구체적으로 전개될 것이다. 둘째, 그러한 용어들이 현대 한국 사회에서 소비되는 과정에 개입되어 있는 제국 일본의 번역(飜譯)과 하청(下請)의 역할에 대해서 논의할 필요가 있다. 일본의 근대화 과정은 번역의 시대라고 말해도 과언이 아니다. 새로운 사상과 개념을 일본의 지성에 적합하도록 번역하는 작업이 탈아입구의 전 과정인 셈이다. 니시 아마네(西 周)를 비롯한 막부 말기의 난학자(蘭學者)들이 유럽의 문물을 수입하는 과정에서 필사적으로 전개하였던 작업이 번역이고 이는 새로운 문물을 위한 조어(造語)였다.

다음으로 유럽의 근대를 접한 일본은 자신들이 습득한 결과인 근대화의 내용을 주변의 식민지에 적용하는 시도를 하였다. 말하자면 19세기 일본의 제국주의는 근대로부터 근대화로 전환하는 과정에서 빚어진 일종의 하청이었던 것이다. 외부로부터 수입한 문물을 자

하청 제국주의 틀 속의 문명과 원시

기화하는 작업 과정이 번역을 통한 하청이었다고 한다면, 제국 일본 자신이 소화한 근대화를 주변의 식민지에 이식하고 전파하는 과정은 재하청(再下請)이었다고 말할 수 있다. 나는 제국 일본이 수행하였던 이 과정을 하청 제국주의(下請帝國主義)라고 이름한다. 즉 근대화의 내용이 식민지로 전달되는 하청의 과정에서 제국 일본에 의해 식민지 조선에 이식된 특수한 문화 현상이 작동되었고, 이것이 작동하는 과정에서 식민지 조선의 지식 형성에 기여한 부분이 현재 현대 한국 사회에 전승되고 있음을 확인할 수 있다. 그 내용에 대해서 면밀하게 검토하는 것이 지금 우리에게 주어진 과제라고 생각한다.

첫 단추가 잘못 끼워진 것이 맞다면, 우선 단추부터 찾아야 한다. 그 단추가 어떤 재료로 만들어졌는지, 어떻게 생겼는지, 누가 만들었는지, 언제 만들어진 것인지 등등 단추에 대한 정확한 정보를 집적해야 한다. 단추를 끼울 구멍에 대해서도 마찬가지다. 잘못 끼워진 단춧구멍이 어디에 있는가를 확인하고 다시 제대로 끼우기 위해 어디에 구멍이 있는지를 알아야 할 것이 아닌가? 잘 보이지 않으면, 더듬어서라도 찾아야 할 것이 아닌가?

정확히 어디에서 잘못이 발생했는지는 확인하기 힘들지만, 번역과 하청의 과정에서 태생된 지식과 사상사의 잘못된 문제가 아직도 지속되고 있음에 대해서 논의하고자 한다. 나는 하청 과정에서 잘못 끼워진 첫 단추에 해당되는 사례 중의 하나가 '문명과 원시'로 표현된 인식의 문제에 개입되어 있다고 생각한다.

이 문제에 대한 논의를 전개하기 위해서 본고에서는 이중 나선(double helix)이라는 개념을 동원하였다. DNA의 구조를 설명하기 위해서 그 구조가 보여 주는 모습에 걸맞은 이름을 붙인 것이 '이중 나선'인데,[1] 이중 나선이라는 단어는 '애매성 제거(disambiguation)'라는 단어로 통용되기도 한다. 즉 각각의 나선을 구성하는 작은 박스들 두 세트가 한 치의 오차도 없이 대칭적으로 위치한 모습의 전체가 이중 나선이다. 이 개념이 없이는 현대의 분자생물학과 전자공학이 성립될 수가 없다. 정치한 서열의 완전한 대칭 구조에서 한 개라도 제자리를 지키지 못하면, 전체는 무너질 수밖에 없는 모습이다. 이중 나선이 뒤엉키게 되면, 모든 것은 깨어질 수밖에 없다. 질서란 있을 수 없고, 현상 자체의 파악도 불가능하게 된다.

이 글을 전개하기 위해서 머릿속에 그린 그림은 '뒤엉킨 이중 나선'이다. '문명과 원시'의 논의는 그 자체가 하나의 '뒤엉킨 이중 나선'이라는 점을 지적하고 싶은 것이다. 본고의 논리 전개가 '뒤엉킨 이중 나선'의 모습을 조금이나마 풀어서 본래의 정치한 '이중 나선'의 모습을 재현할 수 있는 방향의 단초를 제공하고, '이중 나선'이 제대로 정리될 수 있기를 바라는 마음이다.

2   하청 제국주의와 민족/국민의 탄생

원조 제국주의와 하청 제국주의의 근본적인 차이는 어디에서 발생하는가? 그것은 색깔과 모양새에 기초한 신체에서 비롯되었다. 제국 일본에서 인류학의 시작은 모양새와 측정치로 사람의 집단을 구분해 내는 초보적인 체질(體質)인류학이었다. 좀 더 정확하게 말하면 그것은 해부학적인 인체측정학(anthropometry)이었다. 일본 '민족'의 원류를 찾아냄으로써 제국주의를 수행할 조직적 동력의 기초를 마련할 필요가 있었던 것이다. 야마토와 아이누 및 류큐 사람들과의 동질성을 측정해 내기 위한 체질인류학적 작업과 고고학적 발굴이 일본인류학의 시작이었고, 그 연구 결과들은 "단일 민족 신화"를 만들어 내는 데 획기적인 공헌을 하였다. 시라토리 구라키치(白鳥庫吉)와 구로이타 가쓰미(黑板勝美)를 필두로 한 역사학이 민족 만들기의 학문 운동에 보조를 맞춘 것도 사실이다. 『일본서기(日本書紀)』와 『고사기(古事記)』에 등장하는, 야마토(大和) 이외의 집단들이 어떻게 동화되어 가는지에 대한 사실적 기록의 발굴과 분석도 단일 민족 신화를 보강하는 중요한 역할을 했다. 대륙인 한반도의 난리를 피해서 이주했던 '도래인(渡來人)'과 큐슈 남쪽의 토착인 하야토(隼人)도 궁극적으로 동화의 절차를 밟은 셈이다. 일본 역사는 한마디로 동화의 역사라고 해도 과언이 아니다.

동화 사상은 식민지로도 연장되었다. 그래서 내지연장주의라는 말을 하는 것이다. 제국의 수도 동경이 새로운 정신사의 구심점을 구축하면서 식민지들은 주변부를 형성하는 하나의 제국 체계가 만들어졌고, 고등학교와 제국대학의 연망(連網) 속에 단일 민족 신화에 기초를 둔 식민지의 동화 정책이 확산된 것은 사실이다. 식민지에서 전개된 동화 사상은 국민(황국 신민(皇國臣民)의 준말)의 탄생을 예고하였고, 국민은 천황의 신민으로서 천황을 정점으로 한 가족과 같은 체제의 국가 명령에 따라서 전쟁 수행의 임무를 부여받는 영광을 얻었던 과정이 대동아 전쟁이었다. 이 부분이 원조 제국주의와 하청 제국주의의 극명한 차이라고 말할 수 있다. 민족만들기의 단일 민족 신화는 국민만들기의 '황국 신민 신화'로 연장되었던 것이다. 동화라는 현상이 인간관계에 적용되면, 일방이 아니라 쌍방의 문제로 틀을 조성하게 된다. 그것은 강요하는 쪽과 당하는 쪽의 양쪽에서 전개되고 작동하게 마련이다. 따라서 식민화 과정은 일방통행이 아니라 쌍방 교류의 과정도 포함되어 있음을 지적하지 않을 수 없다. 나는 이러한 과정의 생성 현상을 식민지혼종론(colonial hybridity)으로 설명한 바 있다.[2]

　시민 혁명과 노예 해방을 쟁취한 서구 사회의 자신감이 문명 (civilization)이란 단계를 설정하고 그 문명의 주인공을 서구 사회로 설정한 것은 당연한 정신사적 과정이었다. 결과적으로 그것은 세상을 선도할 수 있는 사상으로서의 진화론에 결정적인 힘을 실어 준 셈이 되기도 한 것이다. 이 대목에서 우리는 문명의 주인공이 시민이라는 사상이 자리 잡은 점을 인정하는 데 인색하지 말아야 할 것이다. 시민 탄생의 역사적 경험을 축적한 서구의 근대가 일본으로 전달되는 과정에 커다란 굴절이 있었음을 알 수 있다. 시민이란 자결권을 행사하고 그에 대해서 책임지는 개인들의 집합체를 말한다. 난학(蘭學)과 양학(洋學)을 습득하던 일본의 지식인들에게 번역 과정에서 가장 어려운 고비였던 것이 civilization이라는 단어가 아니었을까? 시민 혁명이나 노예 해방이라는 명제들이 일본 사회 내부에 적용되는 것은 천황제 철폐의 역적모의와 사회 전복을 의미하는 것이나 마찬가지였을 것이기 때문에, 서구의 civilization을 의미상의 맥락까지 전달하는 용어로 번역하는 것은 불가능하였을 것이다. 정신사적인 차원의 역사적 의미를 담고 있는 civilization의 번역이 물질과 기술 중심의 용

　하청 제국주의 틀 속의 문명과 원시

어로 전환되면서, 일본문화론을 반영하는 번역어로 '文明'이 만들어
진 것 같다.

일본인들이 유럽의 'civil'이란 단어를 핵으로 하는 용어를 '文明'
이라고 번역한 것은 문자 사회를 기본으로 한 진보 개념을 적용한 것
이라고 생각된다. '시민 혁명'으로 인해서 세상이 밝아졌다는 의미의
civilization을 '글'로 인해서 밝아졌다는 뜻으로 의미 전환을 시도하
였던 것이다. 원래의 글자 그대로 번역을 할 경우(예를 들어서, 시혁(市
革) 또는 민혁(民革) 등으로 번역하거나 취음자(アテジ)의 형식으로 '시비루
(史美留나 市美流)'와 같이 번역하는 것), 천황 전복의 불경죄를 면키 어
려웠을 것이라고 짐작해도 무리가 없다. 따라서 제국 일본의 근대화
는 시민 없는 근대화였다고 말할 수 있고, 시민의 자리에 민족과 국민
을 대체하는 운동이 반복적으로 확산하면서 진행되었음을 알 수 있
다. 일본의 근대화 동력이 시민으로부터 비롯되었다고 말하기 어려
운 것이 사실이다. 신화상으로 만들어진 민족이 엘리트 집단에 의해
서 유도되고, 동화 사상에 의한 국민의 탄생이 그 뒤를 이음으로써 서
구 사회의 근대와는 전혀 별개의 근대화를 경험한 것이다.

제국 일본에서 '민족' 개념이 시험대에 오른 것은 만주국의 등장
이었다. '민족'만으로는 지탱할 수 없는 만주국을 정당화하려는 관동
군(關東軍)의 시도가 '국민'을 탄생시키는 결정적 계기가 되었음을 지
적하고 싶다. 오족협화(五族協和)를 통한 국민 만들기가 만주국의 과
제였으며, 주변부로 팽창하였던 개념 정치가 역류하는 현상이 제국
수도에서 전개되었음이 대동아 전쟁의 전쟁 동원을 위한 국민 개념
으로 확장되었다. 천황이나 황제의 소유인 국가라는 것의 발전을 위

한 정책을 수행하는 데 필수적인 조직을 구성함에 있어서, 사람을 발전의 도구로 사용하려는 의도로 창안된 것이 황국 신민(=국민)이다. 민족과 국민으로 조직된 제국 일본의 근대화에는 시민의 개념이 개입할 여지가 없었음을 알 수 있다. 시민 없는 근대화가 제국 일본 실패의 원천적 원인이라고 생각한다.

시민 없는 근대, 그것은 사실상 근대가 아닐 뿐만 아니라 무늬만 근대인 형상을 보여 주고 있다. 근대와 근대화의 차이가 시민의 존부에 달린 것이고, 이것이 원조 제국주의와 하청 제국주의의 근본적인 차이점이라는 결론이 가능하다.

하청 제국주의가 구성한 먹이 사슬이라는 식민지 조선에서 '민족' 개념이 급부상한 것도 재하청의 과정에서 발생한 것으로 이해해야 한다. '민족'은 식민지 조선의 지식인들이 창안한 개념이 아니라는 점은 분명하다. 그것은 식민지 시대에 중심부 동경으로부터 식민지 조선에 이식된 개념이다. 제국 일본에서 작동하였던 민족 개념이 식민지 조선으로 이전되면서 그 의미가 더욱더 강고하게 전개되었다는 생각은 문화주변론(cultural marginality)으로 설명이 가능하다. 천황을 정점으로 한 천손 강림 신화와 단군을 정점으로 한 단군 신화의 양자는 기본적으로 동일한 구도임을 지적하지 않을 수 없다. 고려의 도방이나 도쿠가와(德川) 막부의 모델을 흉내 낸 평양의 국방위원회 정부는 한술 더 떠 단군릉을 복원함으로써 단일 민족 신화의 극상을 마련한 셈이다. 민족 담론의 경쟁 구도에서 북선(北鮮)이 남한(南韓)을 추월하였음을 과시하는 일종의 연극이다.

걸핏하면 '민족'을 부르짖고 '민족'을 앞세우는 지식인들이 팽배

하청 제국주의의 틀 속의 문명과 원시

한 상황에서, 그리고 "국민 여러분"을 예사롭게 호출하는 정치가들이 존재하는 상황에서 시민 사회는 멀어진다. 허구의 개념들이 뻔질나게 호명되는 한 실제로 존재해야 하는 개념인 시민은 그 당사자들로부터 유리된다. "말이 씨가 된다."라고 했다. Civilization의 일본식 번역어인 '문명'에 담긴 의미소들을 정확하게 짚어 볼 필요가 있다. 그리고 그 굴레를 어떻게 벗어날 것인지에 대해서 생각해 볼 겨를을 마련해야 할 것이다. 시민이 중심에 존재하지 않는 근대를 설정한 것이 일본 지식인들의 한계였다. 그것이 하청의 한계였던 모양이다. 그래서 연합군 총사령부(GHQ) 체제가 만든 현대 일본은 강제 부여된 시민과 빛바랜 신민(=국민)이 혼종하게 되었고, 근대와 원시가 공존하는 사회가 되었다.

일본 지식인의 '문명'은 아직 '밝아지기 이전'의 단계를 글을 기준으로 설정하고 있다. 서구에서 시민 혁명을 기준으로 구분하였던 것을 한자 문화권인 일본에서는 문자를 기준으로 구분하였던 것이다. 문자와 혁명의 차이가 번역의 과정에서 어떠한 생각을 하게 하였는지에 대한 반성이 촉구되는 부분이기도 하다. 하청을 받은 '조선(한국)'에서 과거 시험용 문자가 개화의 정점에 있는 한, 근대의 주인공인 시민이 살아가기 위한 실천으로 나타난 과학이 제대로 발을 붙이기는 어렵다. 근대 서구 사회의 중심인 시민이 살아가기 위한 구체적인 삶의 방식으로 축적된 것이 과학인데, 제국 일본이 만들어 낸 근대에는 과학을 대하는 주인공이어야 할 내생적 시민이 존재하지 않기 때문이다. 그 하청의 상황에 놓인 식민지 조선의 근대와 과학 그리고 시민의 문제는 기본적인 판부터 새롭게 성찰해야 할 과제로 남아 있는 것이다. 시민과 민족/국민의 차이는 자결권과 그에 대한 책임감의 존부에 달린 것이고, 시민이 근대의 주인공이라는 점은 누차 반복해서 말하였다.

앞에서 문화주변론을 언급한 바 있다. 재하청 상황의 한국 지성사가 돌파해야 할 가장 커다란 과제가 과학과 과학주의(scientism)이다. 하청 사회의 과학에 대한 대응보다도 재하청 사회의 그것은 항상 한술 더 뜨는 법이다. 그래서 한국 사회의 지식인들이 담보하고 있는 가장 강력한 무기가 과학주의라고 생각된다. 과학과 그것이 제공하는 기술의 결과를 맹신하는 경향을 말한다. 과학주의에 매몰된 사회에서는 과학이라는 논리의 추상이 구체적으로 등장하는 기술의 형태로 전환하는 과정에 대해서 사람들이 어떠한 태도를 취하고 어떤 행동을 하는가에 대한 전제는 아예 생략되어 버린다. 이것이 바로 기술 낙관론이 팽배하는 원인이 되고, 그 틀에 들어가면 우선 저질러 놓고 보는 것이며, 과정에는 전혀 관심을 보이지 않는다. 저질러 놓으면, 결과의 판정은 반반이다. 저질러 놓는 사람이 부정적 결과에 연연할 리가 없다. 성공적이고 긍정적인 결과만 침소봉대되고, 저질러 놓은 사람을 영웅시하게 된다. 운명론이 팽배하는 이유가 이러한 맥락이고, 무당이 성행하는 이유도 이러한 문제와 직결되어 있다. 과정에 관심이 없기 때문에 사람이 그 과정에서 어떠한 경험을 하는가, 그리고 어떠한 느낌을 갖게 되는가는 완전히 장외로 내팽개쳐진 상태가 된다. 과정 없는 과학이 있을 수 있는가? 시민과 과학 그리고 근대가 모두 하나의 시스템으로 작동하는 일습임을 알 수 있다.

이러한 현상이 강력하게 작동하고 있는 하나의 사례로 거론할 수

하청 제국주의 틀 속의 문명과 원시

있는 분야가 개인 건강을 볼모로 하는 보건 의료이다. 제약 회사와 의료진의 담합으로 예방 의학은 금전 만능주의의 실천장이 되어 가고 있다. 갓난아기에게 예방 주사를 놓아야 하나 어쩌나를 고민하는 어머니들이 있는 상황이 근대일 수는 없는 것이다. 사기성 농후한 보험 회사는 사고 차량과 병원의 주변을 맴돌며 먹고사는 모습이 오늘의 한국이다. '말도 안되는 한국 사회'의 주인공들이 활개를 치고 있으니, 시민 탄생은 요원한 일이다. 근대와 원시 사이를 맴도는 개인들이 다수를 이루는 사회에는 시민의 개념이 안착할 수도 없고, 강건한 정체성이 확립될 수도 없다. 매뉴얼이 하나도 작동하지 않는 사회에는 잘못 번역된 '문명'이란 단어조차 적용할 수 없다.

3 문명 문화와 야만 문화

진화론 선상의 구도는 '문명과 야만'이 하나의 대응 짝을 이루었다. 그것을 대변하는 대표적인 저작물이 루이스 헨리 모건(Lewis Henry Morgan)의 『고대 사회(*Ancient Society*)』(1871)이다. 이 책은 인류 사회의 발전 단계를 9단계로 설정하고, 최하위에 야만(savage)을, 최상위에 문명(civilization)을 위치시킴으로써 생물학의 진화론을 사회 진화론으로 전환하는 기본적인 아이디어를 제공하였다. 그가 세상을 바라본 기본적인 관점이 진화론에서 나온 것임은 두말할 나위가 없다. 인류 사회의 발전 단계라는 가설을 설정하였던 모건의 모델은 당시의 유럽을 인류 사회의 최고 정점에 두고, 그것을 기준으로 하여 사회 분화의 모형을 제작함으로써 아홉 가지의 단계를 만들었다. 객관적인 기준으로 단계를 설정한 것이 아니라 명백히 유럽 중심주의에 입각한 모델이다. 그럴듯하게 보이는 그의 가설은 사실상 일종의 거대한 '트릭'의 작동을 은폐하고 있다. 다윈의 생물학적 진화론이란 가설을 인류 사회의 내부로 끌어들임으로써 제작한 모델이 쓴 '트릭'은 생물학적 종간(種間) 진화의 가설을 인류 사회라는 단일 종내(種內)로 끌어들인 것이다. 종간 진화론을 종내 진화론으로 수렴시킴으로써 '문명과 야만'의 도식이 만들어진 셈이다. 여기에 개입된 것이 모든 현상을 과학으로 설명할 수 있다고 주장하는 과학주의의 이데올로기이다.

소위 지리상의 발견이라는 과정에서 세상을 돌아다니던 유럽인들의 사상과 행동에는 기독교와 기독교의 전파라는 사명이 동반되었고, 기독교를 전파해야 할 대상은 계몽의 대상이 되어 제국주의의 팽창으로 이어졌던 것이 17세기와 18세기의 세계사라고 말해도 과언이 아니다. 이른바 계몽주의의 발호로 서구의 근대 모델이 다른 곳으로 이식되는 과정이 근대화라고 말해도 틀리지 않다. 다른 사람들을 심신(心身)으로 지배하기 위한 정당성의 확보도 필수적인 과제였기 때문에, 문명화 사명(mission civilisatrice)이 제기되었던 것이다. 유럽의 문명이란 기본적으로 시민 혁명을 바탕으로 한 새로운 형태의 삶을 말하는 것인데, 시민 혁명이란 과정을 경험하지 않은 다른 세상으로 이전된 '문명'이란 그야말로 그 용어의 껍데기만을 전달할 뿐이었다.

계몽주의의 핵심 개념인 진보(progress)를 내세워 진보한 것은 문명이고 진보하지 않은 것은 야만이라는 구도의 성립이 가능하였다.

진보의 개념을 개입시킨 문화는 문명 문화와 야만 문화의 둘로 나뉜다. 추운 겨울에 팬티와 속옷 그리고 외투로 무장함에 익숙하고 포크와 나이프로 빵과 고기를 먹는 유럽인들의 눈에 비친 열대 우림의 '나체'족과 그들의 구근류 음식은 야만적인 풍습으로 인식되었다. 소위 하느님의 자손이 이렇게 '불쌍한' 모습을 하고 있는 것을 도저히 용납할 수 없었기 때문에 광범위한 선교가 영적 정당성의 확보하에서 수행되었다. '백인의 짐(white man's burden)'이라는 제국주의를 위한 도덕률이 마련되고 그것은 하나의 신념으로 자리하게 되었다. 야만 문화를 박멸하는 것이 그들의 신조가 되었었고 선교라는 이름의 실천이 지구 상의 곳곳에서 진행되었지만, 사실상 '야만인'들이 사라지게 된 가장 큰 원인은 백인들이 몸으로 전파한 박테리아 때문이라는 것이 여러 가지 경로로 증명된 바 있다.[3] 생태학적 제국주의의 진행 과정이 사상적 제국주의의 내면에 은폐되어 있었다는 점을 지적하고 싶다. 진화론에 이은 사회진화론이 과학이라는 이름으로 포폄되는 것은 시대적 산물이었고, 사회진화론은 제국주의의 행동 강령을 위한 과학적 도덕률로 자리를 잡은 것이다.

문제는 사회진화론의 공세를 버틴 인류학자들의 목소리가 소수였다는 것이다. 경제를 등에 업은 발전론의 핵심에 자리 잡은 문명 문화의 매력과 그것의 편리함에 도취된 인간성은 문명론의 뒷북을 알면서도 문명론이 파 놓은 함정으로 빠져들고 있는 것이다. '서구의 몰락'은 바로 이 부분으로 연결될 수밖에 없다. 지금 '서구'는 과거의 서구만을 지칭하는 것이 아니다. '서구'는 전 지구를 담보로 하고 있기 때문에, 더 이상 '서구'를 지리적으로 구별해 낼 필요가 없다. 그 확실한 증거로 제시될 수 있는 것이 원자력(폭탄이든 발전소든)의 위력이다. 문명 문화의 오만함이 발전론의 종말과 함께 임계치를 넘으려 하고 있다. 시지프스 신화의 반복되는 돌 굴려 올리기가 멈추어 버릴 것인가? 한 가지 사례를 거론하고 싶다. 핵 문제이다.

지구종말시계론(Doomsday Clock)은 제2차 세계 대전의 종식과 함께 거론되었다. 대전을 종식시킨 히로시마, 나가사키 원폭 투하 2년 후인 1947년부터 매년 《핵과학자 회보(Bulletin of the Atomic Scientists)》의 신년호 표지에 '종말 몇 분 전'이라고 고시되었다. 1947년 시작할 당초에는 7분 전이라고 표기되었지만, 1953년 소련이 수폭 실험에 성공하고, 이어서 미국이 비키니 섬에서 1954년 3월 10일 이후 연속적인 수폭 실험을 단행하면서 그 시간은 급격히 단축되어 종말 2분 전을 기록하였다. 그 후 미국과 소련간의 핵 확산 방지와 군축 교섭이 진전되면서 1963년과 1972년에는 20분 전으로 늘어났다. 베트남 전쟁 도중에도 그 시간이 줄어들지 않았다는 점은 핵 보유국의 지위에 대한 생각을 새롭게 하게 하는 대목이다. 1984년 군확기(軍擴期)를 맞으면서 그 시간은 다시 3분 전으로 줄어들었다. 그해 1년 동안 지구상에서 확인된 핵 실험은 총 27회로 소련 16회, 미국 5회, 영국 3회, 프랑스 2회, 중국 1회였다. 소련은 대부분을 카자흐스탄의 세미팔라틴스크에서, 미국은 네바다 사막에서 실험을 하였다. 프랑스는 남태평양의 무루로아에서 핵 실험에 성공했다. 그 사이에 스리마일 섬에서도, 체르노빌에서도, 최근에는 후쿠시마에서도 핵 발전소 사고가 현재 진행형으로 이어지고 있다.

연이은 핵 실험이 소련 붕괴의 주된 원인이 되었다고 말해도 이

하청 제국주의 틀 속의 문명과 원시

주장을 거부할 수 있는 역증거를 찾아내기는 쉽지 않을 것이다. 소련 붕괴의 모습이 지구 종말 과정의 한 예시(豫示)라고 말해도 큰 문제는 없을 것이기 때문에, 조지 오웰의 예언(1984)이 적중하였다고 생각하는 사람들은 후쿠시마 원전 사고가 일본 열도 붕괴의 신호탄으로 작동할지도 모른다고 생각한다. 일본 열도에서 인상파 특별전이 끊이지 않는 것은 무엇을 말하는가? 탈아입구로 시작되었던 '근대화 일본'에 대한 반성과 대안의 가능성이 추구하는 인간성의 표현이 아닐까?

1991년 구소련이 붕괴하면서 지구 종말 시계는 17분 전으로 늘어났다. 현재는 5분 전이 되어 있다. 미소 양자 구도 속에서 진행되었던 20세기의 핵 시계가 북조선을 포함하는 다자 구도의 21세기 핵 시계로 이전하면서 어떤 방향으로 가닥이 잡힐지 아무도 모르는 어처구니없는 일이 현실로서 진행되고 있다. 한 가지 확실한 것은 종교적 종말론의 과학적 입증이 가능하게 되었다는 점일 뿐이다.

문명이란 현상의 최정점에서 나타난 핵이 우리에게 보여 주는 하나의 사실은 '문명＝공해(公害)'라는 구도이다. 과학주의의 늪에 빠진 사람들이 갈구하는 편리에 발맞추어서 문명은 점점 더 공해와 동의어가 되어 가고 있다. 과학이 모든 것을 해결할 것이라고 생각하는, 그래서 과학의 산물인 기술에 모든 기대를 거는 기술 낙관론이라는 인류 대리인(human agency)의 도구가 과학주의이기도 하다. 과학적 지식이 아니면 모든 것을 배격하는 과학주의는 원시를 미신으로 충만시켰다. 과학주의 속에서 원시는 '미개'와 동의어로 작동되었음을 알 수 있다. 위에서 지적한 것처럼, 문명은 공해와 동의가 되었고, 원시는 미신과 미개로 번안되면서 결과적으로 '문명과 원시'의 내용물이

'공해와 미신'으로 가득 메꾸어진 사실을 아는지 모르는지.

탈아입구로 제국주의의 실천이 가능하게 된 제국 일본은 제국주의를 실천하기 위해서 '탈구입아(脫歐入亞)'로 180도 방향 전환을 하였다. 서구의 제국주의자들로부터 아시아를 구제한다는 도덕률을 확립함으로써 전쟁의 정당성을 확보하려는 시도를 한 셈이다. 육당(六堂)과 춘원(春園)이 재하청의 선봉에 설 수 있었던 것은 한자 문화권의 한자(漢字)라는 공유 기재가 있었다는 점 때문일 것이다. 하청 과정의 일본인들이 태서주의(泰西主義)를 표방하였다면, 재하청 과정의 육당과 춘원은 '태일주의(泰日主義)'를 옹호하였다. Civilization의 civil의 의미에 대해서 고민을 한 흔적을 보였던 조선 지식인들은 없었다. 그들은 모두 당연하게 시민의 자리를 대체한 민족 개념에 몰입함으로써 태일주의를 실천하였고, civilization의 번역어인 문명을 당연하게 받아들였다. 육당의 '불함문화론'은 대표적인 태일주의의 문화주변론적 생산물이고, 민족을 앞세운 자위행위의 극단적인 사례이며, 논문 형식을 가장한 소설이다.

모방의 과정에서 내면화를 경험하였던 일본의 근대화에 비해서 땀과 힘과 시간이 소요되지 않았다는 '유리한' 위치에 있었던 조선의 입장을 바라보게 된다. 땀과 힘과 시간이라는 비용을 지불하지 않고 수월하게 근대화를 이룰 수 있었던 반면에, 조선의 근대화는 근대라는 문제의 내면화 경험을 제대로 하지 못했다는 점을 지적할 수 있다. 모방의 어려움을 느끼지 못한 조선(이어서 한국) 사회에서는 아직도 모방이라는 단어의 개념을 제대로 이해하지 못했고, 모방은 쉽사리 '베끼면' 되는 것으로 간주하는 결과를 생산하였다. 결과적으로 '모방'과 '표절'을 제대로 구별하지 못하는 상태에서 살아 가고 있는 셈이고, 특히 학문 분야의 경우에는 표절이 허다한 근대화 과정을 밟은 것이 19세기 말과 20세기 초의 조선 사회였다고 말할 수 있다.[4] 표절 행위는 지금도 끊임없이 반복되는 학계의 폐풍으로 자리 잡고 있다. 모방이란 인고의 내면화 과정을 담보하는 것이고, 표절이 란 단순 동작에 의한 베낌으로써 관련된 현상의 과정을 생략한 결과 를 생산하는 것이다. 그러한 방식의 제도화된 교육이 단순한 주입식 암기라고 말할 수 있다. 축약해서 말하는 것이 허락된다면, 일본의 근대화가 모방으로 시작하여 모방으로 끝났다고 한다면, 조선의 근 대화는 표절에서 시작하여 표절로 이어지고 있다고 말해도 과언이 아니다.

근래 일본을 조금 들여다본 식자들 중에서는 廣島(히로시마)나 福 島(후쿠시마) 또는 鹿兒島(가고시마) 등의 글자를 보고, 섬이 아닌데 왜 '섬' 도(島) 자를 사용하고 있는가라는 질문을 한다. 島 자의 의미 가 '섬' 하나로만 통일되어 있는 한국 사회의 지식 구도와 일본 내의 島 자 용례 사이의 차이를 모르는 한국 지식인의 우문인 것이다. 일 본 내에서는 島 자가 '섬'이라는 뜻뿐 아니라 '고향' 또는 '마을'의 의 미도 있기 때문에, 이 질문은 일본을 일본의 입장에서 제대로 깊이 알 지 못하는 한국 지식계의 방법론상의 한계에 대한 노정인 것이다. 독 일을 왜 '독일(獨逸)'이라고 부르는지에 대한 의문도 또한 재미있는 문제다. 중국에서는 독일을 '德國'이라고 불렀다. 조선에서도 중국식 을 따르던 시절이 있었다. 그런데 일본의 식민지가 된 조선에서는 어 느 시점에선가부터는 이유도 모르고 德國이란 명칭을 버리고 獨逸로

바꾸어 부르게 되었다. 그 이유는 이러하다. Deutch를 ドイツ(도이츠)로 발음하는 일본인들이 ドイツ에 가장 가까운 한자를 선택하여 소리를 중심으로 집자(集字)한 결과가 獨逸인데, 친일 청산을 논하고 반일을 주장하는 한국의 대학에서는 아직도 버젓이 독일어과(獨逸語科)라는 단어를 공용어로 사용하고 있다. 결과적으로 '독일'이란 단어는 식민지 조선이 재발명한 단어인 셈이 되었다. "차단—한 등불이 하나 비인 하늘에 걸려 있다. 내호올로 어델 가라는 슬픈 신호냐"로 시작하는 김광균(1914~1993)의 「와사등」(1938)에서도 마찬가지의 문제가 도사리고 있다. 영어의 gas를 '개스'라고 발음하기 힘든 일본인들이 로마자 철자대로 '가스'라고 발음하여 음차식 표기인 '瓦斯'로 적은 것을, 충분히 '개스' 또는 '가스'로 발음을 하여 적을 수 있는 한글을 가지고 있는 시인이 「瓦斯燈」의 제목을 단 것이다. 나는 그 '와사'라는 발음이 좋아서 죽자고 「와사등」을 외웠던 소년 시절을 보냈다. 그래야 모더니즘 시를 이해하는 양으로. 지금도 그렇지만, 김광균의 「와사등」을 '가스등'이라고 읽으면 왠지 모더니즘 시의 맛이 사라지는 이 심화/체화(心化/體化)된 현상이 무엇을 말하고 있는가?

그렇다고 해서, 이제 와서 이러한 일본식 또는 일본식에 물든 한자어들을 모조리 폐기하자고 주장하는 것은 또 다른 실패의 단추를 끼우는 것이나 마찬가지다. 인생은 근본적으로 비가역적인 판도 위에서 진행되는 것이기 때문에 되돌릴 수가 없다. 낙장불입(落張不入)이고, 일수불퇴인 인생항로를 '물리는 수'는 있을 수 없다. 따라서 친일과 반일의 민족주의적 단순 담론에 심취할 것이 아니라, 그러한 글자들이 '우리말' 속에 정착하게 된 과정을 정확하고도 면밀하게 이해하는 과정이 필요하다. 그것이 식민지 경험에 대한 진정한 자성의 길을 닦고 쓰라린 식민주의를 극복하는 첩경이라고 생각한다.

4 Modern과 Primitive

진화론이라는 과학주의의 틀 속에서 문명과 근대가 한통속이 되고 야만과 원시가 한 덩어리가 되는 구도가 마련되었다. 그 속에서 어떤 식의 조합이 일어난다고 해도 진화론을 뒤집을 수는 없는 법이다. 그 결과로 나타난 하나의 대응 짝이 '문명과 원시'의 구도이다. 원시가 야만을 대체한 셈이다. 왜, 원시가 선호되었을까? 두 가지 가능성을 지적할 수 있다. 하나는 로맨티시즘에 연루된 원시의 이미지이다. 다른 하나는 소위 학문이라는 인류학적 구도 속에서 발현된 지식 체계의 전달 과정에서 발생된 것일 수 있다. 두 가지 가능성이 결합한 결과가 '문명과 원시'라는 구도라고 말하는 것이 안전할지도 모른다. 문제는 '문명과 원시'라는 구도에서 읽을 수 있는 편협성이다. '문명의 이기'라는 측면의 문명을 선택하고, 로맨티시즘에 어울리는 '원시'를 선호함으로써 삶을 바라보는 관점에 제한을 가한다는 것이다. 삶이란 치열하게 전개되는 과정의 전체 모습을 담고 있는 것이지, 보기좋은 것과 듣기 좋은 것들로만 구성되는 것이 아니다. 문명의 후면부에서 처절하게 부서져 버린 삶의 모습을 전면부로만 가리려는 의도와 함께 산업화의 연기가 내뿜은 그을음에 닿지 않은 깨끗한 모습의 원시를 그리는 낭만성의 결합이 '문명과 원시'의 구도라고 생각한다.

그런데 이는 두 짝의 나선이 한 덩어리로 뒤엉켜서 통용되고 있는 것이다. 실제 살아감에 있어서는 진화론이 제공한 어떤 조합의 구도가 등장해도 마찬가지지만, 이러한 뒤엉킴을 풀어내려는 시도를 하려면 그 단어들의 출자(出自)를 명확하게 알아야 한다. 그렇지 않으면 뒤엉킴을 풀어낼 수가 없다. 일단 뒤엉킴이 풀려 나가는 구도가 마련되는 순간, 과학이라는 이름의 진화론이 저지른 잘못은 어렵지 않게 지적된다. 일단은 뒤엉킨 상태를 풀어내야 한다. 한 나선은 '문명과 야만'이고 다른 나선은 '근대와 원시'이다. 이 두 나선이 대각선으로 뒤엉켜서 '문명과 원시'라는 구도를 탄생시켰다. 뒤엉킨 상태를 풀어내는 시발점은 뒤엉킨 상태를 경험한 곳일 수밖에 없다. 뒤엉킴이라는 현상을 경험하면 어떤 일이 벌어지는지, 그리고 그 뒤엉킴 속에서 살아가는 삶의 모습은 어떤 모습으로 나타나는지, 그 하나하나의 과정을 세밀하게 풀어내지 않으면, 뒤엉킴의 의미를 새겨 낼 수가 없다.

공장의 굴뚝에서 시커먼 연기를 내뿜는 것이 modern의 상징이었던 유럽 사회가 급속히 부를 축적하였고, 영국의 산업화와 인도의 면화 플랜테이션이 동전의 양면과 같은 현상이 전개되었다. 맨체스터의 방직 공장에서 기계가 돌아가고 리버풀의 항구가 영국의 부를 축적해 주는 길목의 역할을 하기 위해서는 원자재를 공급하는 인도의 희생이 있어야 했다. 영국의 부는 인도의 가난과 맞바뀐 것이다. Modern은 소위 'primitive'의 희생 없이는 불가능한 면이 있었다는 점에 대해서 지적해야 한다. 환언하면, 유럽의 부(富)는 그들이 설정한 착취 대상인 primitive의 부를 이전한 것이라고 해석해도 무리가 없다. 스페인을 장식한 금은 페루 안데스의 잉카와 멕시코의 아즈텍과 마야로부터 이전된 것들이다. 잉카와 아즈텍의 신전을 장식하였던 금붙이들을 녹여서 스페인의 왕궁과 교회를 장식하였던 역사가 제국주의 시대의 관행이었음이 충분히 증언되었다.

인상파가 등장한 것도 이러한 맥락을 반영한다. 어두운 공장과 잿빛의 하늘로부터 숨 막히는 유럽을 탈출하려는 시도 중의 하나가 인상파의 등장이라고 생각한다. 산업과 연기에 의해서 어두워진 근대 도시에 광학 이론을 도입한 것이 인상파다. Modern에서 탈출하려는 인상파들의 시도가 이어진 것을 푸코와 벤야민이 증언하고 있다. 분홍빛 수련 꽃봉오리를 피워 올린 호반 풍경은 모네(Claude Monet, 1840~1926)의 전매특허 그림이었고, 낟가리를 쌓아 올린 풍경은 세잔(Paul Cézanne, 1839~1906)가 즐겨 그린 그림들이다. 드가(Edgar Degas, 1834~1917)와 시슬리(Alfred Sisley, 1839~1899) 그리고 르누아르(Pierre-Auguste Renoir, 1841~1919)의 밝은 색상들이 어두운 잿빛의 modern으로부터 탈출을 시도했다. 문명 세계에 대한 혐오감 때문에 타히티로 피신하였던 폴 고갱(Paul Gauguin, 1848~1903)의 사례가 인상적이다. 인상파의 반(反)modern이 화폭에서는 성공한 셈이었다.

그러한 과정에서 색채의 마술사 라울 뒤피(Raoul Duffy, 1877~1953)가 탄생하였고, 피카소의 게르니카가 modern을 고발하는 목소리를 높였다. 철학자들과 문학가들이 아직 '포스트 모던'과 해체(解體)를 주장하기 전에 상징파 예술가들은 거대화와 효율/성과 지상주의로 인해서 발생하는 자기소외의 세기말 사회에 저항하면서 탄생하였고, 인간성을 배반한 가혹한 근대화에 등을 돌렸던 것이다.

마르크스와 인류학자들도 서구의 근대화를 공격하였다. 마르크스는 자본주의 폐해를 지적하고 자본의 노예가 된 인간을 해방하는 방안으로 공산주의를 제안하였고, 그러한 맥락 속에서 인류학자들은 '원시'를 창안하여 인간성(humanism) 본연의 모습을 보려고 하였다. 사르트르와 레비스트로스의 대화 속에서도, 사르트르는 레비스트로스를 향하여 도피자라고 지적하였지만, 레비스트로스는 도피한 것이 아니라 진정한 인간성의 발견을 위한 작업이 아마존의 여행이었다고 진술하였다. 피카소가 아프리카의 예술품으로부터 영감을 얻고, modern을 공격하는 작품을 제작하였던 것과 레비스트로스가 아마존을 배경으로 『슬픈 열대(*Tristes Tropiques*)』를 저술한 것은 거의 동일한 맥락이다. 레비스트로스는 고갱의 편에 섰다. 고갱이 타히티에서 화폭으로 시도하였던 것처럼, 레비스트로스는 modern에 의해서 저주받은 인간성의 회복이 '원시'로부터 가능하다는 희망을 제시하려는 시도를 아마존의 여행에서 증언하였다.

진화론을 발판으로 시작한 인류학자들은 서구의 모던에 대한 상대로서의 '원시'를 창안하였던 것이지, 그 '원시'는 modern을 향한 개화의 방향을 선택한 '미개(未開)'가 아니다. 인류학자들이 보려고 했던 '원시'는 서구의 modern에 의해서 파괴되지 않은 인간성의 모습을 볼 수 있는 일종의 피안의 저수지와도 같은 것이었다. 이러한 점에서 인류학자들이 낭만주의자들이라는 공격을 받았던 것도 사실이다.(사르트르가 레비스트로스를 공격하였던 것처럼.)

아프리카에서 백인들이 철수할 때 마지막까지 남아 있는 세 종류의 사람이 있다는 조모 케냐타(Jomo Kenyatta, 1893~1978)의 얘기가 있다. 그들은 선교사와 군대를 포함한 행정관들 그리고 인류학자라고. 아프리카를 향한 서구의 400년간 착취는 대량 난민과 빈곤으로 이어졌다. 현재 사하라 이남 3200만 명의 영아들이 영양실조로 인하여 죽음의 문턱에 와 있다. 대량의 난민들이 지중해를 건너서 목숨을 건 '아웃 오브 아프리카(Out of Africa)'를 실행하고 있고, 지부티가 새로운 밀항의 루트로 개척되고 아프리카 사람들은 '상품'으로 팔리고 있다. 지금은 '문명화 사명'의 프로젝트도 작동하지 않고 있고, 그야말로 '백인의 짐'으로 전락한 것이 아프리카다. 서구는 이제 더 이상 아프리카로부터 빨아먹을 '피'가 없다고 생각해서가 아니라 과거의 팽창에 대한 역풍이 엄습하는 두려움을 알고 있는 것 같다.

문명이 매사에 매뉴얼이 있듯이, 원시는 원시대로 매사에 매뉴얼이 있었다. 원시가 문명에 의해서 파괴되는 과정에서 원시의 매뉴얼을 상실함으로써 매뉴얼이 작동하지 않는 야만으로 전락하였던 경험을 인류학자들은 끊임없이 고발해 왔다. 트로브리안드 군도에서 작업을 하였던 말리노브스키(Malinowski) 이래의 인류학적 토속지(ethnography)의 전사(全史)는 원시에 대한 문명의 폭력과 그 결과의 야만화에 대한 고발장이라고 해도 과언이 아니다. 그 고발장은 레비스트로스에 의해서 『슬픈 열대』로 전개된 바도 있고, 인류학자들의 고발 작업은 지금도 세계 각처에서 진행 중이다.

프란츠 파농(Frantz Fanon, 1925~1961)이 전개하였던 흑피백면론(黑皮白面論, 『검은 피부, 하얀 가면(Black Skins, White Masks)』(1952))과 치누아 아체베(Chinua Achebe, 1930~2013)의 와해론(瓦解論, 『모든 것이 산산이 부서지다(Things Fall Apart)』(1958))은 유럽에서도 일본에서도

출현이 불가능하다고 생각한다. 원조 제국주의를 겨냥하는 치열한 경험의 소산으로 등장한 흑피백면론과 와해론은 아프리카 눈물의 결정체. 나의 논의는 파농과 아체베의 수준과는 격차도 있고 겨냥하는 것도 다르지만, 오로지 일본식 하청 제국주의의 전횡에 의한 식민지 경험이 축적된 한국과 같은 곳에서만 가능한 것이라고 이해되기를 바란다.

그러한 점에서 이 글의 논의는 독자성을 확보하고 있다고 생각하고, 그러한 의미에서, 나는 스스로 행운아라고 생각한다. 제국주의가 손을 뻗친 말단에서 축적이 가능한 인간의 경험이 노정되는 한반도의 지정학이 제공한 행운의 하나이다. 이것은 제국주의가 진행되었던 지구 상의 역사에서 전개된 사회 현상을 설명해 낼 수 있는 하나의 모델이 될 수 있다. 대만을 설명하고, 오키나와를 설명하고, 팔라우를 설명해 낼 수 있는 모델이 될 가능성을 안고 있다는 점에 주의를 환기하고 싶다.

또 하나의 문제는 하청 제국주의라는 현상으로부터 연장된 식민성에 관련된 것이다. 쌍방성의 동화 사상에 기초한 하청 제국주의의 특징으로 인해서 식민지 지식인들의 학습 과정에 배태되어 있는 문제를 지적하지 않으면, 식민성의 특징에 관한 논의는 영원히 반쪽 불구의 모습으로 남게 될 것이다. 그 결과, 온전한 논의가 외면된 식민주의 담론과 탈식민주의 담론은 미제 사건으로 남을 수밖에 없고, 기반이 상실된 정체성 논의는 오리무중에 잠길 수밖에 없다. 이러한 점을 경계하기 위해서라도, 식자는 하청 제국주의의 비교 연구와 그 연대를 문제의식의 하나로 수행할 필요가 있다.

하청 제국주의 틀 속의 문명과 원시

5 Modern ─ 근대인가? 현대인가?

어떤 의미에서 원시는 로맨티시즘으로만 남아 있는 것 같다. 유럽의 대응 짝으로 창안되었던 원시는 과거라는 엄청나게 긴 시간으로 충만된 인간의 삶을 표현하는 추상이었다. 그 시간이라는 추상을 삭제하고 인류학자들이 사용하기 시작한 것이 비극이 출발이라고 생각한다. 인류학자들에 의해서 원시 개념의 재발명이라는 과정이 전개되었고, 기능주의와 구조주의를 거치면서 이러한 사상이 완성되기에 이르렀지만, 그것은 시간 개념의 희생 위에서 가능했던 것이라는 반성이 필요하다. 사람을 바라보는 눈이 몰시간성 위에서 전개되기 시작한 것이다. 시간이라는 추상적 개념이 구체적으로 등장한 결과의 역사 문서들이 축적된 사회를 대하는 인류학자들의 딜레마가 엄연히 존재한다.

그것은 아직도 감지되지 못한 동아시아로부터의 충격이고, 시간의 재발견이란 기회를 기다리고 있는 것 같다. 그러나 인류학자들이 동아시아의 문자 사회에서 발견한 시간이라는 것은 아직 추상의 단계에 이르지 못한 상태라고 생각된다. 즉 긴 과거로서의 원시라는 개념에 이르지 못하고 있다. 삶 속에 배어 있는 긴 과거라는 것의 또 다른 이름은 지혜이며, 그것은 동아시아의 고전으로부터 읽히기를 기다리고 있다. 현재 통용되고 있는 원시라는 개념은 알맹이인 지혜를 상실한, 그래서 껍데기만 로맨티시즘을 만족시키는 수준이라고 말할 수밖에 없다.

서양에서 발단(發端)한 modern의 개념은 20세기 초반으로 들어오면서 서양 자체에서 폐기해야 한다는 목소리가 드높게 되었다. Modern이 인간성을 파괴하는 제국주의와 식민주의를 담보하는 사상에 찌들었다는 비판이 제기되었고, 그것을 극복하려는 노력이 postmodern이라는 이름으로 등장한 사실을 우리는 잘 알고 있다. Modern을 초극해야 한다는 목소리가 후발의 하청 제국주의에는 제대로 전달되지도 못한 상태에서 primitive는 혼란에 빠질 수밖에 없게 된 것이다. Modern이 사라지는 상황에서 그 대응 짝으로 등장하였던 primitive의 운명은 자명하게 되었다.

Modern의 탄생과 그것을 해체하려는 포스트모던의 진행 과정을 바라보면서, modern이 이식된 동아시아의 상황을 짚어 볼 수밖에 없다. 영어 단어인 modern은 흔히 '近代' 또는 '現代'와 관련된 용어로 번역되어 사용되고 있다. 한자의 '近代'와 '現代'는 엄연히 시간상으로 다른 의미임에도 불구하고, modern이 어떤 때에는 '近代'로, 어떤 경우에는 '現代'로 번역 사용되는 이유는 무엇인가? 때로는 '近現代'라는 의미상 애매한 단어가 적용되는 경우도 본다. 어떻든 간에 하나의 영어 단어가 두 개의 서로 다른 의미의 단어로 번역 사용된다는 것은 최소한도 그 단어가 번역되는 과정과 사용하는 측의 입장에서는 애매모호성(ambiguation)이 개입되어 있음을 자인하는 것이라고 볼 수밖에 없다.

"'미개 사회'의 항목에서는 현대 또는 근대의 시대적으로 뒤쳐진 민족의 사회 상태가 실증적으로 다루어지는 것으로 생각되지만, 졸고에서는 인류 사회사 계열의 최초의 것으로서 노예제 사회에 선행하는 단계를 이론적으로 구명하고자 한다."[5] 패전 직후, 개념 정리의

하청 제국주의 틀 속의 문명과 원시

필요성에 의해서 시도된 '원시 사회'에 관한 논문에서, 이즈 기미오 (伊豆公夫)는 서구의 modern을 정확하게 '現代'와 '近代'로 나누어서 이해를 하였지만, 양자가 제공하는 시간 격차의 의미에 대해서는 언급이 없다. Modern에 대해서 비교적 정확한 이해를 한 일본 지식인의 논의는 개념 정리 수준에서 머무르고 '원시 사회'에 대한 설명에서는 엉뚱한 논리 전개를 시도하고 있다. 동일한 서적 내에서 「미개 사회(未開社會)」[6]라는 제목을 걸고 '미개'를 설명하는 또 다른 논자는 '원시 사회'의 내용과 전혀 다를 바 없는 논의를 하고 있다. 그럴 수밖에 없는 것이, '원시 사회'는 개화되지 않은 즉 아직 modern에 이르지 못한 또는 modern의 영향이 미치지 못한 사회를 말하기 때문이다. '원시 사회'='미개 사회'라는 유럽인들의 도식에 대해서 제대로 이해하지 못한 결과의 소산이다.

패전 후, 일본 지식인들의 사상 정리 과정에서 등장한 '원시'와 '미개'의 개념상 혼란은 하청 제국주의를 실천하는 과정에서 나타난 오류를 지적할 수 있는 사례의 하나일 수 있다. Modern과 primitive를 번역 수입하는 과정에서 격차가 발생한 부분임을 알 수 있고, 그 격차로 인한 modern에 대한 이해는 근대와 현대로 조각났으며, 원시는 미개로 오역되는 결과를 생산하였다.

Modern을 최초로 번역해서 사용하기 시작하였던 일본의 지식인들이 이해한 modern이란 서양인들이 사용하는 modern과는 다른 부분이 있었다는 점을 지적할 수 있다. 그 '다른 부분'이 발생하는 이유가 바로 서양의 문물을 받아들이고 번역하고 사용해야 하는 일본의 문명화 과정과 밀접한 관련성이 있다. 서양의 문명을 일본으로 문명

화하는 과정에서 발생하는 시간적 그리고 그 시간적인 것과 관련된 감각적 오차가 존재하는 셈이다. 그럼에도 이러한 문제를 극복하기 위한 일본 지식인들의 노력은 modern을 'モーダン'으로 이해하려고 한 흔적에서 보인다. 근대와의 구별이 필요했던 것이라고 말할 수 있다. 따라서 근대와 モーダン은 시간이라는 축 위에서 구별이 가능하게 되고, モーダン은 유럽의 시간대와 동시성을 확보하려는 노력의 표현이라고 이해할 수 있다. 일본의 하청 제국주의가 유럽의 원조 제국주의를 따라잡으려는 노력이 있었던 것도 사실이며, 그 노력의 구극점(究極點)에서 대동아 전쟁의 실패로 귀착되었다고 생각한다. 제국주의 구도 속에서 하청이 원조를 따라잡는 '살모사의 신화'는 불가능하였던 모양이다.

모더니즘의 시계는 거꾸로 돌아가는 법이 없다. 열역학 법칙이 적용되는 시간과 공간 속에서 모든 현상은 비가역적이다. 문명화 모델이 적나라하게 적용되었던 '서부 개척' 시대에 '인디언'이라는 이름을 얻었던 선주민 사회는 상당수가 모계 사회였다. 기병대의 공격과 살육에 저항하는 과정에서 '인디언' 사회는 남자들의 힘에 의존할 수밖에 없었고, 모계 사회들이 부계화하는 경향도 보였다. 이로쿼이족은 이제 더 이상 과거의 모계 사회 모습이 남아 있지 않다. 살아남기 위해 몸부림하는 과정에서 가족 제도까지도 바꾸지 않으면 안 되었던 점령지의 경험은 백인들 휘하에 노예로 들어갔던 아프로아메리칸들에게서도 유사하게 진행되었다. 점령지의 군사주의는 기독교의 선교와 함께 지구 문명화 프로젝트를 수행하는 첨병이었고, 그것은 상당히 성공적이었다.

구태여 열역학 법칙을 상기하지 않더라도, 팽창하면 역류가 따르게 마련이다. '문명 충돌'의 하나였던 제2차 세계 대전의 결과에 대한 립스(Lips)의 예언은 당연한 것이었다. 그는 유럽에 대한 유색 인종(savage)의 도전을 예언했다. 이때 사용한 'savage'라는 단어는 서양에서 그토록 즐겨 사용하였던 단어인 '야만(savage)'이라는 의미다. '야만'이라고 차별하였던 그 사람들이 서양 사람들을 향해서 반격해 오는 것은 당연한 귀결이 아닌가 하는 반성의 목소리인 셈이다.[7]

인류학자들이 가장 사용하지 않는 단어가 '문명'이고, 가장 많이 사용한 단어가 '원시'라는 점에서, 인류학 서적 속에서 '원시'라는 단어가 의미하는 바를 설명해야 할 책임을 느낀다. 초창기의 타일러(Tylor)는 문명과 문화를 동일시하는 경향이 있었다. 문명의 어원이 civil 즉 시민의 어간에서 비롯되었기 때문에, 유럽 내에서 새로운 시대를 열었던 프랑스 혁명의 무게가 크게 느껴지는 부분이 사상가들속에 내재하고 있었다는 생각을 할 수 있다. 인류학의 아버지라고 불리는 에드워드 타일러가 그러한 영향하에서 인류학이란 학문의 위상을 정리하는 과정에서 가장 중요한 개념인 문화를 문명과 동일시한흔적을 남긴 것이다. 문명이란 시민 혁명의 바탕 위에서 이루어진 것이라는 생각이 배어 있었던 19세기 중엽 유럽 사회의 상황을 반영하는 수준에서 정리하는 것이 바람직하다고 생각한다. 그런 점에서 보면, 하청 제국주의의 식민지 수준에 놓여 있었던 '조선'에서는 문명이란 단어를 입에 담을 논할 자격도 없는 것이 아닌가.

인류학자들이 primitive 개념을 차용한 것은 루소의 자연법사상에서 비롯한 것으로 정리된다. 원시인이 '자연의 자손'으로 정의되고,

원시인들은 인간 생활의 극이 닿을 수 있는 곳에서도 살고 있으며 개별적인 선택과 자유를 구가하는 자연생활을 추구한다고 생각한 것이 루소였고, 그의 사상은 인류학자들의 원시 개념 창안에 적지 않은 영향을 미친 것도 사실이다. "개별 원시 민족들은 인간이 부여받은 자질의 한 세트를 갖추고 있고, 가치의 한 세트도 구비하고 있을 뿐만 아니라 그들 자신을 위한 예술과 사회 조직과 종교로 살아가고 있다. 그들은 인간 정신의 역사에 특유의 공헌을 하고 있음을 알 수 있다."[8] 라는 마가렛 미드의 설명에 귀를 기울이게 된다.

루소의 후예들은 독일 중심의 대륙에서, 민족학(völkerkunde)이란 틀 내에서 자연민족과 문화민족의 구분에 관한 사상을 전개하기도 하였다. 19세기 말과 20세기 초에 민족학(ethnology)에 관심을 가졌던 독일 계통의 학자들이 주목한 것은 '자연민족/문화민족'의 구분이었다.[9] 피에르칸트(Alfred Vierkandt, 1867~1953)와 프로이스(Konrad Theodor Preuß, 1869~1938)에게서 보이는 것처럼, 그들은 자연과 문화라는 대립 구도 속에서 상대적인 입장을 취하려는 노력을 한 흔적을 보였지만, 사회진화론적인 발전론 구도의 대세를 뒤엎을 수는 없었다.

Primitive의 개념을 채택하고 벼려 내는 데에는 바티칸의 역할도 적지 않았다. 바티칸의 선교사와 성직자들은 절대적 존재(Supreme Being)의 순수 아이디어를 내포하고 있는 개념으로서의 primitive라는 단어를 옹호하였고, 이러한 논리는 바티칸의 종교적 입장인 'Urmonotheismus(시원유일신론, primordial monotheism)'을 전개하기에 안성맞춤이었다. 이러한 맥락에서 바티칸의 입장에 가장 많은 기여를

한 신부(神父)가 빌헬름 슈미트(Wilhelm Schmidt, 1868~1954)라는 민족학자였다. 그는 베를린 대학과 비엔나 대학에서 언어학을 공부하였고, 1890년 신언회(神言會, Society of the Divine Word, SDV)에 들어가서 1892년에 신부 서품을 받았다. 그가 중심이 되어서 1925년 8만 점의 유물을 갖춘 바티칸민족학박물관(Pontifico Museo Missionario-Etnologico)이 탄생하였다. 1906년에는 민족학지《안트로포스(Anthropos)》를 창간하였고, 1912~1954년 사이에 『신(神) 관념의 기원(Der Ursprung der Gottesidee)』(전12권)을 출간하였으며, 1931년 안트로포스 연구소(Anthropos Institute)를 설립하였다.

Primitive란 단어의 저열성에 관한 문제 제기는 이미 프란츠 보아스로부터 시작되었고,[10] 인류학 서적으로부터 'primitive'란 단어를 공개적으로 비판하고 제거하는 작업을 행동에 옮긴 사람은 노스웨스턴 대학의 멜빌 허스코비츠(Melville Herskovits)였다, 제2차 세계 대전을 겪은 뒤 인간에 대한 사고의 기반이 새롭게 조성된 분위기를 반영하는 것이라고 해석할 수 있다. 허스코비츠는 그의 저서 『원시인의 경제 생활(The Economic Life of Primitive Peoples)』(1940)의 재판인 『인간과 그의 작업(Man and His Works)』(1948)에서 초판의 제목을 변경한 이유를 명시하고 있다.[11] 그 이후 nonhistoric, preliterate, nonliterate 등의 용어들이 등장하였으며, 그 중에서 nonliterate가 가장 넓게 수용되기도 하였지만, 그것을 사용하던 사람들도 불만족스러운 상태였음을 고백하고 있었다.[12] 푸에블로 인디언 배경의 인류학자 도지어(Edward P. Dozier, 1916~1971)는 1953~1958년 동안 노스웨스턴 대학에서 강의를 하였는데, 그때 허스코비츠로부터 깊은 감명을 받았고[13] 그 결과 다음과 같은 주장을 하게 되었다. "우리는 여러 민족의 많은 사람들이 추구하는 아이덴티티와 관련된 문제와 민감성에 모욕을 주지 않는 방향으로 용어 선택에 있어서 극도로 조심해야 한다."[14]

인류학이란 학문의 두 선구자가 자신들의 기반을 조성하면서 제시하였던 핵심 용어인 '야만(savage)'(모건의 『고대 사회』(1871))과 '원시(primitive)'(타일러의 『원시 문화(Primitive Culture)』(1871))는 후진들에 의해서 폐기되는 상황에 이르렀고, 그 단어들은 학사적인 의미를 내포할 뿐이다. 진화론을 사상적 배경으로 시작한 인류학이란 학문이 더 이상 진화론적 사상을 용납하지 않게 된 것이다. 용도 폐기된 사회진화론이 아직도 작동하는 사회가 존재한다는 점에 대해서 숙고해 볼 필요가 있다.

6 '야만 이하'의 청산

'문명과 원시'라는 구도는 언뜻 보기에는 눈에 익은 듯하지만, 인류학자에게는 자못 생소한 것이다. 비대칭적 구도가 주는 묘한 유혹에 끌려서 도전해 보기로 한 것의 결과가 이 원고이다. '문명과 야만' 그리고 '유럽과 원시'라는 두 구도 속에서 쓴 것은 뺄고 달짝지근한 부분만 선택한 조합이 '문명과 원시'이다. '문명의 이기'라는 용어가 보여 주듯이 이기(利器)의 편리함에 중독된 사람들이 편리함이란 것 때문에 문명을 등지지 못하고, '원시'의 로맨티시즘이 제공하는 '때 묻지 않은 삶'의 모습이라는 로맨티시즘에 매료되어서, '문명과 원시'가 하나의 구도 속에서 논의되기를 원하는 것이 현재의 지성사라고 생각한다. '문명과 원시'의 짝이 만들어지고 남은 부분의 조합인 '근대와 야만'의 짝은 사실상 '문명과 원시'의 거울 역할을 하기에 충분하다. 그 반대 방향의 논의도 충분히 가능한 것이고, 본고는 그 반대 방향의 논의를 시도한 것이다.

근대에 비추어진 일그러진 자화상과 야만으로부터의 오염 공포를 간직한 자화상을 직접적으로 대하는 데 심각한 부담을 갖는 모습이 현재 한국 지식인들의 자화상이라고 생각한다. 최근 몇 대학에서 전개되고 있는 HK사업용 '문명' 또는 '문명사' 프로젝트들이 이 논의에 적합한 사례일 것이다. 그러한 프로젝트들과 나의 논의는 관점 면에서 근본적으로 다르다. 그러한 사업들은 '문명' 개념 속에서 전개되고 있고, 나의 논의는 '문명' 개념의 외곽 즉 '문명과 원시'라는 구도에서의 관점이다. 하청 제국주의의 말단에서 '문명'의 범주 속에 안주하다 보면 '문명'이라는 옹기 속에서 전개되는 논의에 '문명'을 위한 거울 효과를 포함하지는 못한다. 최소한도 '문명'은 그 대응짝과의 대비 속에서 거울 효과를 기대할 수 있다.

이중 나선의 구도에서 후면부에 가려진 삶의 어려움과 비참함은 모두 잊고 가리고 싶은 심정의 표현이 '문명과 원시'의 구도라고 생각한다. 들추어 보기 싫은 야만론이 봉인되고 있는 것과 마찬가지로 근대화론도 봉인되는 경향이 있다. 1920년대와 1930년대 식민지 조선에서 발간된 잡지들로부터 이러한 논의를 할 수 있는 자료들이 어렵지 않게 발견된다. 조선의 지식인들이 표절로 오려 온 일본 잡지의 사진들을 빛바랜 상태로 게재하면서 '대만 고산족'과 '남양 토인'들의 야만성에 대해서 타자화된 글을 게재하던 동일한 시기에, '근대와 야만'의 시각을 구비한 일본인들과 서양의 호사가들이 조선의 야만과 원시에 대해서 논의하고 있었다.

이제 우리는 그 엇갈리게 대조되는 이중 나선의 구도를 상세하고도 광범위하게 정리해야 할 과제를 안고 있다. 그러한 점에서, 식민지 근대화론(이영훈, 2007)은 봉인된 근대화론을 공개적인 논의의 장으로 끌어냄으로써 사상사적으로 중요한 계기를 마련하였다고 생각한다.

하청 제국주의의 과제는 일차적으로 번역에서 비롯된다. Civilization의 번역에서는 문화 격차(文化 隔差)를 극복하는 문제가 있었고, modern을 번역함에 있어서는 시간 격차로부터 발생하는 문제가 인지되었다. 문화 격차와 시간 격차는 기본적으로 주어진 것이었기 때문에, 극복이 아니라 적절한 수준에서 타협한 결과를 생산한 것 같다. 타협 과정은 애매모호성을 내포할 수밖에 없고, 그것은 하청 제국주의의 한계였다. 식민지로 이전된 재하청의 과정에서 이러한 문제는 은폐될 수밖에 없었고, 재하청의 결과는 사실로부터 한층 더 격리되고 말았다. 결국 하청의 문화 격차와 시간 격차의 범위는 재하청에서 최소한도 배가되는 현상이 일어났다는 결론을 얻을 수 있다. 재하청의 과정에 연루된 식민지 지식인들의 한계에 대하여 역순의 자성 과정이 필연적으로 극복되지 않으면 안 되는 이유가 밝혀진 셈이다.

원시와 modern의 대별이 스테레오타입화된 인류학적 구도가 19세기의 민족학이었으며, 원시는 과학 기술의 사회적 이용 정체, 전달 수단의 빈곤, 문맹이라는 조건들로 구비된 것이라는 조작적 정의가 작동한 것이 19세기 말까지의 인류학이었다. 그 정의는 modern 유럽에 대항되는 개념으로 사용됨으로써 사회진화론의 '문명과 야만'이란 구도를 만족시키는 도구로 수용되었다.

재하청의 단계에서 문화 격차와 시간 격차를 극복하는 방법으로 흔히 전개되는 과정은 차이의 무시라는 행위이다. 그 결과 매뉴얼과 조심이 없는 과정이 전개되게 마련이고, 그 과정은 문명의 야만화일 수밖에 없다. 과학적 방법으로 무장된 문명에는 반드시 그것을 만들어 내는 과정의 매뉴얼이 있게 마련이다. 환언하면, 야만이란 매뉴얼이 없는 상태를 말한다. 오랜 시간 축적된 사람의 지혜로 축적된 원시의 매뉴얼은 조심(조심이 제도화되면서 의례가 발생하고, 의례의 의미가 두터워지면 신앙이 되는 것)이다. 사츠마(薩摩)의 정복(1609)으로 주식인 고구마를 재배하는 밭을 사탕수수 플렌테이션으로 뺏긴 류큐 사람들은 야생 소철(蘇鐵)을 대용식으로 발굴할 수밖에 없었다. 소철의 열매와 줄기에서 나온 전분은 식량이 되었지만, 그 속에 함유된 다량의 포르말린을 제대로 제거하지 못함으로써 적지 않은 사람들이 목숨을 잃었고, 그 결과 오키나와 열도에서는 '소철지옥'이라는 전설이 채집된다. 사람들은 조심스럽게 소철의 독소를 제거하는 방법을 터득하였고, 그 과정에서 희생이 따랐던 것이다. 생명을 담보로 하는 조심의 과정으로부터 지혜가 탄생하고 매뉴얼이 만들어짐을 알 수 있다.

새로운 무엇에 접하게(능동적이든 수동적이든) 될 때 반드시 선행되는 과정이 조심이라는 현상을 지적할 수 있다. 문명에 처음 접한 사람들이 매뉴얼을 그대로 따라 할 수가 없기 때문에, 새로운 매뉴얼은 또 다른 짐이 된다. 그 새로움에 다가서는 조심이 필요하다. 매뉴얼이 무시되고 조심이 사라진 근대화는 야만의 극상으로 변모한다. 그것이 원시에 대한 문명의 폭력임을 지적하고자 한다.

야만 사회도 사회이니만큼, 사회로서의 면모를 갖고 있다고 설정한 것이 문명과 야만의 구도를 그린 모건의 설명이었다. 사회의 범주 속에 들어 있을 수 있는 야만의 등급이 사회의 복원력에 의해서 진화할 수 있다는 생각이 제시된 것도 모건이 그린 도식이다. 보편적인 이성과 합리성을 믿었던 사상가는 '야만 이하'의 상태에 대해서는 생각조차 하지 않았다. 사회로서의 복원력을 상실한 인간 사회의 상태를 모건은 상정하지 못하였다. '야만 이하'의 존재 가능성을 보여 주는 사건이 '세월호 침몰'이다. 애꿎은 인명을 가둔 배는 가라앉고, 책임자는 허둥지둥, 정부는 갈팡질팡, 구조본부는 우왕좌왕, 정객들은 옥신각신, 언론은 설왕설래, 총체적으로 뒤죽박죽이다. 선박 침몰의 경우에 대비한 매뉴얼은 처음부터 끝까지 작동하지 않았다. 이런 것이 야만 사회의 대표적인 사례라고 말할 수 있다. 그러나 우리는 '야만 이하'의 상태를 조우하고 말았다. 총체적 뒤죽박죽의 이면에서 자신만의 이익을 챙기는 선주(船主)가 있었다.

무기탄(無忌憚)의 망발, 이것이 '야만 이하'에 대한 진솔한 사회적 의미이다. 성악설이 존재하는 이유를 알게 하며, '야만 이하'의 존재 가능성이 지구 상에 현현되고 있음을 목도하는 학습 기회를 얻은 셈이다. 만약에 신이 존재한다면, 신이 인간에게 절망이란 개념을 갖도록 한 것이 모건이 몰랐던 '야만 이하'의 상태를 경험하게 하기 위함이 아닐까? 무기탄의 망발에 대응 가능한 수단은 '나무관세음보살'

이나 '아멘'을 복창하는 것 이외에는 아무것도 없다.

문명화 과정에서 희생된 사람을 포함한 자연을 생각하면, 이제 시뮬레이션과 학습은 충분히 이루어졌다. 설령 시뮬레이션과 학습이 조금 더 필요하다고 해도, 지구 종말 시계가 종말을 알리는 종소리를 어리석게 기다리고 있을 바보는 없다. 이제는 더 이상 기다리지 않는다는 결심을 하는 것이 지혜의 발로일 것이다. 할 수 있고, 해야 하는 유일한 일은 현장에서 행동하는 것이다. 번역과 하청 그리고 재하청으로 무장한 지식인에 대한 기대감은 더 이상 없다. 여태까지 살아왔던 사람들을 살 수 있게 하였던 지혜만이 필요할 뿐이다. 발전론이 제공하는 안락한 둥지 속에서 지식을 팔던 시대는 끝났다. 발전론이 허구의 사회진화론을 승계한 지식의 덩어리라는 점이 명약관화하게 밝혀졌기 때문이다.

Modern은 서구의 묘혈이었다. 미래를 갉아먹는 자본주의가 묘혈일 수밖에 없다는 것은 반복해서 증명된 바 있고, 돈이 된다면 무엇이든지, 그것이 사람이든지 흙이든지 공기든지 모조리 집어 삼키는 것이 자본주의라는 점은 어느 누구도 부인하지 못한다. 자본주의는 지구 전체를 묘혈로 만들어 가고 있다. 서구는 그 묘혈을 대리인에게 양도하려고 한다. 발전론의 막차를 용케도 올라탄 한국의 재벌들이 그 대리인 즉 마름의 역할을 자처하고 선봉에 섰다. 이제 서구 자신들은 충실한 마름에게 자리를 넘겨주고 혹성 탈출을 시도하고 있다. 발전론의 끝이 혹성 탈출인 모양이다.

7 결어 — 시민 탄생의 꿈

표절에 능한 자들이 아직도 버젓이 이런저런 명분을 내세워서 캠퍼스와 학계를 활보하고 있다는 것은 아직도 하청 제국주의의 유산인 재하청 과정들이 적극적으로 작동하고 있음을 증언한다. 식민지 시기의 지식인들이 그렇게도 갈망하였던 근대는 흘러가는 물과 같은 것이며, 손아귀 안에 들어온 것 같지만 일순간에 빠져 나갈 수밖에 없는 존재다. 근대는 이미 흘러간 물과 같은 것이지만, 근대화의 과정에서 겪은 근대적인 경험(흘러간 물)과의 인연은 내 속에 각인되어 있다. 그것이 어떤 형상으로 어떻게 각인되어 있는지에 대한 자성적 탐구를 촉구하는 것이 본고의 목적이었다.

근대화의 유산인 민족과 국민을 대하는 문제도 마찬가지다. 민족과 국민이 문제가 되는 것은 그들의 정체성이다. 그들은 자결권의 경험을 가지 못한 수동형 인간이기 때문에, 능동적으로 자신의 운명에 관한 자결권의 경험이 없고, 그에 대한 책임이란 것도 모르는 집단이다. 그것들은 이미 우리 속에 지독히도 깊숙이 자리하고 있다. 그것들은 때로는 더욱더 우리의 발목을 꽉 잡으려는 노력을 하고 있다. 민족과 국민에 잡힌 발목이 굳어 버리면, 한마디로 인생 끝장이다. 그러면 시민 탄생의 꿈은 영원히 물 건너가 버린다. 이미 잡혀 있다고 생각되는 발목을 어떻게 조심스럽게 풀어낼 것인지가 과제다. '인생 끝장'이 걸려 있는 조심의 과정을 실천해야 한다.

답은 지혜에 있다. 빙하기를 살아왔던 인류의 지혜에서 답이 나올 수 있다. 불을 소중히 생각하는 사람들의 지혜와 가족이라는 제도

하청 제국주의의 틀 속의 문명과 원시

를 만들었던 사람들의 지혜가 필요한 상황이다. 물물 교환으로 부족한 삶의 부분을 메꾸어 내었던 트로브리안드의 '쿨라(kula)' 지혜를 역순으로 복기해 볼 필요가 있다. 수동형의 민족과 국민은 지혜가 지혜인 줄도 모르고 산다. 그렇기 때문에, 기대할 수 있는 것은 시민의 탄생일 수밖에 없다. 사람들이 살았던 흔적을 남겨 준 현장에서, 그리고 사람들이 살고 있는 현장에서, 살아가고 지혜를 학습하는 과정과 그러한 지혜들을 실천하는 행동이 기다리고 있다. 그 현장은 '야만'도 아니었고, '원시'도 아니었다. 분명한 것은 일상생활이 진행되는 삶의 현장이었다는 사실이다. '야만'의 존재가 필요하다면 그것은 '문명'이 타자화한 대상으로서 존재할 뿐이고, '원시'의 개념이 필요하다면 그것은 'modern'이 타자화한 대상일 뿐이다.

아직도 나는 '시민' 개념이 요원한 세상에 살고 있는 것 같다. '동학'과 '학생' 그리고 '광주'가 시민을 향한 꿈을 펼쳤었다. 그러나 우리 모두는 그것을 꿈으로만 갖고 있을 뿐, 시민에 대한 직접 경험의 기회가 없었다. 왜, 우리에게 시민이 없느냐고? 지금 우리에게 존재하는 시민은 '서울특별시' 또는 '안동시'라는 '시'의 단위에 살고 있는 '민'으로서의 '시민'일 뿐이다. 그것은 사람을 지칭하는 것이 아니라 행정 단위의 말단을 구성하는 조직의 일원으로서 존재할 뿐이다. 현재까지 우리에게 시민은 없었다. 있었다면 '동학'과 '학생' 그리고 '광주'에서 순간적인 꿈으로만 존재했을 뿐이다. 이렇게 우리는 '시민 탄생의 꿈'이란 역사를 나열할 수 있다. 그러나 역사만으로는 시민 탄생의 꿈이 실현되지 않는다. 그 꿈을 실천하는 노력이 필요할 뿐이다.

'동학'은 아련히 먼 꿈의 장으로 접혀 버렸고, 1960년의 '학생'과

254

1980년의 '광주'가 의미 있는 숫자로 다가온다. 20년 터울로 등장하였던 시민 탄생의 꿈은 2000년을 건너뛰었고, 이제 2020년을 기다리고 있다. 그해 동경에서는 올림픽이 열린다는데, 이 땅에서 시민 탄생의 꿈은 어떤 운명을 맞을 것인가? 준비하는 자에게만 기회가 온다고 했다. 시민 탄생의 꿈을 준비하는 것이 근대화와 야만화의 얼그러진 자화상들을 극복할 수 있는 계기를 마련해 줄 것이라고 확신한다.

우리는 주권 재민(主權在民)의 '民'이 '시민'의 '民'이 아니라 '백성(=국민)'의 '民'이라는 세상에 살아왔다. 형식은 civil의 '민'으로 보이지만, 내용은 그것이 아닌 이유를 철저하게 알아야 할 이유가 있다. 그렇지 않으면 '국민'은 '국민'이기 때문에, 한 장의 표(票)에 불과한 졸(卒)로 보일 수밖에 없다. 이제 목전의 과제는 분명하다. 번역과 하청의 과정에서 왜곡된 개념의 진실이다. 제국 일본의 내부 사정으로 인해서 civilization이 '문명'으로 번역될 수밖에 없었던 문제를 헤집어 보기 위해서 나는 프랑스 혁명의 내용과 영향을 다시 읽어야 하는 과제를 안게 되었다. 그렇게 하기 위해서는 먼저 '민족'과 '국민' 담론의 질곡으로부터 해방되는 것이 순서라고 생각한다.[15]

하청 제국주의 틀 속의 문명과 원시

1 단군신화와 영원히 여성적인 것

1   윤범모, 「기념 조각 그 문제성의 안팎」, 《계간미술》(1980년 봄호); 정호기, 「박정희 시대
     의 '동상건립운동'과 애국주의」, 《정신문화연구》 30권 1호(통권 106호, 2007); 조은정,
     「애국선열조상위원회의 동상 제작」, 《내일을 여는 역사》 40호(2010), 134~159쪽.

2   프랑스의 역사가 120여 명이 참여한 책의 이름이다. 한국어판은 피에르 노라 외, 김인
     중·유희수 외 옮김, 『기억의 장소』 전5권(나남, 2010).

3   서영대, 「단군 관계 문헌 자료 연구」, 윤이흠 외, 『단군: 그 이해와 자료』(서울대학교출판
     부, 1994); 서영대, 「제3부 단군 관계 자료」, 앞의 책; 조인성, 「단군에 관한 여러 성격의
     기록」, 『한국사 시민강좌 27』(일조각, 2000); 조현설, 『동아시아 건국신화의 역사와 논
     리』(문학과지성사, 2003), 196~243쪽.

4   도진순, 「세계화 시대의 분단 현실과 한국사에 대한 이해」, 안동대학교 국학부 엮음, 『국
     학의 세계화와 국제적 제휴』(집문당, 1999), 도진순, 「분단의 내일, 통일의 역사」(당대,
     2001)에 재수록; 서영대, 「전통 시대의 단군 인식」, 노태돈 엮음, 『단군과 고조선사』(사
     계절, 2000).

5   박광용, 「기자조선에 대한 인식의 변천」, 《한국사론》 6호(1980), 294쪽.

6   한영우, 『조선후기사학사 연구』(일지사, 1989); 도진순, 앞의 글.

7   윤병석, 『이상설전(李相卨傳): 헤이그 특사 이상설의 독립운동』(일조각, 1998), 134쪽.

8   김옥균의 저작으로 전해지는 『기화근사(箕和近事)』는 기자의 나라 조선(箕)과 일본(和)
     의 최근세사를 다룬 것이다. 이광린, 「김오균의 저작물」, 『개화당 연구』(일조각, 1981),
     187~190쪽.

9   1895년 학부 편집국에 의해 『조선역사』가 간행된 이래, 개화기의 국사 교과서는 대부
     분 단군으로부터 시작하였다. 정영훈, 「단군과 근대 민족운동」, 한국정신문화연구원, 『한
     국의 정치와 경제』 제8집, 18쪽. 개화기와 구한말 국사 교과서에 나타나는 근대성과 민

족성에 관해서는 조동걸, 「근대 사학의 대두와 초기의 역사학」, 『현대 한국사학사』(나남, 1998) 참조.

10 신채호, 「독사신론(讀史新論)」(1908), 단재신채호선생기념사업회 엮음, 『단재 신채호 전집 상』(형설출판사, 1972), 477쪽.

11 도진순, 앞의 글.

12 최병두, 『단군신화와 무량사 화상석에 대한 비교 고찰』(좋은 땅, 2009), 25~27쪽.

13 이기백, 『한국고대사론』(탐구당, 1987), 10~11쪽.

14 김원룡, 「무량사 화상석과 단군신화에 대한 재고」, 『한국미술사』(일지사, 1987).

15 최병두는 (b)가 수레를 타고 망치를 들고 있는 뇌신으로 곧 황제이며, (a)는 뇌신의 마차에 바람을 공급하는 모습 또는 치우군이 무서워하는 용의 나팔을 부는 모습으로, 항아리 뇌(罍)를 들고 있는 여인(c)은 황제의 부인 뇌조(雷祖) 등으로 고증하였다. 최병두, 앞의 책, 106~162쪽. 한편 화상석 제3단에 중국측 연구로는 張道一, 『汉画故事』(重庆大学出版社, 2006), 206~207쪽의 「雷公電母」, 「雷公擊鼓」 참고.

16 劉銘恕, 「武梁祠后石室所见黄帝蚩尤战图考」, 《中国文化研究汇刊》 2(1942); 김재원, 『단군신화의 신연구』(탐구당, 1982), 121쪽.

17 王海燕 譯註, 『山海經』(中央編譯出版社, 2009), 325쪽; 涿鹿之战_互动百科, http://www.baike.com/wiki/%E6%B6%BF%E9%B9%BF%E4%B9%8B%E6%88%98 참고.

18 이덕일·김병기, 『고조선은 대륙의 지배자였다』(역사의아침, 2006), 47쪽.

19 「상고사에 등장하는 '치우'는 웅족…… 단군이 바로 그의 후손」, 《세계일보》(2013년 12월 3일).

20 정재서, 『중국 신화의 세계』(돌베개, 2011), 25~28쪽.

21 중국 내 치우총과 치우 사당 유적 분포 상황에 대해서는 苗靑, 「关于建立蚩尤陵园和蚩尤文化园之管见」, 『魂牵蚩尤:全国蚩尤文化研讨会(湖南·花垣)论文资料汇编』(北京: 民族出版社, 2010), 279쪽 참고.

22 신농씨는 화덕(火德)을 지녔으므로 염제(炎帝)라 하고, 황제는 토덕(土德)을 지녀 흙의 누런(黃)색을 따 황제(黃帝)라 칭했다고 전한다.

23 김선자, 『만들어진 민족주의 황제 신화』(책세상, 2007), 403쪽.

24 張道一, 앞의 책, 201~209쪽.

25 王海燕 譯註, 앞의 책, 320~321쪽.

26 조인성, 「재야사서 위서론: 『단기고사』, 『환단고기』, 『규원사화』를 중심으로」, 노태돈 엮음, 앞의 책.

27 이덕일·김병기, 앞의 책, 213~239쪽.

28 우실하, 「치우(蚩尤)도 웅녀(熊女)도 빼앗겼다. 이제는 단군(檀君) 차례다」(2005), http://www.gaonnuri.co.kr; 귀근원과 중화삼조당에 대해서는 우실하, 「최근 중국의 역사 관련 국가 공정들과 한국의 과제」, 《단군학연구》 제12집(2005) 참고.

29 김선자, 앞의 책, 409~424쪽.

30 亦水, 「国共两党领袖人物与黄帝陵」, 《党的文献》 第5期(2005), http://www.cnwest. com

31 김선자, 앞의 책, 418~423쪽.

32 이덕일·김병기, 앞의 책, 213~239쪽.

33 정재서, 「잃어버린 신화를 찾아서: 중국 신화 속의 한국 신화」, 《중국어문학지》 25집 (2007).

34 발굴 당시에는 '옥저룡(玉猪龍)'이라 명명되었으나, 그 후 '옥웅룡(玉熊龍)'으로 개칭되었다.

35 郭大顺·张星德, 『東北文化与幽燕文明』(江蘇教育出版社, 2005), 궈다순·장싱더, 김정열 옮김, 『동북 문화와 유연 문명』 상, 하(동북아역사재단, 2008), 344~422쪽.

36 辽宁省文物考古研究所, 『牛河梁红山文化遗址发掘报告(1983-2003年度)』 1~3(文物出版社, 2012).

37 궈다순·장싱더, 앞의 책, 344~393쪽; 이청규, 「요하문명의 보고: 뉴허량 유적」, 동북아역사재단, 《동북아역사논총》 42호(2013).

38 궈다순·장싱더, 앞의 책, 370~380쪽.

39 앞의 책, 352쪽.

40 앞의 책, 353~370쪽.

41 이청규, 앞의 글.

42 궈다순·장싱더, 앞의 책, 353~370쪽.

43 앞의 책, 415~422쪽.

44 2011년에 재방송하였으며, http://tieba.baidu.com/p/1123707352에서 지금도 볼 수 있다.

45 辽宁省博物馆·辽宁省文物考古研究所, 『辽河文明展: 文物集華』(辽宁省博物馆 辽宁省文物考古研究所, 2006).

46 우실하, 「동북공정에서 한 발 더 나간 탐원공정 북방 DNA 간직한 홍산문화, 중국 역사 되면 단군은 중국인」, 《중앙선데이》(2010년 9월 7일).

47 앞의 글.

48 임재해, 「'고조선·왕검조선'과 '전조선기'로 본 고조선의 실체 재인식」, 단군고조선학회 춘계학술대회 발표문(2012, 국립민속박물관 대강당).

49 이청규, 앞의 글.

50 叶舒宪, 『熊圖騰: 中國祖先神話探源』(上海文藝出版社, 2007), 99쪽.

51 앞의 책, 197쪽.

52 우실하, 『동북 공정 너머 요하문명론』(소나무, 2007), 316~317쪽.

53 《國際先驅導報》(2007年11月14日).

54 《중앙일보》(2009년 9월 19일).

55 김선자, 앞의 책, 447쪽.

56 叶舒宪, 「再论文本与田野的互动关系」, 《辽宁大学学报: 哲学社会科学版》(1998年 第4期), 33쪽; 이유진, 「예수셴의 『곰토템』, 왜 문제적인가?」, 중국어문학연구회, 《중국어문학논집》 제77호(2012), 552쪽.

57 「답객난(答客難)」이란 중국 한 무제 때 문인 동방삭(東方朔)이 주객 문답 방식으로 불편한 심정을 토로한 글이다.

58 「韩国教授鸣冤: "从未有贬低中国文化的观点"」, 《人民网》(2007年11月23日), http://culture.people.com.cn/GB/87423/6570577.html

59 서지월, 「길림성 왕청 백초구 만천성 웅녀상」, 《영남일보》(2010년 5월 9일).

60 우실하, 「치우도 웅녀도 빼앗겼다. 이제는 단군 차례다」.

61 http://mantaicheng.idc.wqshw.com

62 http://www.baekdunet.com/bbs/board.php?bo_table=05_2&wr_id=3

63 필명은 무우, 홈페이지는 http://moowoo.x~y.net

64 http://gaonnuri.co.kr/z/view.php?id=sarang&page=1&sn1=&divpage=1&sn=on&ss=on&sc=on&keyword=%B9%AB%BF%EC&select_arrange=headnum&desc=asc&no=2229

65 우실하, 「만천성 웅녀상에 대한 재론」(2006), http://www.gaonnuri.co.kr

66 서지월, 앞의 글.

67 임재해, 앞의 글.

68 백남운, 『조선사회경제사』(범우사, 1933, 1990), 28~44쪽.

69 조지훈, 「민족 신화의 문제: 단군신화의 학적 의의와 이념적 처리에 대하여」, 『한국문화사서설』(탐구당, 1964).

70 사회과학원 력사연구소, 『조선통사 상』(과학원출판사, 1962), 67쪽; 사회과학원 력사연 구소, 『력사사전 상』(사회과학출판사, 1970), 473쪽; 김정숙, 「북한에서의 단군 연구」, 윤이흠 외, 앞의 책; 노태돈, 「북한 학계의 고조선사 연구 동향」, 노태돈 엮음, 앞의 책.

71 노태돈, 앞의 글.

72 유홍준, 『나의 북한 문화유산답사기』(중앙m&b, 1998), 146쪽.

73 《조선일보》(1995년 4월 12일, 1995년 4월 18일).

74 조선로동당출판사, 『인간태양 김일성』(평양: 조선로동당출판사, 2002), 374쪽.

75 앞의 책, 375~376쪽.

76 앞의 책, 375쪽. 번호는 필자.

77 허종호, 「조선의 대동강 문화는 세계 5대 문명의 하나」, 《력사과학》(1999년 1월호).

78 권오영, 「단군릉 사건과 대동강문화론의 전개」, 한국역사연구회 엮음, 『북한의 역사 만들 기』(푸른역사, 2003), 99쪽; 류병홍, 「경애하는 김일성 동지는 우리 민족의 원시조를 찾 아 주시고 빛내여 주신 민족의 위대한 어버이시다」, 《조선고고연구》(1995년 3월호).

79 전영률, 「반만년의 유구한 력사와 민족의 단일성에 대한 확증: 단군릉 발굴 보고」, 《조선 고고연구》(1993년 4월호); 권오영, 앞의 글, 99쪽.

80 단군학회·력사학회, 「단군 및 고조선에 관한 북남 력사학자들의 공동학술토론회 공동보 도문」(2012. 10. 3), http://www.tongilnews.com/pds/pdsView.html?pdsNo=4153 &pdsType=5&page=10&startYear=2002

81 손영종, 「조선 민족은 단군을 원시조로 하는 단일 민족」, 《력사과학》 3호(1994), 134~135쪽.

82 유용원, 「때아닌 '순혈 논쟁'」, 《조선일보》(2006년 5월 18일). 이 보도의 내용을 근거로 필자가 대화체로 편집하였다.

83 「다민족, 다인종 사회」, 《노동신문》(2006년 4월 17일).

84 『삼국유사』의 「고조선(왕검조선)」에서 단군신화는 "古記云" 다음부터 시작하여 "唐裴矩 傳云" 이전까지이며, 일연의 주석을 빼면 284자이다.

85 유증선, 『영남의 전설』(형설출판사, 1971); 조현설, 「웅녀 유화 신화의 행방과 사회적 차 별의 체계」, 《구비문학연구》 9집(1999).

86 조현설, 「웅녀 유화 신화의 행방과 사회적 차별의 체계」.

87 이중톈, 김택규 옮김, 『중국사 1: 선조』(글항아리, 2013), 11쪽, 59쪽, 66~70쪽.

88 조현설, 「웅녀 유화 신화의 행방과 사회적 차별의 체계」.

89 E. J. Hobsbawm, *Nations and Nationalism since 1780: Programme, Myth,*

Reality(Cambridge University Press, 1992), p. 66.

90 이유진, 『한 손엔 공자, 한 손엔 황제: 중국의 문화굴기를 읽는다』(글항아리, 2012), 94쪽.

91 임재해, 「'신시본풀이'로 본 고조선 문화의 형성과 홍산문화」, 《단군학연구》 20호 (2009).

92 김선자는 샤머니즘, 사슴, 매, 그리고 여신과의 관련성하에서 홍산문화의 특징을 다시 읽어 내는 것이 필요하다고 하였다. 김선자, 「홍산문화는 황제의 영역인가」, 이평래 외, 『동북아 곰 신화와 중화주의 신화론 비판』(동북아역사재단, 2009).

93 J. Lennon and M. Foley, *Dark Tourism: The Attraction of Death and Disaster*(London: Thomson Learning, 2000).

94 http://www.dark-tourism.org.uk

95 「독립공원 내 위안부 박물관, 순국선열 명예훼손?」, 《경향신문》(2011년 9월 19일).

96 김호일 엮음, 『대한국인 안중근』(눈빛, 2010), 151쪽.

2 조선에서의 이질적 동서양 두 과학의 만남

1 전용훈, 「전방위적인 업적을 남긴 천문역산학자, 이순신」, 『한국 과학 기술 인물 12인』(해나무, 2005), 144~150쪽.

2 김호, 「여말 선초 '향약론(鄕藥論)'의 형성과 『향약집성방』」, 《진단학보》 88집(1999); 김호, 「허준의 『동의보감』 연구」, 《한국과학사학회지》 16권 1호(1994) 참조.

3 양보경, 「『대동여지도』를 만들기까지」, 《한국사시민강좌》(일조각, 1995), 16집.

4 중국 송대 성리학적 자연 인식 체계의 전통에 대한 자세한 논의는 문중양, 「16·17세기 조선 우주론의 상수학적 성격: 서경덕과 장현광을 중심으로」, 《역사와 현실》 34호 (1999), 98~101쪽 참조.

5 서경덕과 장현광의 성리학적 자연 인식 체계에 대한 자세한 논의는 앞의 글, 95~124쪽 참조.

6 '무한한 우주(infinite cosmos)'와 '또 다른 우주'의 개념은 과학 혁명기 초기에 유럽에서 크게 논란이 되었던 주제였다. 유럽인들은 고대 아리스토텔레스의 교조적인 우주론에 맞서 신의 전지전능성에 입각해 우주는 무한할 수 있으며 이 세상 이외의 또 다른 세상이 있을 수 있다고 주장했다. 이러한 논쟁은 결국 고대부터 중세까지 이어져 온 우주론이 붕괴하는 실마리를 제공했다는 사실에 주목할 필요가 있다.

7   유럽의 서구 세계 지도가 아니라 중국이라는 유럽과 판이한 문화적 공간에서, 중국인이 아닌 서구인인 예수회 선교사들에 의해 새롭게 구성된 '서구식' 세계 지도였음에 주목할 필요가 있다. '유럽 세계 지도'와 「곤여만국전도」는 많이 달랐다. 이에 대한 논의는 3장에 서 구체적으로 다루었다.

8   예컨대 「곤여만국전도」를 더 큰 판형의 목판으로 새긴 「양의현람도(兩儀玄覽圖)」는 이 응시(李應試)에 의해서 1603년에 제작되었는데 조선에는 황중윤(黃中允)이 1604년 에 전래했다.(「곤여만국전도」는 현존하지 않으나 이 「양의현람도」는 현재 숭실대학교 박물관에 소장되어 있는 것으로 알려져 있다.) 알레니(Giulio Aleni, 중국명 艾儒略. 1582~1649)가 1623년에 제작한 「만국전도(萬國全圖)」는 1631년 정두원이 북경에 서 들여왔다. 중국에서 간행된 서구식 세계 지도와 그 전래에 대한 자세한 설명은 오상 학, 『조선 시대 세계 지도와 세계 인식』(창비, 2011), 153~176쪽 참조.

9   이용범, 「법주사 소장의 신법천문도설(新法天文圖說)에 대하여」, 《역사학보》 31집 (1966), 1~66쪽; 32집(1966), 59~119쪽.

10 김육의 주장에 대한 자세한 기록 내용은 『국조역상고(國朝曆象考)』 권1역법연혁(曆法沿 革), 2.b~3.a쪽 참조.

11 전용훈, 「17~18세기 서양 과학의 도입과 갈등: 시헌력 시행과 절기 배치법에 대한 논 란을 중심으로」, 《동방학지》 117집(2002), 1~49쪽 참조.

12 이때 제작된 적도경위의는 현존하지 않으나, 지평일구는 현재 국립고궁박물관에 전시되 어 있는 평면 해시계(보물 840호)로 추정된다.

13 정조대 적도경위의와 지평일구의 제작에 대한 자세한 논의는 문중양, 「18세기 후반 조 선 과학 기술의 추이와 성격: 정조대 정부 부문의 천문 역산 활동을 중심으로」, 《역사와 현실》 제39호(2001), 214~215쪽 참조.

14 한영호, 「조선의 신법일귀(新法日晷)와 시학(視學)의 자취」, 《대동문화연구》 제47집 (2004), 361~396쪽.

15 서명응의 서구 과학 학습과 재해석에 대한 자세한 논의는 박권수, 「서명응의 역학적 천 문관」, 《한국과학사학회지》 20권 1호(1998), 57~101쪽 참조.

16 문중양, 「조선 후기 실학자들의 과학 담론, 그 연속과 단절의 역사: 기론(氣論)적 우주론 논의를 중심으로」, 《정신문화연구》 26권 4호(2003), 27~52쪽 참조.

17 근대 과학과는 거리가 멀었고, 중세 과학과 과학 혁명기 초기 과학이 혼란스럽게 섞인 것 을 기독교 선교라는 성스러운 목표로 중국에 온 예수회사들이 유럽과 다른 이질적인 중 국이라는 무대에서 다시 번역해 낸 것이었다.

18 대표적인 학자로 과거 모든 문명의 과학들이 현대의 보편 과학(universal science)으로 발전해 간다는 시각을 지녔던 조셉 니덤(Joseph Needham)을 들 수 있다.

19 종종 발전의 배경으로 천재적인 인물의 탁월한 역할(예컨대 세종의 탁월한 능력, 또는 우리 민족의 슬기로운 기술적인 역량 등)이 거론되며, 문화적·사회적인 배경이 거론될 경우에는 왜 쇠퇴했는가에 대한 설명(주자학의 관념적이고 허학적인 측면, 조선 후기 사회 경제적 모순의 증대 등)을 위해서인 경우가 대부분이다. 이는 과학지식사회학의 스트롱 프로그램의 공평성, 대칭성 등의 명제에도 명백하게 어긋나는 역사 서술이라고 할 수 있다.

20 예컨대 역법 정비의 가장 큰 배경은 국가 의례나 일식이 일어났을 때 행하는 구식례(求食禮)를 분초를 다투는 정확한 시간에 치르기 위해서였다. 또한 측우기 창안도 강우량을 통계적으로 분석하여 미래의 강우를 예측하기 위해서라기보다는 천명을 받아 통치 행위를 하는 제왕의 정치적 책무로서 이해할 수 있다.

3 전통 시대 학문의 의미와 실천, 그리고 방법

1 『漢語大詞典』(上海: 漢語大詞典出版社, 1989).

2 "널리 배우고 자세히 물으며 신중히 생각하고 밝게 분변하며 독실하게 실천한다.(博學之, 審問之, 愼思之, 明辨之, 篤行之.)"

3 주희, 『집주』. "이것은 성(誠)을 이루는 세목이다. 학·문·사·변은 선(善)을 택하여 지(知)로 삼는 방법이니, 배워서 앎을 이룸이다. 독행은 굳게 지켜서 인(仁)을 이룸이니, 이롭게 여겨서 실행함이다.(此誠之之目也. 學·問·思·辨, 所以擇善而爲知, 學而知也. 篤行, 所以固執而爲仁, 利而行也.)"

4 『논어』, 「위령공(衛靈公)」. "군자로다 거백옥이여! 나라에 도가 있을 때는 관직에 나가 벼슬 살고 나라에 도가 없을 때는 뜻을 거두어 감추어 둘 수 있도다.(君子哉, 伯玉, 邦有道則仕, 邦無道則可卷而懷之.)"

5 『논어』 「옹야(雍也)」 편에 나온다. "어질구나, 회여! 한 도시락의 밥과 한 표주박의 물로 누추한 골목에 살면서, 남들은 그 근심을 이기지 못할 테지만, 안회는 그 즐거움을 바꾸지 않는다. 어질구나, 회여!(賢哉回也! 一簞食, 一瓢飮, 在陋巷, 人不堪其憂, 回也不改其樂, 賢哉回也!)"

6 정조, 『홍재전서(弘齋全書)』 권162, 「일득록(日得錄) 2」 문학(文學) 2, 서호수(徐浩修)

기록. "予嘗以爲, 窮經學古, 而窺聖人精微之蘊, 博引明辨, 而破千古不決之案, 宏詞雄文, 吐露雋穎, 而步作家之苑, 奪造化之妙, 此乃宇宙間三快事."

7 정조, 「홍재전서」 권165, 「일득록 5」 문학 5, 김조순(金祖淳) 기록. "讀書必成誦, 看書必鈔錄, 然後可以耐久受用."; 심경호, 「정조의 경학 연구 방법에 관한 규견」, 한림대학교 태동고전연구소, 《대동고전연구》 제21집(2005년 9월), 27~84쪽.

8 정조, 「홍재전서」 권163, 「일득록 3」 문학 3, 서유방(徐有防) 기록.

9 「논어」, 「위정(爲政)」. "배우기만 하고 생각하지 않으면 어둡고, 생각하기만 하고 배우지 않으면 위태롭다.(學而不思則罔, 思而不學則殆.)"

10 리처드 니스벳, 최인철 옮김, 「생각의 지도」(김영사, 2004), 32쪽에 인용된 제프리 로이드의 설.

11 단 「논어」, 「맹자」, 「이아(爾雅)」, 「효경(孝經)」의 소는 당나라 이후의 송나라에 들어와서 작성되었다.

12 『설문해자』 권6 동부(東部).

13 『설문해자』 권8 인부(人部).

14 심경호, 「서포 김만중의 산문 세계」, 한민족어문학회, 《한민족어문학(韓民族語文學)》 41호(2002년 12월), 181~215쪽; 심경호, 「조선 후기 지성사에서 상대주의적 관점의 대두에 대하여」, 민족문화추진회, 《민족문화》 28호(2005년 12월); 김만중, 심경호 옮김, 「서포만필」(상, 하), 한국고전문학대계 1, 2(문학동네, 2010).

15 "嗚呼! 以余觀乎殷, 其有五仁乎 何謂五仁? 伯夷·太公是也. 夫五仁者, 所行亦各不同, 皆有丁寧惻怛之志. 然而相須則爲仁, 不相須則爲不仁矣. 微子之爲心也, 曰: '殷其淪喪, 我與其不可諫而諫之, 孰若存殷之祀也?' 遂行. 是微子須諫於比干耳. 比干之爲心也, 曰: '殷其淪喪, 我與其不可諫而不諫, 寧熱諫也.' 遂諫而死. 是比干須傳道於箕子耳. 箕子之爲心也, 曰: '殷其淪喪, 我不傳道而誰傳道也?' 遂陽狂爲奴, 箕子若無所相須者也. 雖然, 仁人之心, 未嘗一日而忘天下, 則是箕子須拯民於太公耳. 太公之爲心也, 自以殷之遺民也, 曰: '殷其淪喪, 小師行·王子死·太師囚, 我不拯其民, 將天下何哉?' 遂伐紂. 太公亦若無所相須者也. 雖然, 仁人之心, 未嘗一日而忘後世, 則是太公須明義於伯夷耳. 伯夷之爲心也, 自以殷之遺民也, 曰: '殷其淪喪, 小師行·王子死·太師囚, 我不明其義, 將後世何哉?' 遂不宗周. 夫是五君子者, 豈樂爲者哉? 皆不得已也."

16 한국고전번역원 제공 김명호의 번역을 참조하였다.

17 자운은 양웅(揚雄)의 자이다. 자신이 저술한 「태현경」을 사람들이 모두 비웃자, 양웅은 "세상 사람들이 나를 알아주지 않아도 상관없다. 후세에 다시 양자운이 나와 반드시 이

저술을 애호할 것이다."라고 했다고 한다. 이 이야기는 『한서』 권87, 「양웅전(揚雄傳)」에
는 보이지 않으며, 한유(韓愈)의 여풍숙논문서(與馮宿論文書)에만 나온다. 이어서 한유
는, "양웅이 죽은 지 거의 천년이 되었으나 끝내 아직도 양웅이 나오지 않았으니 한탄스
럽다."라고 했다.

18 시오노 나나미, 오정환 옮김, 『나의 친구 마키아벨리』(한길사, 2013, 제2판 13쇄),
32~33쪽.

19 조안 스파르, 이세진 옮김, 『플라톤 향연』(문학동네, 2006), 21쪽.

4 동서양의 역사관

1 J. R. 맥닐, 홍욱희 옮김, 『20세기 환경의 역사』(에코리브르, 2008).

2 민두기, 「중국에서의 역사의식의 전개」, 민두기 엮음, 『중국의 역사 인식 상(上)』(창작과
비평사, 1985), 53쪽.

3 울리 분덜리히, 김종수 옮김, 『메멘토 모리의 세계』(길, 2008).

4 폴 리쾨르, 김현식 옮김, 『시간과 이야기 3: 이야기된 시간』(문학과지성사, 2004), 223쪽.

5 피에르 노라 엮음, 이성엽·배성진·이창실·백영숙 옮김, 『나는 왜 역사가가 되었나』(에코
리브르, 2001), 295쪽.

6 Johann Wolfgang von Goethe, *Goethe's Fairy Tale of the Green Snake and the
Beautiful Lily*, D. Maclean (trans.) (Grand Rapids, MI: Phanes Press, 1993), p. 16.

7 제러미 리프킨, 이경남 옮김, 『공감의 시대』(민음사, 2010), 29~30쪽.

8 헤로도토스, 천병희 옮김, 『역사』(도서출판숲, 2009), 24쪽.

9 Jan Assman, *Cultural Memory and Early Civilization: Writing, Remembrance, and
Political Imagination*(Cambridge University Press, 2011).

10 Ibid., pp. 268~273.

11 로저 섕크, 신현정 옮김, 『역동적 기억』(시그마프레스, 2002), 93쪽.

12 김경현, 「헤로도토스를 위한 변명」, 한국서양고전학회, 《서양고전학연구》 24집(2005),
274쪽.

13 월터 옹, 이기우·임명진 옮김, 『구술 문화와 문자 문화: 언어를 다루는 기술』(문예출판사,
1996).

14 헤로도토스, 앞의 책, 710쪽.

15 김진경, 「헤로도토스에 있어서의 역사의 원인」, 『그리스 비극과 민주 정치』(일조각, 1991), 225~242쪽.

16 헤로도토스, 앞의 책, 28쪽.

17 오흥식, 「그리스인의 역사 서술」, 김진경 외, 『서양 고대사 강의』(한울, 1996), 198쪽에서 재인용.

18 김경현, 「pragmatike historia와 tyche: 폴리비오스의 역사 이론과 서술의 실제」, 한국사학사학회, 《한국사학사학보》, 20집(2009), 109~147쪽.

19 앞의 글, 129~138쪽.

20 김수배, 『역사 속의 이성, 이성 안의 역사』(철학과현실사, 2004), 68쪽.

21 이성규, 「사관의 전통과 중국 역사 서술의 특색」, 한국고대사회연구소 엮음, 『강좌 한국고대사 5: 문자 생활과 역사서의 편찬』(가락국사적개발연구원, 2002), 217쪽.

22 김유철, 「고대 중국에서 매체의 변화와 정보·지식·학술의 전통」, 《한국사시민강좌》 37집(2005), 240~266쪽.

23 이성규, 앞의 글, 215쪽.

24 김유철, 앞의 글, 243~247쪽.

25 김근, 『한자는 중국을 어떻게 지배했는가: 한대 경학의 해부』(민음사, 1999).

26 사마천, 「태사공자서(太史公自序)」, 소준섭 평역, 『사기 상(上)』(서해문집, 2008), 115쪽.

27 『한서(漢書)』 권62, 「사마천전(司馬遷傳)」. "凡百三十編, 亦欲以究天人之際, 通古今之變, 成一家之言."

28 사마천, 연변대학 고전연구소 엮어 옮김, 『사기 열전』(서해문집, 2006), 18쪽.

29 『한서』 권62, 「사마천전」.

30 『원사(元史)』, 「동문병전(董文炳傳)」. "國可滅, 史不可沒."

31 라인하르트 코젤렉, 한철 옮김, 『지나간 미래』(문학동네, 1996), 46쪽에서 재인용.

32 Arif Dirlik, "Is There History after Eurocentrism?: Globalism, Postcolonialism, and the Disavowal of History", Cultural Critique, no. 42(Spring 1999), pp. 1~34.

33 릴라 간디, 이영욱 옮김, 『포스트식민주의란 무엇인가』(현실문화연구 2000).

34 조지형·강선주 외, 『지구화 시대의 새로운 세계사』(혜안, 2008); 조지형·김용우 외, 『지구사의 도전: 어떻게 유럽 중심주의를 넘어설 것인가』(서해문집, 2010).

35 안젤리카 에플, 「새로운 지구사와 서발턴 연구의 도전: 아래로부터의 지구사를 위한 변호」, 부산대학교한국민족문화연구소, 《로컬리티 인문학》 3호(2010), 141~161쪽.

36 데이비드 크리스천, 김서형·김용우 옮김, 『거대사: 세계사의 새로운 대안』(서해문집,

2009).

37 이언 모리스, 최파일 옮김, 『왜 서양이 지배하는가: 지난 200년 동안 인류가 풀지 못한
문제』(글항아리, 2013), 855쪽.

5 오늘의 한국 종교

1 이 글은 이미 *Korea Journal*, Vol. 52, no. 3(Autumn 2012)에 "Profiles of Contem-
porary Korean Religions: The Emergence of Neo-Ethnicity"(pp. 9~34)란 제목으로
발표한 바 있다. 주제를 '오늘의 한국 종교'라고 정하면서 조금 첨삭을 했는데 기본적인
내용은 바뀐 것이 없다. 근원적인 문제에 대한 천착을 지향하는 '문화의 안과 밖' 강좌에
서 내게 주어진 주제는 '종교와 역사'였다. 이를 함부로 바꿔 주최자에게 누를 끼쳤다.

2 '역사적 접근'의 문제와 관련해서 다음 글을 참조하라. 정진홍, 「역사」, 『열림과 닫힘: 인
문학적 상상을 통한 종교문화 읽기』(산처럼, 2006), 120~144쪽.

3 '문화적 접근'의 문제와 관련해서 다음 글을 참조하라. 정진홍, 「문화」, 앞의 책,
98~118쪽.

4 '종교'라는 개념을 어떻게 정의할 것인가 하는 논의는 유보하기로 한다. 물론 그 개념의
역사-문화적 연원과 그 개념의 적합성 여부가 심각하게 논의되고 있음을 간과할 수 없
다. 하지만 이미 우리는 그 용어를 충분히 소통 가능한 '상식적인 개념'으로 공유하고 있
다는 사실도 유념할 필요가 있다. 종교 개념에 대한 분석적이고 비판적인 인식을 의도하
지 않는 한, 현실 속에서 종교라는 현상을 지칭하여 이를 하나의 분류 개념으로 활용하는
일은 상식적인 소통 과정에서 거의 장애를 일으키지 않는다.

5 이와 관련된 '단원 의식'과 '다원 의식'의 문제에 대해서는 다음 글을 참조하라. 정진홍,
「가교와 희망: 변화에서 보완으로」, 『정직한 인식과 열린 상상력: 종교담론의 지성적 공
간을 위하여』(청년사, 2010), 46~77쪽.

6 근본주의와 관련하여 다음 글을 참조하라. Peter Antes, "New Approaches to the
Study of the New Fundamentalisms", Peter Antes et al. (eds.), *New Approaches
to the Study of Religion 1: Regional, Critical, and Historical Approaches*(Berlin:
Walter de Gruyter, 2008), pp. 437~447.

7 다종교 현상과 종교 간의 대화 문제와 관련하여 다음 글을 참조하라. 정진홍, 「종교 간의
대화: 대화 이외의 대안 모색」, 『정직한 인식과 열린 상상력: 종교담론의 지성적 공간을

위하여』, 78~101쪽.

8 이슬람 채권법. 정부에서는 2009년, 2011년에 조세특례제한법 일부 개정안을 통해 이를 도입하려고 했지만 특정 종교에 경제적 특권을 부여하는 것이라는 이유로 개신교가 적극적으로 반대하여 유보되었다.

9 종교와 힘의 문제와 관련된 다양한 논의를 위해서는 다음 책과 글을 참조하라. Meerten B. ter Borg and Jan Willem van Henten (eds.), *Powers: Religion as a Social and Spiritual Force*(New York: Fordham University Press, 2010).

10 단일종교문화, 다종교문화, 다문화종교 상황의 개념적 혼재를 잘 보여 주는 사건이 유럽에서 발생하는 히잡(hijab) 착용 논란일 것이다. 이와 관련된 논란을 살펴보기 위해서 다음 책을 참조하라. Joan Wallach Scott, *The Politics of the Veil*(Princeton: Princeton University Press, 2007).

11 '종교적 민족주의(religious nationalism)'의 문제와 관련하여 다음 글을 참조하라. Mark Juergensmeyer, "Nationalism and Religion", Robert A. Segal (ed.), *The Blackwell Companion to the Study of Religion*(Oxford: Wiley Blackwell, 2009), pp. 357~367.

12 '소외 공동체로서의 종교'라는 문제와 관련하여 다음 글을 참조하라. Talal Asad, "Muslims as a 'Religious Minority' in Europe", *Formations of the Secular: Christianity, Islam, Modernity*(Stanford: Stanford University Press, 2003), pp. 159~180.

13 특히 '디아스포라 종교(diaspora religion)'와 관련하여 다음 글을 참조하라. Seán Mcloughlin, "Migration, Diaspora and Transnationalism: Transformations of Religion and Culture in a Globalising Age", John R. Hinnells (ed.), *The Routledge Companion to the Study of Religion*(Abingdon: Routledge, 2005), pp. 526~546; Steven Vertovec, "Religion and Diaspora", Peter Antes et al. (eds.), *New Approaches to the Study of Religion 2: Textual, Comparative, Sociological, and Cognitive Approaches*(Berlin: Walter de Gruyter, 2008), pp. 275~297.

14 '유동적인 종교(mobile religion)'와 관련된 보다 깊은 논의를 위해서는 다음 글을 참조하라. Manuel A. Aásquez, *More Than Belief: a Materialist Theory of Religion*(Oxford: Oxford University Press, 2011), pp. 291~319.

15 '불분명한 종교(indefinite religion)'라는 문제와 관련하여 다음 글을 참조하라. Daniéle Hervieu-Leger, "Religion as Memory: Reference to Tradition and the Constitution

of a Heritage of Belief in Modern Societies", Hent de Vries (ed.), *Religion: Beyond a Concept*(New York: Fordham University Press, 2008), pp. 245~258.

6 하청 제국주의 틀 속의 문명과 원시

1 James D. Watson, *The Double Helix: A Personal Account of the Discovery of the Structure of DNA*(New York: Anthenneum, 1968).

2 전경수, 『손진태의 문화인류학: 제국과 식민지의 사이에서』(서울: 민속원, 2010).

3 Alfred Crosby, *Ecological Imerpialism: The Biological Expansion of Europe, 900-1900*(Cambridge: Cambridge University Press, 1993); Jared Diamond, *Guns, Germs, and Steel*(Boston: W.W. Norton & Co., 2005).

4 전경수, 『한국인류학 백년』(서울: 일지사, 1999).

5 伊豆公夫, 「原始社會」, 國際社會科學協會 編, 『社會科學講座 第三卷(社會史)』(東京: 二見書房, 1947. 11. 20), 42쪽.

6 姫岡 勤, 「未開社會」, 앞의 책, 187~221쪽.

7 Julius K. Lips, *The Savage Hits Back*(New Haven: Yale University Press, 1937).

8 Margaret Mead, *Coming of Age in Samoa*(New Haven: Yale University Press, 1928).

9 Konrad Theodor Preuß, *Die Geistige Kultur der Naturvöelker*(Leipzig/Berlin: B. G. Teubner, 1914); Alfred Vierkandt, *Naturvöelker und Kulturvöelker: ein Beitrag zur Socialpsychologie*(Leipzig: Dunker & Humblot, 1896).

10 Franz Boas, *The Mind of Primitive Man*(New York: Macmillan, 1911).

11 Melville Herskovits, *Economic Anthropology*(New York: Alfred Knopf, 1952), pp. v~vi.

12 Edward P. Dozier, "The Concepts of 'Primitive' and 'Native' in Anthropology", *Yearbook of Anthropology-1955*(New York: Wenner—Gren Foundation for Anthropological Research, 1955), p. 197.

13 Fred Eggan and Keith Basso, "Edward P. Dozier", *American Anthropologist*, no. 74(1972), pp. 740~746.

14 Edward P. Dozier, op. cit, p. 198.

15 본문의 초고가 구두 발표되었을 때(2014. 9. 27) 사회로 이끌어 주신 이승환 교수, 지정 토론에 임해 주신 김경일 교수와 김진석 교수에게 진심으로 감사의 마음을 표하고 싶다. 질의 응답 시간에 혜안을 주신 김우창, 유종호 두 분 선생님께도 고개 숙여 고마움을 표한다. 죽마고우인 김영수 군이 고견을 보태었다.

참고 문헌

3 전통 시대 학문의 의미와 실천, 그리고 방법

김기현, 『대학: 진보의 동아시아적 의미』(사계절, 2002).

김만중, 심경호 옮김, 『서포만필』 상·하, 한국고전문학대계 1, 2(문학동네, 2010).

김철운, 『유가가 보는 평천하의 세계: 『대학』의 이론 구조와 평천하 사상』(철학과현실사, 2001).

심경호, 『자기 책 몰래 고치는 사람』(문학동네, 2008).

심경호, 『한국한문기초학사』 1·2·3(태학사, 2012).

심경호, 『한학입문』(황소자리, 2013).

심경호, 『한문산문미학』(고려대학교출판부, 2013).

심경호, 『논어: 심경호 교수의 동양고전강의』 1·2·3(민음사, 2013).

심경호, 「한문 문언 행문 관습과 동아시아 사물 분류 방식의 상관관계」, 고등과학원, 『분류와 합류: 새로운 지식과 방법의 모색(고등과학원 초학제연구총서2)』(이학사, 2014).

심경호, 「조선 후기 물명고와 유서의 계보와 그 특징: 경험 사실의 분석과 분류 방법의 모색」, 임형택 외, 『한국학의 학술사적 전망 1: 고전편』(소명출판, 2014), 124~184쪽.

中村元, 『東洋人の思惟方法 2: シナ人の思惟方法』(春秋社, 1961, 1988).

白川靜, 『孔子傳』(中央公論社, 1991).

白川靜, 『常用字解』(平凡社, 2003).

저자 소개

도진순

서울대학교 국사학과를 졸업하고 동 대학원에서 박사 학위를 받았다. 미국 하버드 대학 한국학연구소, 중국 베이징 대학 역사학과, 일본 교토의 국제일본문화센터 등에서 방문교수를 지냈고 현재 창원대학교 사학과 교수, 국사편찬위원회 위원이다.

지은 책으로 『한국 민족주의와 남북관계』, 『(주해)백범일지』, 『분단의 내일, 통일의 역사』, 『임진왜란과 히라도 미카와치 사기장』(공저), 『12시간의 통일 이야기』(공저) 등이 있고 엮은 책으로 『백범어록』 등이 있다. 한국백상출판문화상을 수상했다.

문중양

서울대학교 계산통계학과를 졸업하고 과학사 및 과학철학 박사 학위를 받았다. 미국 펜실베이니아 대학, 하버드 대학 연구원과 한국정신문화연구원 연구교수 등을 거쳐 현재 서울대학교 국사학과 교수로 있다.

지은 책으로 『우리 역사 과학 기행』, 『조선 후기 수리학과 수리 담론』, 『한국실학사상연구 4: 과학기술편』(편저), 『하늘, 시간, 땅에 대한 전통적 사색』(편저), 『15세기, 조선의 때 이른 절정』(공저) 등이 있고 옮긴 책으로 『중국의 우주론과 청대의 과학 혁명』, 『국조역상고』(공역) 등이 있다.

심경호

서울대학교 국어국문학과와 동 대학원 석사 과정을 졸업하고 일본 교토 대학에서 문학 박사 학위를 받았다. 한국정신문화연구원과 강원대학교 국어국문학과를 거쳐 현재 고려대학교 한문학과 교수 및 한자한문연구소 소장으로 재직 중이다.

지은 책으로 『조선 시대 한문학과 시경론』, 『국문학 연구와 문헌학』, 『김시습 평전』, 『다산과 춘천』, 『한문 산문 미학』, 『한시의 세계』, 『국왕의 선물』, 『참요』, 『한국 한문 기초학사』(전3권), 『한시의 성좌』, 『강화학파의 문학과 사상』(공저) 등이 있고 옮긴 책으로 『금오신화』, 『서포만필』,

『삼봉집』, 『논어』, 『주역 철학사』, 『불교와 유교』, 『한자학』, 『한자 백 가지 이야기』, 『일본서기의 비밀』, 『증보역주 지천선생집』(공역), 『역주 원중랑집』(공역), 『일본 한문학사』(공역) 등이 있다. 성산학술상, 일본 시라카와 시즈카(白川 靜) 선생 기념 제1회 동양문자문화상, 우호인문학 학술상 등을 수상했다.

김기봉

성균관대학교 사학과를 졸업하고 독일 빌레펠트 대학에서 「역사주의와 신문화사: 포스트모던 역사 서술을 위하여」로 박사 학위를 받았다. 현재 경기대학교 사학과 교수이며, 문화사학회 회장, 역사학회 편집이사 및 총무이사, 한국연구재단 인문학단장을 역임했다. 지은 책으로 『'역사란 무엇인가'를 넘어서』, 『역사를 통한 동아시아 공동체 만들기』, 『팩션 시대, 영화와 역사를 중매하다』, 『역사들이 속삭인다』, 『29개의 키워드로 읽는 한국 문화의 지형도』(공저), 『흥미진진한 우리 역사 읽기』(공저), 『포스트모더니즘과 역사학』(공저) 등이 있고 옮긴 책으로 『20세기 사학사』(공역)가 있다.

정진홍

서울대학교 종교학과를 졸업하고 동 대학원에서 문학 석사 학위를 받았다. 미국 United Theological Seminary에서 신학 석사 학위를, San Francisco Theological Seminary에서 목회학 박사 학위를 받았다. 20여 년간 서울대학교 종교학과 교수로 재직했으며 한림대학교 한림과학원 특임교수, 이화여자대학교 이화학술원 석좌교수를 역임하였다. 현재 서울대학교 명예교수이자 울산대학교 철학과 석좌교수, 대한민국 학술원 회원, 한국종교문화연구소 이사장, 아산나눔재단 이사장으로 있다. 지은 책으로 『종교학 서설』, 『종교문화의 인식과 해석』, 『종교문화의 논리』, 『경험과 기억』, 『만남, 죽음과의 만남』, 『고전, 끝나지 않는 울림』, 『열림과 닫힘』, 『정직한 인식과 열린 상상력』 등 20여 권이 있고 옮긴 책으로 엘리아데의 『우주와 역사』 등이 있다.

전경수

서울대학교 고고인류학과를 졸업하고 동 대학원 인류학과에서 석사 학위를, 미국 미네소타 대학에서 인류학 박사 학위를 받았다. 서울대학교 인류학과 교수로 재직하다 2014년 은퇴했으며, 제주학회, 진도학회 및 한국문화인류학회장을 역임했고 뉴질랜드 오클랜드 대학 초빙교수, 일본 규슈 대학 객원교수, 중국 윈난 대학 객좌교수 등을 지냈다. 현재 중국 귀주(貴州)대학 동맹(東盟)연구원 교수이다.

지은 책으로 『인류학과의 만남』, 『문화의 이해』, 『한국문화론』(전4권), 『환경 친화의 인류학』, 『한국 인류학 백년』, 『문화시대의 문화학』, 『손진태의 문화인류학』, 『탐라 제주의 문화인류학』, 『일본 열도의 문화인류학』, 『혼혈에서 다문화로』(공저), 『세계 신화의 이해』(공저) 등이 있다.

이승환(머리말)

고려대학교 철학과를 졸업하고 국립대만대학 철학연구소에서 석사 학위를, 미국 하와이 주립대에서 박사 학위를 받았다. 동아대학교를 거쳐 현재 고려대학교 철학과 교수로 재직 중이며, 한국동양철학회 회장과 고려대학교 철학연구소 소장직을 맡고 있다.

지은 책으로 『횡설과 수설』, 『유교 담론의 지형학』, 『유가 사상의 사회철학적 재조명』, 『서양과 동양이 127일간 e-mail을 주고받다』(공저), 『중국 철학』(공저) 등이 있고 주요 논문으로 「주자 수양론에서 미발(未發)의 의미」, 「성리학 기호 배치 방식으로 보는 조선 유학의 분기」 등이 있다.

6 　문화의 안과 밖

시대 상황과 성찰

동서양의 문명과
한국

역사와 전통

1판 1쇄 찍음 2014년 12월 2일
1판 1쇄 펴냄 2014년 12월 12일

지은이 　도진순, 문중양, 심경호, 김기봉, 정진홍, 전경수
발행인 　박근섭·박상준
펴낸곳 　(주)민음사

출판등록 　1966. 5. 19. 제16-490호
주소 　　(135-887) 서울시 강남구 도산대로 1길 62(신사동)
　　　　 강남출판문화센터 5층
대표전화 　515-2000 | 팩시밀리 　515-2007
홈페이지 　www.minumsa.com

ⓒ 도진순, 문중양, 심경호, 김기봉, 정진홍, 전경수, 2014. Printed in Seoul, Korea

ISBN 　978-89-374-5726-5 (94100)